당송 예악지 역주 총서 02

구당서
예의지
2

이 책은 2018년 대한민국 교육부와 한국연구재단의 지원을 받아 수행된 연구임
(NRF-2018S1A5B8070200)

당송 예악지 역주 총서 02

구당서
예의지

2

연세대학교 중국연구원
당송 예악지 연구회 편

學古房

　연세대학교 중국연구원은 부상하는 중국에 대한 전문적인 연구의 필요성에 부응하고자 설립되었다. 본 연구원은 학술 방면뿐만 아니라 세미나, 공개강좌 등 대중과의 소통으로 연구 성과를 사회적으로 확산하는 데 노력해왔다. 그 일환으로 현재의 중국뿐만 아니라 오늘을 만든 과거의 중국도 중요하다고 판단하고 학술연구의 토대가 되는 방대한 중국의 고적古籍에 관심을 기울였다. 중국 고적을 번역하여 우리의 것으로 자기화하고 현재화하려는 중장기적 목표를 세우고, 이를 단계적으로 추진하고자 '중국 예악禮樂문화 프로젝트'를 기획하였다. 그 결과 '당송 예악지 연구회'는 2018년 한국연구재단의 중점연구소 지원 사업에 선정되어 출범하였다.

　중국 전통문화의 중요한 특성을 대변하는 것이 바로 예악이다. 예악은 전통시대 중국을 포함한 동아시아 국가 체제, 사회 질서, 개인 간의 관계를 설명할 수 있는 중요한 개념이다. 국가는 제사를 비롯한 의례를 통해 정통성을 확보하였고, 사회는 예악의 실천적 확인을 통해 신분제 사회의 위계질서를 확인하였다. 개개인이 일정한 규범 속에서 행위를 절제할 수 있었던 것 역시 법률과 형벌에 우선하여 인간관계의 바탕에 예악이 작동했기 때문이다.

　이렇게 예악으로 작동되는 전통사회의 양상이 정사 예악지에 반영되어 있다. 본 연구원이 '중국 예악문화 프로젝트'로 정사 예악지에 주목한 이유도 이것이다. '당송 예악지 역주 총서'는 당송시대 정사 예악지를 번역 주해한 것이다. 구체적으로 『구당서』(예의지·음악지·여복지), 『신당서』(예악지·의위지·거복지), 『구오대사』(예지·악지), 『송사』(예지·악지·의위지·여복지)가 그 대상이다. 여복지(거복지)와 의위지를 포함한 이유는 수레와 의복 및 의장 행렬에 관한 내용 역시 예악의 중요한 부분이기 때문이다.

　'당송 예악지 역주 총서'는 옛 자료에 생명력을 부여하는 작업이다. 인류가 자연을 개조하고 문명을 건설한 이래 그 성과를 보존하고 전승하는 중요한 수단 중의 하나는 문자였다. 문자는 기억과 전문傳聞에 의한 문명 전승의 한계를 극복해준다. 예악 관련 한자 자료는 그동안 접근하기 어려워서 생명력이 없는 박물관의 박제물과 같았다. 이번에 이를 우리말로 풀어냄으로써 동아시아 전통문화를 보다 정확히 이해하는 데 토대가 되길 기대한다. 이 총서가 우리 학계를 포함하여 사회 전반에 중요한 자산이 되길 바란다.

연세대학교 중국연구원 원장 김현철

1. 본 총서는 『구당서』『신당서』『구오대사』『송사』의 예악禮樂, 거복車服, 의위儀衛 관련 지志에 대한 역주이다.
2. 중화서국中華書局 표점교감본標點校勘本을 저본으로 사용하였다.
3. 각주에 [교감기]라고 표시된 것은 중화서국 표점교감본의 교감기를 번역한 것이다.
4. 『구당서』[교감기]에서 약칭한 판본은 구체적으로 다음과 같다.

> 殘宋本(南宋 小興 越州刻本)
> 聞本(明 嘉靖 聞人詮刻本)
> 殿本(淸 乾隆 武英殿刻本)
> 局本(淸 同治 浙江書局刻本)
> 廣本(淸 同治 廣東 陳氏 菏古堂刻本)

5. 번역문의 문단과 표점은 저본을 따르는 것을 원칙으로 하되, 원문이 너무 긴 경우에는 가독성을 위해 문단을 적절히 나누어 번역하였다.
6. 인명·지명·국명·서명 등 고유명사는 한자를 병기하되, 주석문은 국한문을 혼용하였다.
7. 번역문에서 서명은 『 』, 편명은 「 」, 악무명은 〈 〉로 표기하였다.
8. 원문의 주는 【 】 안에 내용을 넣고 글자 크기를 작게 표기하였다.
9. 인물의 생졸년, 재위 기간, 연호 등은 ( )에 표기하였다.

禮儀三
예의 3

문정희 역주

封禪之禮, 自漢光武之後, 曠世不修. 隋開皇十四年, 晉王廣率百官抗表, 固請封禪. 文帝令牛弘·辛彦之·許善心等創定儀注. 至十五年, 行幸兗州, 遂於太山之下, 爲壇設祭, 如南郊之禮, 竟不升山而還.

봉선封禪의 예禮는 (후)한漢 광무제光武帝 이후 오랫동안 행해지지 않았다. 수隋 (문제) 개황開皇 14년(594), 진왕晉王 양광楊廣이 백관을 거느리고 상소문을 올려 봉선封禪할 것을 청하였다. 문제文帝는 우홍牛弘[1]·신언지辛彦之[2]·허선심許善心[3] 등에게 명하여 (봉선

----

1) 우홍牛弘(546~611) : 隋 安定 鶉觚(현재 陝西省 張武縣) 사람. 자는 里仁이고, 선대의 본래 성은 姚이다. 아버지 允이 西魏에서 벼슬하여 牛姓을 하사받았다. 성격이 관대하고 후덕했으며 배우기를 좋아해 博聞했다. 수나라에서 秘書監을 역임했고, 일찍이 上書를 올릴 길을 열라고 간청했다. 황명으로 五禮를 편수했다. 새로운 음악을 정하고 明堂을 세우면서 그 득실을 논한 글이 『隋書』「牛弘傳」에 자세히 실려 있다. 또한 隋煬帝의 명으로 『大業律』18편을 편찬했다. 江都로 따라 行幸했다가 大業 6년(611) 12월 죽었다.

2) 신언지辛彦之(?~691) : 隋 隴西 狄道(현재 甘肅省 臨洮) 사람. 北周 太祖 때 中外府禮曹을 지냈다. 北周 閔帝가 즉위하자 조정의 의제儀制를 주관하였다. 뒤에 典祀·太祝·樂部·御史 등 四曹大夫를 역임하였고, 封爵은 五原郡公 少宗伯이었다. 隋 高祖 楊堅이 稱帝하자 太常少卿·國子祭酒, 禮部尙書에 임명되어 秘書監 牛弘과 함께 『新禮』를 편찬하였다.

3) 허선심許善心(558~618) : 隋 錢塘(현재 浙江省 杭州) 사람. 원래 조적은 高陽(현재 河北省 徐水縣)인데, 남도 후 대대로 관직에 몸 담았다. 측천무후 때 권신으로 유명한 허경종의 아버지이다. 수나라 때 通直散騎侍에 제수되었고 얼마 안 있어 禮部侍郎에 임명되었다. 隋文帝 때「神雀頌」을 지어 비단 200필을 하사받을 정도로 글 솜씨가 뛰어나 秘書丞에 제수

에 관한) 의주儀注를 제정토록 하였다. (개황) 15년(595), 연주兗州에 행행行幸하여 마침내 태산太山 아래 단을 만들고 남교南郊에서의 예를 갖춰 제사를 지냈으나 결국 산에 오르지 않고 돌아왔다.4)

貞觀六年, 平突厥, 年穀屢登, 群臣上言請封泰山. 太宗曰「議者

되어 國家의 藏書를 정리하였다. 阮孝緒의 『七錄』을 모방하여 『七林』이라고 하고 새로이 목록을 편찬하였는데, 일찍이 산일되어 현재는 전하지 않는다.

4) 隋代 封禪에 대해서는 『隋書』 「禮儀志」2에 좀 더 상세한 기사가 보인다. 본문에서 말한 것처럼 개황 14년에 군신들이 봉선을 권유하자 고조가 가납하지 않고 진왕 양광이 다시 청하니 비로소 의주를 제정토록 하였다. 본문에서 언급한 우홍·신언지·허선심 외에 요찰과 우세기 등이 예의 제정에 참여하여 의주를 올리자 고조는 주저하며 동쪽 순수 때 태산에 예를 갖추면 된다고 말하였다. 그 다음해인 개황 15년 봄에 연주에 행행하여 태산에 머물게 된다. 이때 남교처럼 제단을 만들고 壇(제단 담장) 바깥에 柴壇을 만들고 신묘를 장식하였다. 뜰에는 궁현을 걸기도 하였다. 매감(희생을 묻는 구덩이)을 2군데 남문 바깥에 설치하였다. 또한 남교처럼 靑帝壇에 신위를 설치하고 악현을 진설하였다. 황제는 곤면복을 입고 금로를 타고 법가를 갖춰 행차하였다. 예를 마친 뒤에는 청제단에 나아가 제사를 지냈다고 하였다. "開皇十四年, 群臣請封禪. 高祖不納. 晉王廣又率百官抗表固請, 帝命有司草儀注. 於是牛弘·辛彦之·許善心·姚察·虞世基等創定其禮, 奏之. 帝遂巡其事, 曰:「此事體大, 朕何德以堪之. 但當東狩, 因拜岱山耳.」十五年春, 行幸兗州, 遂次岱岳. 爲壇, 如南郊, 又壇外爲柴壇, 飾神廟, 展宮懸於庭. 爲埋坎二, 於南門外. 又陳樂設位於靑帝壇, 如南郊. 帝服袞冕, 乘金輅, 備法駕而行. 禮畢, 遂詣靑帝壇而祭焉." 이처럼 남교에서의 교사례처럼 태산 아래 청제단을 설치하고 제사를 지냈을 뿐 태산 정상에 올라 제사를 지내지 않은 일을 말한다.

以封禪爲大典. 如朕本心, 但使天下太平, 家給人足, 雖闕封禪之
禮, 亦可比德堯·舜; 若百姓不足, 夷狄內侵, 縱修封禪之儀, 亦
何異於桀·紂? 昔秦始皇自謂德洽天心, 自稱皇帝, 登封岱宗, 奢
侈自矜. 漢文帝竟不登封, 而躬行儉約, 刑措不用. 今皆稱始皇爲
暴虐之主, 漢文爲有德之君. 以此而言, 無假封禪. 禮云, 『至敬不
壇』, 掃地而祭,⁵⁾ 足表至誠, 何必遠登高山, 封數尺之土也!」侍中
王珪對曰 :「陛下發德音, 明封禪本末, 非愚臣之所及.」秘書監魏
徵曰 :「隋末大亂, 黎民遇陛下, 始有生望. 養之則至仁, 勞之則未
可. 升中之禮, 須備千乘萬騎, 供帳之費, 動役數州. 戶口蕭條, 何
以能給?」太宗深嘉徵言, 而中外章表不已. 上問禮官兩漢封山儀
注, 因遣中書侍郎杜正倫行太山上七十二帝壇跡. 是年雨河水潦,
其事乃寢.

(태종) 정관貞觀 6년(632), 돌궐突厥을 평정하였고 풍년이 계속되
자 군신들이 상서하여 태산泰山에 봉선封禪할 것을 청하였다. 태종
은 말하였다.

> 의자議者들이 봉선은 대전大典이라 하였다. 짐의 본래 생각
> 은 이렇다. 천하가 태평하여 집집마다 사람마다 풍족하다면 봉
> 선의 예를 행하지 않는다 해도 요·순의 덕에 견줄 수 있을 것
> 이요, 백성이 풍족하지 않고 이적夷狄이 안으로 들어와 침략한
> 다면 설사 봉선의 예를 행한다 할지라도 걸桀·주紂와 다를 바

---

5) "禮云, 『至敬不壇』, 掃地而祭" … : 여기에서 말한 禮는 『禮記』「禮器」
이다. 「禮器」의 원문은 "有以下爲貴者, 至敬不壇, 埽地而祭"이니, … 埽
地而祭까지 인용문 안에 포함시켜야 한다.

무엇이겠는가? 그 옛날 진시황은 스스로 자신의 덕이 천심에 부
합한다 여겨 황제皇帝라 자칭하며 대종岱宗(태산)에 올라 봉선
하고 사치를 다한 것을 스스로 자랑스럽게 여겼다. 한문제漢文
帝는 끝내 태산에 올라 봉선하지 않고 몸소 검약儉約을 실행하
고 형벌을 사용하지 않았다. 오늘날 사람들은 진시황을 포학한
군주라 하고 한문제는 유덕한 군주라고 한다. 이것을 보면 봉선
에 의거할 필요가 없다. 예禮에 "지극한 공경은 단을 세우지 않
고 땅을 정갈히 다듬어 제사 지낸다"라고 하였으니,6) 이것으로
충분히 지극한 정성을 드러낼 수 있는데, 하필 저 멀리 높은 산
에 올라 수척이나 되는 토단土壇을 세울 필요가 있겠는가?

시중侍中 왕규王珪7)가 대답하여 다음과 같이 말하였다. "폐하께

---

6) 예禮에 … 하였으니 : 『禮記』 「禮器」의 "有以下爲貴者, 至敬不壇, 埽地而
祭"를 인용한 것이다. 孔穎達의 疏는 이에 대해 五方帝에 지내는 제사라
고 한다. 처음에는 大壇에서 燔柴(섶을 불사르는 의식)하고 燔柴를 마친
뒤 제단 아래에서 땅을 쓸어 정식의 제사를 차리는데, 이것을 주대 예법이
라고 하였다. "至敬不壇掃地而祭者, 此謂祭五方之天. 初則燔柴於大壇,
燔柴訖, 於壇下掃地而設正祭, 此周法也." 한편 宋代 陳皓(『禮記集說』)
는 "흙을 쌓아 단을 만든다. 교사의 경우에는 단을 만들지 않는데, 지극한
공경은 문식하지 않기 때문이다. 封土爲壇. 郊祀則不壇, 至敬無文也."라
고 하였는데, 郊祀에는 제단을 만들지 않는다는 진호의 해석은 실제 역사
적 상황과 맞지 않다. 여기에서 진호가 말한 단은 묘와 같은 의미로, 교사
에는 신을 모시는 사묘를 따로 두지 않는다는 의미로 해석된다.

7) 왕규王珪(570~639) : 唐 扶風 郿(현재 陝西省 眉縣) 사람. 唐初 4대 名相
중의 하나이다. 梁의 尙書令 王僧辯의 자손이다. 隋文帝 開皇 13년에
秘書內省에 들어가 太常治禮郎에 제수되었다. 당대에 들어와서는 太子
李建成의 심복으로 太子中舍人, 太子中允 등의 직책을 역임하였다. 후

서 하신 말씀은 봉선의 본말을 밝히신 것이니, 어리석은 소신이 언급할 바가 못 됩니다."

비서감秘書監 위징魏徵[8]은 말하였다.

> 수나라 말기 큰 난리에 백성들이 폐하를 만나 비로소 살아 갈 희망을 가졌습니다. 백성들을 보살펴 살 수 있게 해준 것은 폐하의 지극한 어짊입니다. 백성들을 수고롭게 동원하는 것은 아직 안 될 일입니다. 승중升中의 예禮(봉선)[9]는 천승만기와

에 巂州로 유배되었다가 貞觀 연간에 조정의 부름을 받고 諫議大夫·黃門侍郎·侍中·同州刺史·禮部尙書 등의 관직을 역임하였으며, 貞觀 13년에 병으로 사망하여 吏部尙書로 추증되었다.

8) 위징魏徵(580~643) : 唐 相州 內黃縣(현재 河南省 安陽) 사람. 隋末 혼란기에 群雄 李密에게 귀순했다가 高祖의 장자 李建成의 측근이 되어, 李世民과 대립했으나 太宗 즉위 후 간관으로 중용되어 태종의 포용성을 상징하는 인물이 되었다. 貞觀 3년(629) 秘書監으로 옮겨 조정에 참여했는데, 이때 학자를 불러 四部書를 정리할 것을 건의했다. 7년(633)에는 王珪를 대신해 侍中이 되었고, 당시 令狐德棻 등이 『周書』와 『隋書』를 편찬하는데, 명을 받아 撰定하여 良史란 칭송을 들었다. 직간을 거듭하여 태종의 분노를 사기도 했지만 끝까지 굽히지 않은 것으로 유명하며, 그의 말은 『貞觀政要』에 잘 나와 있다. 이외에도 『類禮』와 『群書治要』 등의 편찬에도 큰 공헌을 했다.

9) 승중升中의 예禮 : 봉선을 말한다. 『禮記』 「禮器」에 "옛 선왕은 하늘은 높으므로 높음으로 인해 하늘을 섬기고, 땅은 낮으므로 그에 따라 땅을 섬기며, (순행 중 그 지역의) 명산에 올라 하늘에 (제후로부터 보고받은) 일을 고한다.昔先王 … 因天事天, 因地事地, 因名山升中于天."라고 하였다. 정현의 주에서 "명은 '크다[大]'는 의미이다. 승은 오른다는 말이다. 중은 '이룸[成]'과 같다. 천자가 순수하여 지방의 산악에 당도하여 번시하고 천에 제사하여 제후들이 보고한 공업을 이룬 일을 고하는 것을 말한다.

각종 진설을 위한 비용을 갖추고 여러 주州의 인력을 동원해야 합니다. 호구가 소조한데 무엇으로 감당할 수 있겠습니까?"

태종은 위징의 말을 진정 가상하게 여겼으나, 조정과 민간에서 올리는 장표章表는 끊이지 않았다. 황상은 예관에게 양한시대 태산 봉선 의주儀注에 대해 하문하면서 중서시랑中書侍郎 두정륜杜正倫[10]을 태산에 보내 72제왕의 제단 유적에 대해 보고하도록 하였다. 이해(정관 6년) 양하兩河[11]에 물이 범람하여 봉선의 일은 그만두었다.[12]

『효경설』에 '태산에 봉 제사하고 (제후의 업적을) 살펴 번시하여 제사하며, 양보에 선 제사하고 돌에 그 기록을 새긴다.名猶大也. 升, 上也. 中猶成也. 謂巡守至於方嶽, 燔柴祭天, 告以諸侯之成功也.『孝經說』曰, '封乎泰山, 考績燔燎, 禪乎梁甫, 刻石紀號也.'"라고 하였다.

10) 두정륜杜正倫(?~658) : 唐 相州 洹水(현재 河北省 魏縣) 사람. 隋代에 秀才로 발탁되어 右騎尉에 임명되었으며 唐代에 들어와 秦王府 문학관에 들어갔다. 貞觀 연간에 兵部員外郎 給事中 中書侍郎 太子左庶子 등을 거쳤고 태자 李承健의 모반죄에 연루되어 谷州長史로 좌천되기도 하였다. 高宗 顯慶 연간에 재상에 임명될 정도로 승진했으나 顯慶 3년 李義府와의 불화로 붕당의 혐의로 무고되어 橫州刺史로 좌천되었다가 얼마 안 있어 병사하였다.

11) 양하兩河 : 春秋戰國과 秦漢 시대에는 黃河가 현재 河南·武陟縣 이하 東北쪽으로 흐르다가 山東省 西北 귀퉁이에서 꺾여 河北·滄縣 東北쪽에 이르러 발해로 흘러들어갔기 때문에 대략 남북 방향의 형태를 띠며 동서로 대치하고 있어서 당시에는 이 둘을 합쳐 '兩河'라고 하였다. 唐代에는 河北과 河南 2도를 兩河라고 하였다.

12) 『舊唐書』 권3 「太宗本紀」에는 정관 7년(633)에 "8월, 산동과 하남 30주에 홍수가 나서 使를 파견하여 진휼하였다.八月, 山東·河南三十州大水, 遣使賑恤."고만 되어 있다.

至十一年, 群臣復勸封山, 始議其禮. 於是國子博士劉伯莊·睦
州刺史徐令言等, 各上封祀之事, 互設疑議, 所見不同. 多言新禮
中封禪儀注, 簡略未周. 太宗敕秘書少監顏思古·諫議大夫朱子
奢等, 與四方名儒博物之士參議得失. 議者數十家, 遞相駁難, 紛
紜久不決. 於是左僕射房玄齡·特進魏徵·中書令楊師道, 博採衆
議堪行用而與舊禮不同者奏之.

정관 11년(637), 군신들이 다시 태산 봉선을 권하자 비로소 봉선
의 예를 논의하기 시작하였다. 그리하여 국자박사國子博士 유백장劉
伯莊[13]과 목주자사睦州刺史 서영언徐令言[14] 등이 각각 봉선 제사의
일을 상주하였으나, 서로 의문을 제기하며 토론하여도 각자의 견해
가 같지 않았다. 많은 사람들이 신례新禮[15] 중 「봉선의주封禪儀注」

13) 유백장劉伯莊(미상) : 唐 徐州 彭城(현재 江蘇省 徐州) 사람. 太宗 貞觀
연간에 弘文館學士가 되었다가 國子博士가 되었다. 高宗 龍朔 연간에
崇賢館學士를 兼修하였다. 許敬宗 등과 함께 『文思博要』 『文館詞林』을
편찬하였고 저서에 『史記音義』 『史記地名』 『漢書音義』가 있다. 『舊唐
書』 「儒林傳」에 본전이 실려 있다.

14) 서영언徐令言(미상) : 唐初 東海 郯縣(현재 山東省 郯縣) 사람. 唐 高祖
武德 元年에 沈法興이 표를 올려 隋 越王 楊侗에게 백관을 설치하자고
건의하였는데, 이 때 서영언을 右丞으로 삼았다. 후에 당에 귀순하여 中
書舍人까지 지냈고, 본문에서 언급했듯이 太宗 貞觀 11년에는 睦州刺史
의 관직에 임하기도 하였다. 저서에 『玉璽正錄』이 있다.

15) 신례新禮 : 「貞觀禮」를 말한다. 「禮儀志」1에 의하면 즉위 초에 방현령과
위징 등에게 구례(수 개황례에 기초한 무덕례)를 개정하여 길례 61편, 빈
례 4편, 군례 20편, 가례42편, 흉례 6편에 국휼 5편 총 138편을 나누어
100권을 편찬하였다고 한다. "太宗皇帝踐祚之初, 悉興文敎, 乃詔中書令
房玄齡·祕書監魏徵等禮官學士, 修改舊禮, 定著吉禮六十一篇, 賓禮

가 간략해서 주밀하지 못하다고 하였다. 태종은 비서소감祕書少監 안사고顏思古와 간의대부諫議大夫 주자사朱子奢16) 등에게 명하여 명유名儒이면서 박학다식한 전국 사방의 인사들과 득실을 논의해보 도록 하였다. 토론에 참가한 자들은 수십의 학파로 서로 논박하고 의견이 분분하여 오랫동안 결론이 나지 않았다. 이에 좌복야左僕射 방현령房玄齡·특진特進 위징魏徵17)·중서령中書令 양사도楊師道18)가

四篇, 軍禮二十篇, 嘉禮四十二篇, 凶禮六篇, 國恤五篇, 總一百三十八 篇, 分爲一百卷." 여기에서 말하는 즉위 초가 정확히 언제인지는 알 수 없으나『通典』권41「禮序」에 의하면 貞觀 7년(633)에 반포한 것으로 되 어 있다. 한편『舊唐書』권3「太宗本紀」貞觀 11년에 "춘정월 경자일에 새로운 율령을 반포하였다. 비선궁을 지었다. 갑인일에 방현령 등이 오례 를 정리하여 올리니 담당부서에 조를 내려 시행토록 하라고 하였다.十一 年春正月 … 庚子, 頒新律令於天下. 作飛山宮. 甲寅, 房玄齡等進所修 五禮, 詔所司行用之."라고 하여 율령 편찬과 함께 오례를 편수하여 해당 부서에서 시행토록 한 것을 보면, 이때 방현령 등이 정리한 '五禮'가 '新 禮'일 가능성도 있다.

16) 주자사朱子奢(미상~641) : 隋末 唐初 때 蘇州 吳縣(현재 江蘇省) 사람. 생애는 자세하지 않다. 젊어서『左氏春秋』를 배웠고, 문장을 잘 지었다. 수나라 때 直祕書學士를 지냈다. 당나라에 들어 國子助敎에 올랐다. 태 종 貞觀 초에 고구려와 백제가 신라를 공격하자 員外散騎侍郞에 임명되 어 삼국 사이의 문제를 해결했다. 거듭 승진하여 諫議大夫와 弘文館學 士 등을 지냈다. 일찍이 황제가 起居注의 기록을 보는 것은 후세 史官의 재앙을 여는 일이라면서 간언했다. 文辭에 능했고, 논변을 잘 했다.

17) 특진特進 위징魏徵 :『舊唐書』권3「太宗本紀」에 의하면 貞觀 10년(636) 에 侍中 魏徵을 特進으로 임명하여 문하성 일을 담당하도록 하였다."夏 六月, 以侍中魏徵爲特進, 仍知門下省事."

18) 양사도楊師道(?~647) : 隋末 唐初 弘農 華陰(현재 陝西省 華陰) 사람.

여러 논의를 두루 수집하여 그 중에서 시행할 만하지만 구례舊禮와 는 다른 것을 상주하였다.[19]

其議昊天上帝壇曰:「將封先祭, 義在告神, 且備謁敬之儀, 方 展慶成之禮. 固當於壇下阯, 預申齊潔. 贊饗已畢, 然後登封. 旣表 重愼之深, 兼示行事有漸. 今請祭於泰山下, 設壇以祀上帝, 以景 皇帝配享. 壇長一十二丈, 高一丈二尺.」

호천상제단昊天上帝壇에 관해서 논의하여 말하였다.

> 장차 봉선을 행하기 전 먼저 제사를 지내는 것은 그 취지가 신에게 고하는 데 있습니다. 또한 신을 뵙고 공경하는 예의를 갖추어 바야흐로 공을 이룸을 축하하는[慶成]의 예禮[20]를 펼치

수대 觀德王 楊雄의 幼子인 中書令 楊恭仁의 동생이다. 수나라 멸망 후 당에 귀의하여 儀同・駙馬都尉에 임명되었고 桂陽公主와 결혼하였으 며 뒤에 靈州總管에 임명되어 여러 차례 突厥을 격파하였다. 그밖에 吏 部侍郎・太常卿을 역임하였다. 貞觀 10년(636)에 侍中으로 승진, 13년 (639)에 中書令에 임명되었으나 李承乾의 모반 사건 이후 吏部尙書로 좌천되었다. 唐太宗이 고구려 원정시 잠시 楊師道는 中書令을 대신하였 으나 얼마 못 있어 工部尙書로 좌천되었다. 貞觀 21년(647) 병으로 사망, 吏部尙書와 州都督에 추증되었다.

19) 여기에서 舊禮는 「정관례」를 반포하기 전에 隋의 「開皇禮」에 기초하여 제정하였던 「무덕례」를 말하지만, 「무덕례」가 참조했던 봉선 사례는 후한 광무제 때의 봉선이다. 즉 玉牒, 玉冊, 方石, 金櫃, 태산 위 圓壇 등 모두 『後漢書』 「祭祀志」上에 소개된 봉선에 관한 의주이다. 그러므로 이하에 서 논의되는 사항은 『後漢書』 「祭祀志」上 '봉선' 부분과 비교해볼 만하다.

20) 경성慶成의 예禮 : 司馬遷에 의하면 역대 천명을 받아 왕이 된 자[受命之

고자 하니, 마땅히 단 아래 산기슭에서 미리 재계를 행하고 찬
향贊饗이 모두 끝난 뒤에 산에 올라 봉선해야 합니다. 이것은
신중에 신중을 기하여 심사숙고함을 표시하고 아울러 제사가
순차적으로 진행되는 것을 보이는 것입니다. 이제 태산 아래에
제단을 설치하여 상제에 제사하고 경황제景皇帝[21]를 배향할 것
을 청하옵니다. 제단祭壇은 길이가 12장, 높이가 1장 2척입니다.

又議制玉牒曰 :「金玉重寶, 質性貞堅, 宗祀郊禮, 皆充器幣, 豈
嫌華美, 實貴精確. 況乎三神壯觀, 萬代鴻名, 禮極殷崇, 事資藻
縟. 玉牒玉檢, 式韞靈奇, 傳之無窮, 永存不朽. 今請玉牒長一尺三

王]는 봉선을 행하는데, 수명한 왕 중에도 공업을 이룬 자만이 태산에
올라[가中] 天에 고하는 것이라고 하였다. 『史記』 권28 「封禪書」 "自古
受命帝王, 曷嘗不封禪? 蓋有無其應而用事者矣, 未有睹符瑞見而不臻
乎泰山者也, 雖受命而功不至, 至梁父矣而德不洽, 洽矣而日有不暇給,
是以即事用希." 『舊唐書』 「禮儀志」1에도 "今案封禪者, 本以成功告於
上帝"라고 정의하고 있어 여기에서 말한 慶成의 禮는 봉선을 달리 이른
말임을 알 수 있다.

21) 경황제景皇帝 : 太祖로 추숭된 李虎(?~551)를 말한다. 李虎는 서위 때 각
지에서 공을 세워 開府儀同三司로 임명되었으며 농서군공隴西郡公으로
봉해졌다. 548년에는 右軍大都督·少師로 임명되었고, 550년에는 太尉·
柱國大將軍으로 임명되었다. 당시 우문태와 李弼, 元欣, 獨孤信 등 8명
과 함께 '八大柱國'이라고 불렸다. 551년에 사망했을 당시 서위 조정은
그에게 鮮卑族의 大野氏라는 성을 내렸으며, 서위의 뒤를 이어 北周가
건국된 뒤인 564년에는 唐國公으로 봉해져 襄公이라는 시호를 받았다.
본문에서 "북주에서 기초를 마련하였다"는 말은 당국공에 봉해져 후에 손
자인 이연이 나라를 세워 당이라고 한 근원이 여기에 있음을 말한 것이다.

寸, 廣厚各五寸. 玉檢厚二寸, 長短闊狹一如玉牒[一].22) 其印齒
請隨璽大小, 仍纏以金繩五周.」

또 옥첩玉牒 제정에 관해서 논의하여 말하였다.

> 금옥金玉으로 만든 귀중한 보물[정鼎과 같은 제기]은 그 성
> 질이 곧고 굳세어서[貞堅] 명당 종사宗祀와 교천郊天 제사에 모
> 두 제기와 폐백으로 쓰이니, 어찌 화려하고 지나치게 아름답다
> 고 혐의하겠습니까? 실상 정밀하고 견고함을 귀히 여기는 것
> 입니다. 하물며 삼신三神23)에게 드리는 장관壯觀이며 만대에
> 걸쳐 드날리는 아름다운 명성에 있어서랴 말할 필요도 없습니
> 다. 그 예는 가장 융숭하고 그 행사는 화려하게 꾸며야 할 것입
> 니다. 옥첩玉牒24)과 옥검玉檢25)은 신령함을 내장한 것으로 영

----

22) [교감기 1] "長短闊狹一如玉牒"의 '狹'字는 여러 판본에는 원래 없는데,
『通典』 권54・『唐會要』 권7・『冊府元龜』 권35에 의거하여 보충하였다.

23) 삼신三神 : 漢武帝 때 司馬相如는 죽음을 앞두고 封禪에 관한 시를 썼는
데, 그 구절 중에 "삼신의 환대를 이끌고 … 천하의 장관이자 왕자의 대업
이니, 가벼이 볼 일이 아닙니다.挈三神之驩 … 天下之壯觀, 王者之丕業,
不可貶也."(『史記』 권117 「司馬相如列傳」)라는 글귀가 있다. 본문에서
말하는 '三神壯觀'은 司馬相如의 「封禪賦」의 이 구절을 인용한 것으로
보인다. 三神에 대해서 韋昭는 上帝, 太山, 梁父로 보았고 如淳은 地祇,
天神, 山岳으로 보았다. 『史記索隱』, "三神, 韋昭以爲上帝・太山・梁父,
如淳謂地祇・天神・山岳也."

24) 옥첩玉牒 : 고대 제왕이 봉선과 교사에 썼던 玉簡 문서. 『史記』 권12 「孝
武本紀」 "封泰山下東方, 如郊祠泰一之禮, 封廣丈二尺, 高九尺, 其下
則有玉牒書, 書祕."

25) 옥검玉檢 : 告天 문서인 옥첩을 넣는 봉함을 말한다. 『說文・木部』에 "檢,

원토록 전하여 영원히 보전되고 썩지 않습니다. 이제 옥첩은 길이 1척 3촌으로, 너비와 두께는 각각 5촌으로 하십시오. 옥검은 두께를 2촌으로, 길이와 너비는 옥첩과 같게 하십시오. 그 인치印齒[26]는 새璽의 대소에 따라 맞추고 금으로 된 줄[金繩]로 5번 둘러 묶도록 하십시오.

又議玉策曰:「封禪之祭, 嚴配作主, 皆奠玉策, 肅奉虔誠. 今玉策四枚, 各長一尺三寸, 廣一寸五分, 厚五分. 每策五簡, 俱以金編. 其一奠上帝, 一奠太祖座, 一奠皇地祇, 一奠高祖座.」

또 옥책玉策[27]에 대해서 논의하여 말하였다.

書署也"라고 하였고 淸 段玉裁注에 "玉牒檢者, 玉牒之玉函也, 所謂玉檢也"라고 하여 玉牒을 넣는 玉函을 玉檢이라 하였다.

26) 인치印齒 : 印章의 돌출된 부분을 가리킨 것으로, 여기에 먹물을 묻혀 인장을 찍는다.

27) 옥책玉策 : 玉冊이라고도 한다. 책서의 일종으로 고대 황제가 천에 제사하거나 告天할 때 사용한다. 옥으로 된 簡을 사용한다. 1931년 蒿里山(山東 泰安市)에서 唐玄宗과 宋眞宗의 禪제사 玉冊이 출토되었다. 현재 台灣故宮博物院에 소장되어 있다. 아래 사진의 당현종의 玉冊은 15매이며 玉簡의 길이는 29.2~29.8cm, 너비는 3cm, 두께는 1mm이며, 金으로 글자가 행서체로 쓰여 있으며 옥간의 재질은 흰색 대리석이다. 이 옥책은 唐宋시대의 1尺簡에 해당되는데, 高宗 乾封 元年의 봉선 옥책이 1척 2촌인 것과는 다르다. 1척 2촌 규격의 옥책은 『道藏』에 소장된 投龍簡의 형태와 좀더 유사한데, 예를 들어 劉宋 陸修靜의 『太上洞玄靈寶授度儀』에 실려 있는 投龍 의례에, "간은 길이 1척 2촌, 너비는 2촌 4푼, 두께는 3푼 凡簡長一尺二寸·闊二寸四分·厚三分"으로 되어 있다.

봉선 제사는 선조를 배사하고 신주를 세우는데[嚴配作主], (천과 선조) 모두에게 옥책玉策을 바쳐 경건하게 정성을 다해 받듭니다. 이제 옥책은 4매를 쓰는데,[28) 각각 길이는 1척 3촌, 너비는 1촌 5푼, 두께는 5푼으로 합니다. 옥책 1매는 5개의 간簡으로 이루어져 있으며 금실로 묶습니다. 하나는 (호천)상제에게 바치고, 하나는 태조의 신좌[29)에 바치며 하나는 황지기皇地祇, 하나는 고조의 신좌[30)에 바칩니다.

又議金匱曰:「登配之策, 盛以金匱, 歸格藝祖之廟室. 今請長短令容玉策, 高廣各六寸. 形制如今之表函. 纏以金繩, 封以金泥, 印以受命璽.」

또 금궤金匱에 대해 논의하여 말하였다.

등배登配[31)의 옥책은 금궤에 담아 귀환하여 예조藝祖의 묘

당현종 皇地祇 옥책

28) 옥책 4매는 상제와 그 배사대상인 태조, 황지기와 고조에 사용되는 것을 말한다.
29) 태조의 신좌: 太祖 景皇帝 李虎를 말한다.
30) 고조의 신좌: 高祖 神堯皇帝 李淵을 말한다.

실에 고합니다.32) 이제 금궤의 크기는 옥책을 수용할 만큼으로
하며 높이와 너비는 각각 6촌으로 하십시오. 그 형태는 오늘날
표함表函33)과 같게 하고, 금줄로 묶어 금니로 봉하고 수명새受
命璽34)로 인장을 찍도록 하십시오.

又議方石再累曰:「舊藏玉牒, 止用石函, 亦猶盛書篋笥, 所以

---

31) 등배登配 : 원래 종묘에 합사하는 祔祭를 말하는데, 여기에서는 封禪에서
上帝에게 先祖를 배향하여 함께 제사하는 것을 말한다. 원래 봉선을 漢
代에는 '登封의 禮'라고 하였는데, 唐代에는 봉선에서 선조를 배사하는
것을 강조하여 '登配'라고 표현하고 있다.
32) 예조藝祖의 묘실에 고합니다 : 이 구절은 『尙書』「虞書·舜典」의 "正月
上日, 受終于文祖, 在璿璣玉衡, 以齊七政, 肆類于上帝, 禋于六宗, 望
于山川, 徧于羣神, 輯五瑞, 既月, 乃日覲四岳羣牧, 班瑞于羣后, 歲二
月, 東巡守, 至于岱宗, 柴望秩于山川, 肆覲東后, 協時月, 正日, 同律度
量衡, 修五禮, 五玉, 三帛二生, 一死, 贄, 如五器, 卒乃復, 五月南巡守,
至于南岳, 如岱禮, 八月西巡守, 至于西岳, 如初, 十有一月朔巡守, 至
于北岳, 如西禮, 歸格于藝祖, 用特, 五載一巡守."라고 한 巡狩禮에서
인용한 말이다. 여기에서 藝祖는 『尙書正義』에 의하면 文祖, 즉 태조 혹
은 고조를 말한다. 『禮記』「王制」편 巡狩의 예에서는 "歸假于祖禰, 用
特"이라 하여 '祖禰'라고 하였으니, 순수를 떠날 때 모시고 갔던 신주를
태묘에서부터 먼저 고하고 차례대로 고한 다음 선조의 사당에까지 이르
러 고하기를 마친다고 하였다.
33) 표함表函 : 상주문을 담아 천자에게 올리는 상자를 말한다.
34) 수명새受命璽 : 일명 傳國璽라고도 한다. 隋代 傳國璽를 受命璽라고 명
칭을 바꾸었으며, 봉선의 예를 행할 때 사용하였다. 『隋書』「高祖紀」上에
"갑자일, 전국새를 수명새로 명칭을 고쳤다.甲子, 改傳國璽曰受命璽."라
고 하였고, 『新唐書』「車服志」에 "수명새로 봉선하여 신에게 예를 갖춘
다.受命璽以封禪禮神."라고 하였다.

或呼石篋. 今請方石三枚, 以爲再累. 其十枚石檢, 刻方石四邊而立之. 纏以金繩, 封以石泥, 印以受命璽.」

또 방석方石을 겹쳐 쌓는 것에 대해 논의하여 말하였다.[35]

옛날에 옥첩을 보관할 때에는 단지 석함石函을 사용하는 데 그쳤는데, 이 또한 책을 담는 상자와 같았기 때문에 혹자는 석협石篋이라 불렀습니다. 청컨대 이제 방석 3개를 겹쳐 쌓도록 하십시오.[36] 10개의 석검石檢으로 방석 사방을 깎아서 세워놓고 금줄로 두르고 석니로 봉하여 수명새受命璽로 인장을 찍으십시오.[37]

又議泰山上圓壇曰:「四出開道, 壇場通義, 南面入升, 於事爲允. 今請介丘上圓壇廣五丈, 高九尺, 用五色土加之. 四面各設一

---

35) 『舊唐書』「禮儀志」1에 「貞觀禮」를 서술하는 가운데 '봉선' 항목에 "후한 광무제光武帝 건무建武년간의 봉선封禪은 … 원대圜臺에서 태산에 봉封 제사를 행하였는데, 사방 4면에 높이 5장의 석궐石闕을 세웠다. 원대 위에는 또 네모난 돌[方石]을 이중으로 겹쳐 쌓아놓고 옥첩서玉牒書를 그 안에 묻어두었다"라고 하여 '방석을 이중으로 겹쳐 쌓아놓는다'고 한 부분을 말한다.

36) 後漢 光武帝 때에는 方石 2개를 겹쳐서 쌓았는데, 이제 唐代에는 方石 3개를 겹쳐서 쌓는다는 의미이다.

37) 『舊唐書』「禮儀志」1에 서술된 후한 광무제 때 봉선은 "석검石檢 10장으로 네 변두리를 봉인하였는데, 동쪽과 서쪽에 각각 3장씩, 남과 북에 각각 2장씩 두었다. 그 밖으로 석봉石封을 설치하였는데, 높이가 9척이었고 그 위에 석개石蓋를 얹혔다. 주위에 석거石距 18개를 설치하였는데, 그 모양이 비석과 같았으며, 단에서 2보 거리에 두었다"라고 하였다.

階. 御位在壇南, 升自南階, 而就上封玉牒.」

또 태산 정상의 원단에 대해 논의하여 말하였다.

　　사방으로 통로를 개설하여 제단과 제장이 서로 통하며 남면
　으로 진입하여 단에 오르는 것이 일의 형편상 타당합니다. 이
　제 개구介丘(태산) 정상의 원단은 너비를 5장, 높이는 9척으로
　하고 오색의 흙을 그 위에 더하십시오.[38] (원단) 사방에 각각
　계단 하나를 설치하십시오. 황제의 자리[御位]는 제단 남쪽이
　며 남쪽 계단으로 올라 정상에 나아가 옥첩으로 봉하십시오.

又議圓壇上土封曰[二][39] :「凡言封者, 皆是積土之名. 利建分
封, 亦以班社立號. 謂之封禪, 厥義可知. 今請於圓壇之上, 安置方
石, 璽緘旣畢, 加土築以爲封. 高一丈二尺, 而廣二丈, 以五色土
益封, 玉牒藏於其內. 祀禪之土, 其封制亦同此.」

또 원단 위의 토봉土封에 대해 논의하여 말하였다.

---

38) 오색의 흙 … : 오색의 흙을 봉하는 의식은 원래 『尙書』 「夏書·禹貢」의
　　　"厥貢惟土五色"에 보인다. 孔安國의 傳에 "왕자는 오색의 흙을 봉하여
　　　사를 만들고 제후를 봉건하면 해당 방위의 색깔의 흙을 주어 사를 세우게
　　　한다.王者封五色土爲社, 建諸侯則各割其方色土與之, 使立社."라고 하
　　　였다. 즉 토지신社 제사인데, 이것을 봉선 제사에 원용한 것은 봉선의
　　　'封'이란 글자 때문으로 보인다.
39) [교감기 2] "又議圓壇上土封曰"의 '壇'字는 여러 판본에는 원래 '丘'로
　　　되어 있는데, 『通典』 권54·『唐會要』 권7·『冊府元龜』 권35에 의거하여
　　　수정하였다.

무릇 봉封이라고 한 것은 모두 흙을 쌓은 것을 일컫는 말입니다. 제후를 세우고 분봉할 때 또한 (제후국에) 사社를 배분하고 국호를 정합니다.[40] (그러므로) 봉선封禪이라 부르는 그 의미를 알 수 있습니다. 이제 원단 위에 방석을 안치하고 수명새로 봉하는 것을 다 마친 뒤에 그 위에 흙을 쌓아 봉封을 만드십시오. 높이는 1장 2척, 너비는 2장으로 하고 오색의 흙을 봉에 더 가하고 옥첩을 그 안에 수장하십시오. 선禪 제사를 지내는 흙[41]도 그 봉을 만드는 제도 역시 이와 같이 하십시오.

---

40) 社를 배분하고 국호를 정하다 : 『魏書』 권55 「劉芳傳」에 인용된 『五經要義』에 의하면 "社에는 반드시 나무를 심는다. 『周禮』 「司徒職」에 의하면 社를 분배해주고 나무를 심는데, 각각의 토지에서 나는 나무를 심는다"고 하였다. 『尙書』 「逸篇」에도 太社는 소나무, 東社는 백나무, 南社는 재나무, 西社는 밤나무, 北社는 회나무라고 하였다. "五經要義云 : 『社必樹之以木, 周禮司徒職曰 : 班社而樹之, 各以土地所生, 尙書逸篇曰 : 太社惟松, 東社惟柏, 南社惟梓, 西社惟栗, 北社惟槐.』"

'立號'의 의미는 『藝文類聚』 권39 「封禪」에 인용된 『春秋含孽』에, "天子所以昭察, 以從斗樞, 禁令天下, 係體守文, 宿思以合神, 保長久, 天子受符, 以辛日立號"라고 하여 천자가 수명한 후 호를 건립한다고 하였고, 司馬相如의 「封禪賦」에도, "然猶躡梁父, 登太山, 建昭號, 施尊名, 俾萬代得激淸流, 揚微波, 飛英聲, 騰茂實"라고 하여 昭號를 세워 尊名을 드날린다는 표현이 보인다. 또한 張華의 의론에 "海內符瑞之應, 備物之盛, 未有若今之盛, 宜禮中岳, 封泰山, 發德號"라고 하여 德號를 발하다는 표현이 보인다. 봉선한 뒤 '刻石紀號'할 때 '紀號' 역시 같은 맥락으로 보인다. 여기에서는 제후를 봉건하며 봉토를 나눠주고 그 나라의 이름, 즉 국호를 하사한 것으로 해석하였다.

41) 선禪 제사를 지내는 흙 : 『通典』 「禮」 14 '封禪'조에는 "선 제사를 지내는 장소에서 흙으로 봉을 만드는 제도 역시 이와 같다. 祀禪之所, 土封制亦

又議玉璽曰:「謹詳前載方石緘封, 玉檢金泥, 必資印璽, 以爲秘固. 今請依令用受命璽以封石檢. 其玉檢旣與石檢大小不同, 請更造璽一枚, 方一寸二分, 文同受命璽, 以封玉牒. 石檢形制, 依漢建武故事.」

또 옥새玉璽에 대해 논의하여 말하였다.

방석을 끈으로 묶고 봉하는 것에 대하여 이전에 기록된 방식을 자세히 살펴보니, 옥검玉檢과 금니金泥에는 반드시 인새印璽를 써서 밀봉하였습니다. 이제 영令에 따라 수명새를 사용하여 석검石檢을 봉하십시오. 그 옥검은 석검과 크기가 같지 않으니, 다시 수명새 하나를 제조하기를 청하옵니다. 크기는 방 1촌 2푼이며 그 문자는 수명새와 같게 하여 옥첩을 봉하도록 하십시오. 석검의 형태는 후한 건무建武 연간의 고사[42]에 따라 하십시오.[43]

同此."로 되어 있다.

[42] 『舊唐書』「禮儀志」1에 설명된 後漢 建武 연간의 봉선 고사에서 "석검石檢 10장으로 네 변두리를 봉인하였는데, 동쪽과 서쪽에 각각 3장씩, 남과 북에 각각 2장씩 두었다.石檢十枚, 於四邊檢之, 東西各三, 南北各二." 고 한 것을 말한다.

[43] 여기에서 후한 건무 연간의 고사에 따라 석검의 형태와 제도를 따른다고 하였는데, 건무 연간에는 석검 10매를 사용하여 방석 사방을 봉합하고, 동서에 각각 3개, 남북에 각각 2개를 사용하여 10개를 설치하였다. 그런데 『舊唐書』「禮儀志」1에서는 결국 한무제 때 봉선이나 후한 광무제의 봉선 모두 경전에 근거를 찾을 수 없는 까닭에 폐지한다고 되어 있어 앞뒤 서로 모순되고 있다.

又議立碑曰：「勒石紀號, 顯揚功業, 登封降禪, 肆覲之壇, 立碑紀之.」

또 비碑를 세우는 것에 대해 논의하여 말하였다.

비석을 세워 이름을 새기고 공업을 현창하며 태산에 올라 봉 제사하고 내려와 선 제사하며 제후들과 회동하고[肆覲]44) 제단에 나아가 비를 세워 기록합니다.

又議設告至壇曰：「旣至山下, 禮行告至, 柴于東方上帝, 望秩遍禮群神. 今請其壇方八十一尺, 高三尺, 陛仍四出. 其禪方壇及餘儀式, 請從今禮, 仍請柴祭·望秩, 同時行事.」

또 고지단告至壇(태산에 이르렀음을 상제에 고하는 제단) 설치에 관해 논의하여 말하였다.

태산 아래 당도하면 이르렀음을 고하는[告至] 예를 행하며 동방상제東方上帝에 섶을 불살라 태워 제사하고[柴祭] 여러 신들에게 두루 등급에 따라 예를 갖춰 망望 제사를 지냅니다[望秩].45) 이제 제단은 사방 81척, 높이 3척으로 하고 계단은 4군

---

44) 제후들과 회동하고[肆覲] … :『尙書』「舜典」중에 2월에 東으로 巡狩하며 東后를 만난다는 구절이 출처가 된다. "歲二月, 東巡守, 至于岱宗, 柴望秩于山川, 肆覲東后." 이 제후들과의 회동 의식을 봉선 의절에 넣고 강조한 점이 당대 봉선의 특징의 하나로 보기도 한다. 周善策,「封禪禮與唐代前半期吉禮的變革」,『歷史研究』, 2015年 第6期.

45) 망望 제사를 … : 이 조항 역시『尙書』「舜典」중의 "歲二月, 東巡守 …

데로 내도록 하십시오. 선禪 제사의 방단方壇(방형의 제단)과 나머지 의례와 법식들은 현재의 예대로 하고 시제柴祭와 망질 望秩의 예는 동시에 행하도록 하십시오.

又議廢石闕及大小距石曰:「距石之設, 意取牢固, 本資實用, 豈云雕飾. 今旣積土厚封, 足與天長地久. 其小距環壇, 石闕迴建, 事非經誥, 無益禮義, 煩而非要, 請從減省.」

또 석궐石闕과 대소 거석距石을 폐지하는 안건에 대해 논의하여 말하였다.

거석을 설치하는 의도는 견고함 때문이며 본래 실용적인 목 적으로 설치한 것인데, 어찌 문양을 새기고 문식한단 말입니 까? 지금 흙을 쌓아 두터이 봉분을 만들었으니 하늘만큼 땅만 큼 오래갈 것입니다. 작은 거석으로 제단을 에워싸고 석궐을 빙 돌려 세우는 것은 경전과 전고典誥에 없는 사항으로 예의 취지에도 무익하여 번거롭고 긴요하지 않으니 청컨대 없애주 시기 바랍니다.

太宗從其議, 仍令附之於禮.

태종太宗은 논의한 대로 예(「정관례」)에 부가시키라고 명하였다.[46]

柴望秩于山川"에 근거하였다.

46) 현재 「貞觀禮」, 「顯慶禮」의 상세한 내용은 전하지 않지만, 『通典』과 『大

十五年, 下詔, 將有事於泰山, 復令公卿諸儒詳定儀注. 太常卿
韋挺·禮部侍郎令狐德棻爲封禪使, 參考其議. 時論者又執異見,
顏師古上書申明前議. 太宗覽其奏, 多依師古所陳爲定. 車駕至洛
陽宮, 會有彗星之變, 乃下詔罷其事.

(정관) 15년(641), 조를 내려 장차 태산에 제사를 지내고자 하니,
다시 공경대신들과 유자들에게 (봉선에 관한) 의주를 상정하도록 하
였다. 태상경太常卿 위정韋挺47)과 예부시랑禮部侍郎 영호덕분令狐德
棻48)을 봉선사封禪使에 임명하고 (봉선의주에 관한) 안건을 살펴보
도록 하였다. 당시 논의에 참여한 자들이 또다시 다른 견해를 주장하
였는데, 안사고顏師古가 상서하여 앞서 의론한 견해를 거듭 밝혔다.
태종이 그 상주문을 보고 대대수 안사고가 진언한 바에 따라 확정하
였다. 황제의 행차가 낙양궁洛陽宮에 이르렀을 즈음, 혜성이 출현하

唐開元禮』, 『新唐書』에 비교적 구체적인 내용이 실려 있다.

47) 위정韋挺(589~646) : 당 雍州 萬年(현재 陝西省 西安市) 사람. 隋代 民
部尙書 韋冲의 아들이며, 어려서 李建成과 교유하였다. 당 건립 후 太子
衛率에 임명되었으며, 唐太宗 즉위 후에 尙書右丞·刑部尙書·黃門侍
郎, 御史大夫 등을 역임하다가 太常卿으로 승진하였다. 貞觀 20년(646)
에 임무 중에 사망하였다.

48) 영호덕분令狐德棻(583~666) : 唐 宜州 華原(현재 陝西省 銅川市) 사람.
자는 季馨이다. 문사에 두루 박식하였고 수말에 약성현령에 제수되었고
唐代에 들어서는 大丞相府記室을 시작으로 起居舍人·禮部侍郎·國子
祭酒·太常卿, 兼弘文館·崇賢館學士 등의 관직을 역임하였다. 梁·陳
·北齊·北周 및 隋代 正史를 편수할 것을 주청하여 『周書』 편찬의 책임
을 맡았다. 말년에는 저술에 힘을 쏟았고 건봉 원년에 집에서 사망하였는
데, 향년 84세였다.

는 변고가 생기자[49] 조를 내려 봉선의 일을 없었던 일로 하였다.

高宗卽位, 公卿數請封禪, 則天旣立爲皇后, 又密贊之. 麟德二
年二月, 車駕發京, 東巡狩, 詔禮官·博士撰定封禪儀注:

고종이 즉위하자 공경들은 여러 번 봉선을 청하였는데, 측천이 황
후가 되면서 뒤에서 그 일을 종용하였다. (고종) 인덕麟德 2년(665)
2월, 황제의 행차가 수도 장안을 출발하여 동쪽으로 순수하면서 예
관과 박사들에게 「봉선의주封禪儀注」를 제정토록 하였다.(봉선의주
의 내용은 다음과 같다)

有司於乾封元年正月戊辰朔. 先是, 有司齋戒. 於前祀七
日平旦, 太尉誓百官於行從中臺, 云:「來月一日封祀, 二日
登封泰山, 三日禪社首, 各揚其職. 不供其事, 國有常刑.」上
齋於行宮四日, 致齋三日. 近侍之官應從升者, 及從事群官·
諸方客使, 各本司公館淸齋一宿. 前祀一日, 諸衛令其屬.
未後一刻, 設黃麾半仗於外壝之外, 與樂工人俱淸齋一宿.

담당관은 건봉乾封 원년(666) 정월 무진戊辰 초하루(에 다음

---

49) 『舊唐書』 권36 「天文志」下에 "(정관) 15년 6월 19일에 태미에 혜성이
나타나 낭위를 침범하였다. 7월 갑술일에 사라졌다.十五年六月十九日,
星孛於太微, 犯郞位. 七月甲戌滅."라고 하였다. 『舊唐書』 권3 「太宗本
紀」下 貞觀 15년조에도 "己酉, 有星孛于太微, 犯郞位. 丙辰, 停封泰山,
避正殿以思咎, 命尙食減膳"라고 하여 혜성이 나타나 태산 봉선을 중지
하였고 정전을 피해 반성하고 반찬을 줄이라 명하였다는 기사가 보인다.

과 같이 한다.) 먼저 봉선을 행하기에 앞서 담당관은 재계한다. 봉선 7일 전 날이 밝을 무렵, 태위太尉는 행종중대行從中臺[50]에서 백관들에게 훈계하여 말한다. "다음 달 초하루에 봉 제사를 지내고 2일에 태산에 올라 봉 제사를 올리며 3일에 사수(산)社首[51]에서 선禪 제사를 지내니, 각자 맡은 바 임무를 충실히 하라. 만약 그 일을 제대로 하지 못하면 국법으로 다스릴 것이다." 황상은 행궁行宮에서 4일 동안 재계하고 3일 동안 치재한다. 근시관近侍官으로 황상을 따라 태산에 올라야 하는 자와 제사에 참여하는 여러 관리들 그리고 여러 지역의 빈객사신들은 각자 해당 공관에서 전날 하룻밤 묵으며 청재淸齋[52]한다.

---

50) 행종중대行從中臺 : 中臺는 尙書省의 다른 이름으로 高宗 龍朔 2년에 개칭되었다. 본문에서 말한 '行從中臺'는 '行中書省'처럼 수도가 아닌 다른 곳에 행차하였을 때 임시로 설치된 관명임을 나타낸다. 『舊唐書』 권4 「高宗本紀」에 "(용삭 2년) 2월 갑자일, 경성의 여러 부서와 백관의 이름을 개정하였다. 상서성은 중대로 바꾸었다.二月甲子, 改京諸司及百官名 : 尙書省爲中臺."

51) 사수社首 : 社首山을 말한다. 현재 山東省 泰安市 서남쪽에 있다. 『史記』 「封禪書」에 "주성왕이 태산에 봉 제사하고 사수에 선 제사하였다.周成王封泰山, 禪社首."라고 하였고 이에 대해 『史記集解』에 "應劭曰山名. 在博縣"이라 하였다. 사수산 위에 社首壇이 있다. 당대 高宗과 玄宗 그리고 宋代 眞宗이 모두 이곳에서 禪 제사를 지냈다.

52) 청재淸齋 : 제사 하루 전 마지막 날 술, 고기 등을 먹지 않으며 정결히 재계하는 것을 말한다. 『新唐書』 권11 「禮樂志」1 '齋戒'조에는 齋戒를 散齋, 致齋, 淸齋 3가지로 구분하고 있다. "二曰齋戒, 其別有三 : 曰散齋, 曰致齋, 曰淸齋, 大祀, 散齋四日, 致齋三日 ; 中祀, 散齋三日, 致齋二日 ; 小祀, 散齋二日, 致齋一日."

제사 하루 전날 좌우위左右衛(率府)[53]는 속관들에게 명하여, 미시未時(오후 1시~3시) 후 1각에[54] 황휘黃麾(황색의 대장기)를 앞세운 의장대[55]를 제단 바깥 토담[外壝] 밖에 진설하고 악

53) 좌우위左右衛(率府) : 太子左右衛率府를 말한다. 『譯註唐六典』 권제27 「태자좌우위솔부」에 "좌·우위솔은 동궁의 병장기, 의장과 우위에 관한 정령을 관장하여 여러 조의 일을 총괄한다. 무릇 (동궁에 속하는) 친부·훈부·6익부 및 광제 등 다섯 절충부가 이에 속한다. 부솔은 그 차관이다. 무릇 원정, 동지에 황태자가 동궁관리 및 조집사의 조하를 받을 때는 솔이 위부에 속한 병력을 거느리고 의장을 담당하여 좌·우상 주위를 호위한다. 황태자가 예를 갖추어 출입할 때에는 노부의 법에 따른다. 매월 친부·훈부·익부 3부의 삼위와 광제 등 다섯 절충부의 초승으로 마땅히 번상해야 할 위사들을 정해진 직무에 따라 배치시킨다. 太子左右衛率府, 率各一人, 正四品上 … 左·右衛率掌東宮兵仗羽衛之政令, 以總諸曹之事, 凡親·勳·翊府及廣濟等五府屬焉; 副率爲之貳. 凡元正·冬至, 皇太子朝宮臣及諸方使, 則率衛府之屬以儀仗爲左·右廂之周衛. 若皇太子備禮出入, 則如鹵簿之法以從. 每月, 親·勳·翊三府之衛及廣濟等五府之超乘應番上者, 配于所職."라고 하였다.

54) 미시未時 후 1각에… : 『通典』 「禮」78 '燔柴告至'조에는 좌우위솔부는 그 속관에게 명하여 오후 4시 전후(晡後一刻)에 각기 해당되는 방위의 깃발을 가지고 제단 담장에 설치된 문을 숙위하도록 한다고 되어 있다. "諸衛令其屬, 晡後一刻, 各以其方器服守衛壝門."

55) 『通典』 「禮」78 '肆覲東后'조에는 "그날 해뜨기 전 3각에 제위는 각각 해당되는 방위의 기물을 가지고 토담 밖 사면에 깃발을 진설한다. 1각 전에는 제위는 부하들을 단속하여 황휘 대장으로 문문에 진열하고 삽과 극을 담장 안에 진열하는데, 전정에서의 의장과 같게 한다. 其日未明三刻, 諸衛各以其方器服量設牙旗於壝外四面, 未明一刻, 諸衛各勒所部, 列黃麾大仗屯門及鈒戟陳於壝內, 如殿庭之儀."라고 하여 '黃麾大仗'으로 되어 있다. 『宋史』 권143 「儀衛志」1에는 "其殿庭之儀, 則有黃麾大仗·

공樂工과 함께 전날 하룻밤 머물며 청재한다.

有司於太嶽南四里爲圓壇, 三成·十二階, 如圓丘之制. 壇上飾以靑, 四面各依方色, 幷造燎壇及壝三重. 又造玉策三枚, 皆以金繩連編玉簡爲之. 每簡長一尺二寸, 廣一寸二分, 厚三分, 刻玉塡金爲字. 又爲玉匱一, 以藏正座玉策, 長一尺三寸. 幷玉檢方五寸, 當繩處刻爲五道, 當封璽處刻深二分, 方一寸二分. 又爲金匱二, 以藏配座玉策, 制度如玉匱. 又爲黃金繩以纏金玉匱[三],56) 各五周. 爲金泥·玉匱·金匱[四].57) 爲玉璽一枚, 方一寸二分, 文同受命璽, 封玉匱·金匱. 又爲石礎, 以藏玉匱[五].58) 用方石再累, 各方五尺, 厚一尺. 刻方石中令容玉匱. 礎旁施檢處, 皆刻深三寸三分, 闊一尺. 當繩處皆刻深三分, 闊一寸五分. 爲石檢十枚, 以檢石礎, 皆長三尺, 闊一尺, 厚七寸. 皆刻爲印齒三道, 深四寸. 當封璽處方五寸, 當通繩處闊一寸五分. 皆有小石蓋, 制

黃麾半仗·黃麾角仗·黃麾細仗"라고 하여 전정의 의장에 황휘대장·황휘반장·황휘각장·황휘세장이라 하여 황휘를 세우는 의장 행렬을 4등급으로 나누고 있다. 일반적으로 황휘대장은 5천 25명, 황휘반장은 그 절반에 해당하는 2천 15명으로 이루어진 의장행렬이다.

56) [교감기 3] "又爲黃金繩以纏金玉匱下"의 '金'자는 여러 판본에는 원래 없는데, 『太平御覽』권805에 의거하여 보충하였다.

57) [교감기 4] "爲金泥玉匱金匱" 이 구절은 탈오가 의심된다. 『通典』권54 에는 "爲金泥以金泥之"로 되어 있고, 『太平御覽』권805에는 "爲金泥以泥之"로 되어 있다.

58) [교감기 5] "以藏玉匱"의 '以藏'은 여러 판본에는 원래 없는데, 『大唐開元禮』권63과 『通典』권54에 의거하여 보충하였다.

與檢刻處相應, 以檢撅封泥. 其檢立於礎旁, 南方・北方各
三, 東方・西方各二, 去礎隅皆七寸. 又爲金繩以纏石礎, 各
五周, 徑三分. 爲石泥以泥石礎, 其泥, 末石和方色土爲之.
爲距石十二枚[六],[59] 分距礎隅, 皆再累, 各闊二尺, 長一
丈, 斜刻其首, 令與礎隅相應.

담당관은 태악太嶽 남쪽 4리에 원단圓壇을 만든다. 3층의 높이
에 12계단을 설치하여 원구圓丘의 제도와 같게 한다. 제단 위는
청색으로 장식하고 사방에는 각기 해당 색깔에 따라 장식하며 요
단燎壇[60]과 3중으로 이루어진 토담[壝][61]도 함께 조성한다.

또 옥책玉冊 3매를 만드는데, 모두 금줄로 옥간玉簡을 연이어
엮어서 만든다. 간의 길이는 1척 2촌에, 너비는 1촌 2푼, 두께는
3푼으로 한다.[62] 옥에 홈을 파서 금으로 메꿔 글자를 새긴다.

또 옥궤玉匱 하나를 만들어 정좌正座(호천상제의 신좌)의 옥
책을 넣어 보관하고 그 길이는 1척 3촌으로 한다. 옥은 방 5촌
으로 하고 줄로 묶을 곳을 5갈래로 새기고 새璽를 찍을 곳은
깊이 2푼, 방 1촌 2푼을 새긴다.

또 금궤金匱 두 상자를 만들어 배좌配座(배사되는 선조의 신

59) [교감기 6] "爲距石十二枚"의 '距'자는 여러 판본에는 원래 '砠'로 되어
있는데, 『大唐開元禮』 권63과 『通典』 권54에 의거하여 수정하였다.

60) 요단燎壇 : 고대 天 제사를 지낼 때 燔柴, 즉 섶을 불태워 연기를 내는
요로가 설치된 단을 말한다.

61) 여기에서 3중으로 이루어진 토담이란 제단을 중심으로 세 겹으로 둘러싼
토담을 말하는데, 內壝, 中壝, 外壝라고 한다. 아래 그림은 북경 천단으로
외유(정사각형 외변) - 중유(원형) - 외유(원형)의 형태를 보여주고 있다.

좌)의 옥책을 넣어 보관하며 그 제도는 옥궤와 같이 한다.

또 황금줄로 금궤, 옥궤를 묶는데, 각각 5번 두른다. 옥궤와 금궤를 금니로 바른다.[63] 옥새 하나를 만드는데, (크기는) 방 1촌 2푼이며, 글자는 수명새와 같게 한다. (이것으로) 옥궤와

天壇의 內墻와 外墻(북경)

62) 옥책玉冊 3매를 … 만든다 : 여기에서 옥책이 3매인 것은 호천상제와 배사되는 선조가 2명이기 때문이다. 당현종의 玉冊은 15개 간으로 되어 있으며, 玉簡의 길이는 29.2~29.8cm, 너비는 3cm, 두께는 1mm이며, 金으로 글자가 행서체로 쓰여 있으며 옥간의 재질은 흰색 대리석이다. 이 옥책은 唐宋시대의 1尺簡에 해당되는데, 高宗 乾封 元年의 봉선 옥책이 1척 2촌인 것과는 다르다. 1척 2촌 규격의 옥책은 『道藏』에 소장된 投龍簡의 형태와 좀더 유사한데, 예를 들어 劉宋 陸修靜의 『太上洞玄靈寶授度儀』에 실려 있는 投龍 의례에, "간은 길이 1척 2촌, 너비는 2촌 4푼, 두께는 3푼凡簡長一尺二寸·闊二寸四分·厚三分"으로 되어 있다.

63) [교감기 4]에 의하면 이 부분에 오탈자가 의심된다고 하였다. 『太平御覽』 권805에 "금니를 만들어 이것으로 바른다.爲金泥以泥之."라고 하였는데, 즉 "옥궤와 금궤를 금니로 바른다"는 의미로 해석된다.

금궤를 봉인한다.

또 석감石礛(돌로 된 상자)을 만들어 옥궤를 넣어 보관한다. 방석을 겹쳐 쌓는데 (그 크기는) 각각 방 5척에, 두께가 1척이다. 방석 가운데를 옥궤가 들어갈 수 있도록 판다. 석감 옆 옥검을 설치할 곳에 모두 깊이 3촌 3푼, 너비 1척이 되게 깎는다. 줄을 두를 곳은 모두 깊이 3푼, 너비 1촌 5푼의 크기로 깎는다. 석검은 10장이며 이것으로 석감을 봉인하는데, 모두 길이 3척, 너비 1척, 두께 7촌으로 한다. 모두 깎아 인치印齒를 세 갈래로 만드는데, 그 깊이가 4촌이다.

새璽로 봉할 곳은 방 5촌이고 줄이 통과하는 곳은 너비가 1촌 5푼이 되게 한다. 모두 작은 석개石蓋(돌로 된 덮개)를 두는데, 그 규모는 석검의 새긴 곳에 상응케 하여 봉니로 봉인하게 한다. 석검은 석감 옆에 세우는데, 남방과 북방에 각각 3개, 동방과 서방에 각각 2개를 세우고 석감 모서리와의 거리는 모두 7촌으로 한다.

또 금줄로 석감을 두르는데, 각각 5번 두르며 그 지름은 3푼으로 한다. 석니石泥를 만들어 석감에 바르는데, 석니는 돌가루와 각 방위의 색깔에 해당하는 흙을 섞어 만든다. 거석距石(주춧돌)을 12개 만들어 석감 모서리에 나누어 세우는데, 모두 이중으로 겹쳐 쌓고 각각의 너비는 2척에, 길이는 1장으로 하며 그 꼭대기는 비스듬히 깎아 석감의 모서리와 서로 호응하게 한다.

泰山之上, 設登封之壇, 上徑五丈, 高九尺, 四出陛. 壇上

飾以靑, 四面依方色. 一壝, 隨地之宜. 其玉牒·玉匱·石礷
·石檢·距石, 皆如封祀之制. 又爲降禪壇於社首山上[七],[64]
方壇八隅, 一成八陛, 如方丘之制. 壇上飾以黃, 四面依方
色. 三壝, 隨地之宜. 其玉策·玉匱·石礷·石檢·距石等, 亦
同封祀之制.

　　태산 위에는 등봉단登封壇을 설치한다. 윗지름이 5장, 높이
는 9척이며 사방에 계단을 낸다. 단 위는 청색으로 장식하고
제단 사면은 해당 방위의 색으로 장식한다. 토담[壝]은 한 겹만
두고 지세에 따라 두른다. 옥첩·옥궤·석감·석검·거석은 모
두 봉 제사의 규정처럼 한다. 또 강선단降禪壇[65]을 사수산社首
山 정상에 만드는데, 제단은 방형으로 그 귀퉁이는 팔각형으로
하고 1단에 8개의 계단을 두는데, 방구方丘의 규정처럼 한
다.[66] 제단 위는 황색으로 장식하고 사면은 해당 방위 색에 따

---

64) [교감기 7] "又爲降禪壇於社首山上"의 '禪'자는 여러 판본에는 원래 없
　　는데, 『通典』 권54에 의거하여 보충하였다.

65) 강선단降禪壇 : 여기에서 降이라 함은 태산에 올라 封 제사를 지낸 후
　　내려와[降] 태산보다 낮은 社首山 정상에 올라 禪 제사지내므로 '降禪'이
　　라 하였다.

66) 방구의 제도에 대해서는 『舊唐書』 「禮儀志」 권1에 소개된 「武德令」에
　　"방구단은 2단이며, 아래 단은 방 10장, 윗단은 5장壇制再成, 下成方十
　　丈, 上成五丈"으로 되어 있다. 그런데 『宋會要輯稿』 「禮」2에 인용된 『開
　　寶通禮』에 의하면, 8각형에 3단으로 되어 있고 매 층의 높이는 4척으로
　　되어 있다. "方丘之制, 八角三成, 每等高四尺, 上闊十六步. 設八陛, 上
　　等陛廣八尺, 中等陛廣一丈, 下等陛廣一丈二尺." 그러므로 단층이 아닌
　　2단 혹은 3단이며, 8각형의 형태를 하고 있으며 사방에 8개의 계단을 설
　　치한 것으로 되어 있다.

라 장식한다. 3중으로 토담[墠]을 두르는데, 지세에 따라 두른다. 옥책·옥궤·석감·석검·거석 등도 봉 제사의 규정과 같게 한다.

　至其年十二月, 車駕至山下. 及有司進奏儀注, 封祀以高祖·太宗同配, 禪社首以太穆皇后·文德皇后同配, 皆以公卿充亞獻·終獻之禮. 於是皇后抗表曰：

　그해(인덕 2년, 665) 12월이 되자 황제의 행차가 태산 아래에 이르렀다.[67] 담당관이 나아가 (봉선) 의주를 아뢰었는데, (태산에) 봉封 제사하며 고조와 태종을 함께 배향하고 사수산에서 선禪 제사를 하며 태목황후太穆皇后[68]와 문덕황후文德皇后[69]를 함께 배향하면서

---

67) 『舊唐書』 권20下「高宗本紀」下 '乾封 元年'조에는 "인덕 3년 춘정월 무진 초하루 어가가 태산 둔덕에 도착하였다. 이날 호천상제를 봉사단에서 친히 제사하며 고조와 태종을 배향하였다. 기사일, 황제가 태산에 올라 봉선의 예를 행하였다. 경오일, 사수에서 선 제사를 하고 황지기를 제사하며 태목태황태후와 문덕황태후를 배향하였다. 황후가 아헌이 되고 월국태비연씨가 종헌이 되었다. 신미일, 강선단에 나아갔다. 麟德三年春正月戊辰朔, 車駕至泰山頓. 是日親祀昊天上帝於封祀壇, 以高祖·太宗配饗. 己巳, 帝升山行封禪之禮. 庚午, 禪於社首, 祭皇地祇, 以太穆太皇太后·文德皇太后配饗；皇后爲亞獻, 越國太妃燕氏爲終獻. 辛未, 御降禪壇."라고 하여 인덕 3년 정월 무진일 초하루에 봉 제사를 시작으로 신미일에 강선단에 임하는 것으로 봉선 제사를 진행하고 있다.「禮儀志」3의 이 구절은 인덕 3년 정월 초하루 봉선제사를 위해 인덕 2년 12월에 미리 도착하여「封禪儀注」에 따라 치재를 드리며 준비하였을 것으로 추정된다.

(이때) 봉 제사와 선 제사 모두 공경이 아헌亞獻과 종헌終獻의 예70)
를 담당하도록 되어 있었다. 그리하여 측천황후가 표를 올려 다음과
같이 항의하여 말하였다.

　　伏尋登封之禮, 遠邁古先, 而降禪之儀, 竊爲未允. 其祭
地祇之日, 以太后昭配, 至於行事, 皆以公卿. 以妾愚誠, 恐
未周備. 何者? 乾坤定位, 剛柔之義已殊 ; 經義載陳, 中外
之儀斯別. 瑤壇作配, 旣合於方祇 ; 玉豆薦芳, 實歸於內職.
況推尊先后, 親饗瓊筵, 豈有外命宰臣, 內參禋祭? 詳於至
理, 有紊徽章. 但禮節之源, 雖興於昔典 ; 而升降之制, 尙
缺於遙圖. 且往代封嶽, 雖云顯號, 或因時省俗, 意在尋
仙 ; 或以情覬名, 事深爲己. 豈如化被乎四表, 推美於神
宗 ; 道冠乎二儀, 歸功於先德. 寧可仍遵舊軌, 靡創彝章?

---

68) 태목황후太穆皇后 : 당 高祖의 부인 竇氏, 선비족 귀족 출신인 아버지 竇
毅는 北周의 정주총관을 지냈으며, 어머니는 北周 文帝의 딸이자 北周
武帝의 누나이다. 唐高祖 李淵이 황위에 오르는 것을 보지 못하고 죽어,
사후에 太穆이라는 시호를 받았다.

69) 문덕황후文德皇后 : 당 太宗 李世民의 비, 長孫氏이다. 현모양처로 잘 알
려진 그녀는 당태종이 貞觀의 治라는 성세를 이루는 데 내조한 것으로
유명하다. 36살의 젊은 나이에 요절하고 말았지만 그녀의 집안사람인 長
孫無忌가 則天武后가 집권하기까지 당 초기 권력의 핵심 역할을 하였을
정도로 막강한 영향력을 발휘하였다.

70) 제사 때 신위에 술을 올리는 것을 三獻이라고 한다. 漢代에는 황제가 初
獻, 太尉가 亞獻, 光祿大夫가 終獻을 하였다. 측천무후는 이것에 문제를
제기하여 황지기, 즉 地 제사에 先皇后를 배사하면서 아헌과 종헌 역시
황후와 후궁으로 바꿔야 한다고 주장한 것이다.

생각건대 등봉登封의 예禮는 아득히 저 멀리 옛날부터 있었
지만 강선降禪의 의례는 타당하지 않아 보입니다. 지기地祇에
제사지내는 날에 태후를 배향하는데, 제사를 진행하는 것은 모
두 공경들이 합니다. 첩의 견해로는 그 예가 완벽해 보이지 않
습니다. 왜일까요? 천지天地는 위치가 정해져 있고 강유剛柔의
도리는 이미 다르며, 경전의 기록에도 나왔듯이 궁중과 조정의
의례71)는 구별됩니다. 제단祭壇에 배향한 바는 방구方丘의 지
기에 부합하고 있습니다. (그러니) 제기와 제물의 진설은 사실
내직內職72)에 해당됩니다. 하물며 선후先后를 추존하여 성대한
제사로 친히 향사享祀하는 일입니다. 어찌 외명外命73)의 재신
宰臣이 내직의 제사[禋]74)에 참여한단 말입니까? 지극한 도리
를 자세히 살펴볼 때 어찌 의절을 어지럽힌다고 하지 않겠습니

---

71) 여기에서 '中外'는 궁중과 궁외를 뜻하는데, 여기에서 궁중은 황후가 거
처하는 후궁을 상징한다.

72) 내직內職 : 內命婦 즉 皇后의 소관이라는 말이다.

73) 외명外命 : 왕후나 그 신속을 봉건하는 것을 말한다. 『隋書』 「百官志」中
에 "외명은 제공은 구명이고 제후는 팔명이다.外命, 諸公九命, 諸侯八
命."라고 하였고, 그 원주에 "제후와 그 신하를 말한다.謂諸侯及其臣."라
고 하였다. 한편 당에서는 황제의 妃嬪 이하 및 태자 良娣 이하를 내명부
라 하고 公主 및 王妃 이하는 외명부라고 하였다. 『역주당육전』상, 권2,
상서이부 사봉랑중, 225-231쪽.

74) 禋 제사는 六宗에 지내는 제사이지만 여기에서는 맥락상 禪 제사를 말한
다. 무측천은 선 제사는 지 제사로 황후를 배향하므로 공경 대신이 아헌과
종헌을 담당하는 것은 이치에 맞지 않다고 보아 아헌과 종헌 또한 황후와
후궁이 해야 한다고 주장하였다. 이 주장이 결국 관철되어 황후가 아헌을
담당하고 월국태비가 종헌을 담당하게 되었다.

까? 그 예절의 근원은 옛 제도에서 시작되었다고 하지만 등봉
과 강선의 예 규정에는 앞을 내다보는 계획[遙圖]을 결하고 있
습니다. 또한 지난 왕조에서 태산에 봉 제사를 올린 것은 비록
(황제의) 존호를 현창하고 혹은 때에 맞춰 풍속을 살펴보았던
것이라 하였지만 그 의도가 신선을 찾는 데 있었고, 혹은 사사
로운 감정으로 명성을 바라고 하였기에 그 일은 순전히 자기
자신을 위한 것이었습니다.[75] 교화가 사방에 미치게 하면서 신
령에게 아름다운 이름을 바치고, 그 도리가 천지에 으뜸이 되
게 하면서 선인의 덕에 그 공을 돌려야 하는데, 옛 제도를 그대
로 따르면서 올바른 규정을 만들지 않는 편이 더 낫다 어찌
말할 수 있겠습니까?

妾謬處椒闈, 叨居蘭掖. 但以職惟中饋, 道屬於蒸·嘗;
義切奉先, 理光於蘋·藻. 罔極之思, 載結於因心; 祗肅之
懷, 實深於明祀. 但妾早乖定省, 已闕侍於晨昏; 今屬崇禮,
豈敢安於帷帟. 是故馳情夕寢, 睎嬴里而翹魂; 疊慮宵興,
仰梁郊而聳念. 伏望展禮之日, 總率六宮內外命婦, 以親奉
奠. 冀申如在之敬, 式展虔拜之儀. 積此微誠, 已淹氣序. 旣
屬鑾輿將警, 奠璧非賒, 輒效丹心, 庶裨大禮. 冀聖朝垂則,

---

75) 唐 이전 봉선을 행한 황제는 秦始皇, 漢武帝, 후한 光武帝가 전부이다.
진시황과 한무제는 불로불사의 신선이 되고자 봉선을 행하였다고 평가하
며 후한 광무제는 두 황제와 달리 봉선의 의례를 비밀리 진행하지 않고
만천하에 알렸다고는 하지만, 그것조차 광무제 개인을 위한 의식이라고
평가한 것이다.

永播於芳規 ; 螢燭末光, 增輝於日月.

　　신첩은 황공하게도 후궁의 신분[초위椒闈]76)에 있다가 외람
되게도 황후의 자리[蘭掖]를 차지하고 있습니다. 그러나 (신첩
의) 직무로 보면 궁중의 살림살이[中饋]이니, 그 도리는 증烝
·상嘗(과 같은 종묘 제사)에 참여하는 것입니다. 그 취지는 조
상을 받드는 데 있고 그 이치는 빈蘋과 조藻와 같은 제물을 통
하여 드러납니다.77) 선조에 대한 끝이 없는 그리움은 친애하는
마음에서 우러나오고 엄숙하게 공경하는 마음은 실로 밝은 제
사를 통해 깊어집니다. 다만 신첩은 일찍부터 어버이를 공경하
는 일[定省]을 하지 못하고 이미 아침저녁으로 문안하는 예를
행하지 못하였습니다.78) 이제 천지 제사와 같은 대사에 어찌
장막 속에서 편안히 있을 수 있겠습니까? 이 때문에 마음은

---

76) 초위椒闈 : 궁내 후궁의 처소를 말하며, 여기에서는 측천무후가 후궁의 신
　　분으로 궁에 있다가 뒤에 황후의 자리에 올랐다는 말이다.

77) 『詩經』「召南·采蘋」에, "이에 마름을 뜯기를 남쪽 시내에서 하도다. 이
　　에 마름을 뜯기를 저 흘러가는 도랑에서 하도다.于以采蘋, 南澗之濱. 于
　　以采藻, 于彼行潦."라고 하였는데, 법도에 따라 선조에 대한 제사를 경건
　　히 지내는 것을 말한다.

78) 어버이를 공경하는 … : '昏定晨省'의 준말로, 어버이를 제대로 봉양하는
　　것을 말한다.『禮記』「曲禮」上에 "자식이 된 자는 어버이에 대해서, 겨울
　　에는 따뜻하게 해 드리고 여름에는 시원하게 해 드려야 하며, 저녁에는
　　잠자리를 보살펴 드리고 아침에는 문안 인사를 올려야 한다.凡爲人子之
　　體, 冬溫而夏淸, 昏定而晨省."라는 데에서 유래한 말이다. 이는 측천무
　　후가 태종의 후궁으로 입궁하였다가 그 아들 고종의 후비가 되었으므로
　　처음부터 황후로서 시부모를 봉양하지 못했다는 의미다.

밤에 누워도 영리嬴里79)를 돌아보며 혼은 그 위를 떠돌고, 깊은 생각에 한밤중에 일어나 양(보)산의 교외[梁郊]80)를 바라보며 생각에 젖습니다. 바라건대 예를 행하는 날에 육궁六宮의 내명부內命婦를 모두 거느리고 친히 제사를 받들 수 있기를 바랍니다. 앞에 계신 듯이 공경하는 마음[如在之敬]81)을 펼쳐 경건히 참배하는 의식을 행할 수 있기를 바랍니다. 이와 같은 신첩의 생각은 진작부터 쌓여 이미 계절을 넘기고 있습니다. 황상의 어가가 출행하여 대례를 장차 행하려고 하니 벽옥을 바치는 제사도 멀지 않았습니다. 곧바로 한결 같이 공경하는 마음을 바쳐 대례大禮를 도울 수 있도록 해주십시오. 바라건대 조정에서 규정으로 세워 영원토록 후세에 전하도록 하시어, 형설의 작은 불빛이라도 해와 달의 빛남에 보탬이 되는 그러한 예가 되게 하십시오.

---

79) 영리嬴里 : 嬴땅(현재 山東省 萊蕪市 서북)을 말하며 태산을 가리킨다. 혹은 蒿里를 달리 지칭한 말일지도 모른다. 蒿里는 역대 제왕이 禪 제사를 하던 곳이니, '영리를 돌아본다'는 말은 역대 선 제사를 지낸 역사를 돌이켜본다는 의미일 수도 있다. 참고로 1931년 蒿里山에서 唐玄宗과 宋眞宗의 禪제사의 玉冊이 출토되었다. 옥책, 앞의 주 참조.

80) 梁甫 혹은 梁父山의 교외를 말한다. 梁父山에서 禪 제사를 지내는 의례 절차를 말한다.

81) '如在之敬' 이 구절은 『大正新修大藏經』에 유독 많이 보이는 구절이다. 『大正新修大藏經』에 포함된 『法苑珠林』 권55에 "且又中國之廟以木爲主, 則謂制禮君子皆從木而育耶. 親不可忘故爲其宗廟, 佛不可忘故立其形像. 以表罔極之心, 用如在之敬. 欽聖仰德, 何失之有哉"에서와 같이 '罔極之心'이나 '如在之敬'의 구절이 측천무후 상주문에도 보인다.

於是祭地祇·梁甫, 皆以皇后爲亞獻, 諸王大妃爲終獻.

그리하여 지기地祇와 양보梁甫에 제사할 때 모두 황후가 아헌하고 제왕대비諸王大妃가 종헌終獻을 하였다.[82]

丙辰, 前羅文府果毅[八][83]李敬貞論封禪須明水實樽:「淮南子云:『方諸見月, 則津而爲水.』高誘注云:『方諸, 陰燧, 大蛤也. 熟摩拭令熱, 以向月, 則水生. 以銅盤受之, 下數石.』王充論衡云:『陽燧取火於日, 方諸取水於月, 相去甚遠, 而火至水來者, 氣感之驗也.』漢舊儀云[九][84]:『八月飮酎, 車駕夕牲, 以鑑諸取水於月, 以陽燧取火於日. 周禮考工記云:『金有六齊. 金錫半, 謂之鑑燧之齊. 鄭玄注云:『鑑燧, 取水火於日月之器也. 準鄭此注, 則水火之器, 皆以金錫爲之. 今司宰有陽燧, 形如圓鏡, 以取明火;陰鑑形如方鏡, 以取明水. 但比年祠祭, 皆用陽燧取火, 應時得;以陰鑑取水, 未有得者, 常用井水替明水之處[一〇].[85]」奉敕令禮

---

82) 『舊唐書』 권5 「高宗本紀」에는 "皇后爲亞獻, 越國太妃燕氏爲終獻"라고 하여 越國大妃가 종헌을 하였다고 하였고, 『新唐書』 「禮樂志」4에도 "越國太妃燕氏爲終獻"라고 하여 越國太妃 燕氏라고 하였다.

83) [교감기 8] "羅文府果毅"의 '文'자는 여러 판본에는 원래 '舍'로 되어 있는데, 『唐會要』 권7에 의거하여 수정하였다. 『校勘記』 권11에 "지금 『新唐書』 권37 「地理志」 華州의 注에 이르기를, 府가 20개이며, 그중 12은 羅文이다라고 하였으니, 舍는 文의 오자이다"라고 하였다.

84) [교감기 9] "漢舊儀"의 '舊'자는 여러 판본에는 원래 '書'로 되어 있는데, 『冊府元龜』 권586에 의거하여 수정하였다.

85) [교감기 10] "常用井水替明水之處" 이 부분에는 탈오가 의심된다. 『冊府元龜』 권586에는 "일찍이 정화수로 대체하였는데, 청컨대 『회남자』와

司研究. 敬貞因說先儒是非, 言及明水, 乃云:「周禮金錫相半, 自
是造陽燧法, 鄭玄錯解以爲陰鑑之制. 依古取明水法, 合用方諸,
引淮南子等書, 用大蛤也.」又稱:「敬貞曾八九月中, 取蛤一尺二
寸者依法試之. 自人定至夜半, 得水四五斗.」奉常奏曰:「封禪祭
祀, 卽須明水實樽[一一].86) 敬貞所陳, 檢有故實.」又稱:「先經
試驗確執, 望請差敬貞自取蚌蛤, 便赴太山與所司對試.」

병진丙辰일에 전前 나문부羅文府 과의果毅87)인 이경정李敬貞이
봉선에는 명수明水로 술동이를 채워야 한다고 다음과 같이 주장하
였다.

　　『회남자淮南子』에 "방저方諸는 달을 보면 진액을 내보내 물
　　이 된다[方諸見月, 則津而爲水]"고 하였고, 고유高誘의 注에서
　　"방저는 음수陰燧88)이며, 대합大蛤이다. 그것을 쉴 새 없이 문

『논형』을 준하여 방저에서 명수를 취하시어 신에게 예를 갖출 제물이 완
비되도록 하십시오.嘗用井水代之, 請準淮南·論衡以方諸取之, 則禮神
之物備矣."로 되어 있다.

86) [교감기 11] "奉常奏曰封禪祭祀卽須明水實樽" 이상 14글자는 여러 판
　　본에는 원래 없는데, 『冊府元龜』 권586에 의거하여 보충하였다.

87) 과의果毅 : 唐代 府兵軍事職官의 名稱이다. 隋煬帝 때 좌우에 折衝郞將
　　과 果毅郞將 각각 3인을 두었는데, 果毅는 折衝낭장의 부관으로 從4품
　　이며 절충낭장을 도와 병사를 이끌었다. 唐 武德 元年(617)에 수대의 鷹
　　揚郞將, 鷹擊郞將을 軍頭와 府副로 개칭하였다가 얼마 안 되어 다시 驃
　　騎, 車騎將軍으로 개칭하였다. 武德 7년(624)에 統軍과 別將으로 개칭하
　　였다가 貞觀 10년(636)에 折衝都尉와 左右果毅都尉로 개칭하였다. 본문
　　에서 말한 과의는 果毅都尉를 말하며 軍府의 副長官으로 折衝都尉와
　　함께 부병들을 통솔하였다.

질러 열이 나게 하여 달을 향하면 물이 생겨난다. 생겨난 물을 동으로 만든 쟁반에 담으면 몇 석이나 되는 물이 나온다"고 하였습니다.

왕충王充의 『논형論衡』에는 "양수陽燧[89]는 해에서 불을 취하고 방저는 달에서 물을 취하는데, 서로 매우 멀리 떨어져 있는데도 불이 일어나고 물이 생기는 것은 기가 감응한 증거이다"라고 하였습니다.

『한구의漢舊儀』에는 "팔월에 종묘 제사에서 바치는 술[酎]을 마실 때 황제는 저녁에 희생을 살피는데[夕牲] 달을 보고 감저鑑諸[90]에서 물을 얻고 해를 보고 양수陽燧에서 불을 취한다"고 하였습니다.

『주례周禮』 「고공기考工記」에는 "청동기에는 여섯 가지 배합 방법[六齊]이 있다. 청동에 주석을 반반 배합하는 것을 감수鑑燧의 배합법이라 한다"라고 하였고, 그 정현의 주에 "감수란 해와 달에서 물과 불을 얻는 기구이다"라고 하였습니다. 정현의 이 주에 근거하면 물과 불을 얻는 기구는 모두 청동과 주석으로 제작합니다.

지금 사재司宰(寺)[91]에는 양수가 있는데, 형태는 둥근 거울

---

88) 음수陰燧 : 밤에 맺힌 이슬을 받아 제사에 바칠 때 사용하는 쟁반을 말한다.

89) 양수陽燧 : 태양의 빛을 모아 불을 생기게 했던 銅鏡을 말한다. 金燧라고도 한다.

90) 감저鑑諸 : 청동으로 만든 方諸를 일컫는 말이다.

91) 사재司宰(寺) : 光祿寺를 말한다. 『新唐書』 권48 「百官志」 '光祿寺'조에 의하면, "용삭 2년 광록시를 사재시로 개명하였다. 측천무후 광택 원년에

모양으로 이것으로 명화明火를 얻으며, 음감陰鑑은 모양이 네 모난 거울 같고 이것으로 명수明水를 얻고 있습니다. 그런데 근년에 제사를 지낼 때에는 모두 양수를 사용하여 불을 얻었으니 그때그때 때맞춰 얻었으나, 음감으로 물을 받을 때 물을 받지 못하면 언제나 정화수로 명수를 대처하였습니다.[92]

이에 예사禮司(예부)에 칙령을 내려 연구하도록 하였다. 이경정은 이에 이전 유가들의 시시비비를 설명하면서 명수에 대해 다음과 같이 말하였다. "『주례』에서 청동과 주석을 반반 배합한다고 한 것은 양수를 제조하는 방법이며, 정현은 이것을 음감陰鑑을 제조하는 것으로 잘못 해석하였습니다. 고대 명수를 얻는 방법에 의하면, 방저를 사용함이 합당하며 『회남자』와 같은 책에 따르면 대합을 사용합니다." 또한 "경정敬貞 저는 일찍이 8월과 9월 사이에 1척 2촌이나 되는 대합을 가지고 지침대로 시험해보았습니다. 인정人定[93]부터 한밤중까지 물 4 내지 5두斗[94]를 얻었습니다"라고 말하였다.

사선시로 고쳤다. 부 11인, 사 21인, 정장 6인, 장고 6인이 있다.龍朔二年, 改光祿寺曰司宰寺. 武后光宅元年, 曰司膳寺. 有府十一人, 史二十一人, 亭長六人, 掌固六人."라고 하여 고종 용삭 2년에 광록시를 사재시로 개명하였다고 한다.

92) [교감기 10]에 의하면, 이 구절 뒤에 『冊府元龜』 권586에는 "청컨대 『회남자』와 『논형』을 준하여 방저에서 명수를 취하시어 신에게 예를 갖출 제물이 완비되도록 하십시오.請準淮南·論衡以方諸取之, 則禮神之物備矣."라는 구절이 더 있다. 탈오로 의심된다.

93) 인정人定: 보통 亥時(9시~11시) 이후를 人定이라고 한다.

94) 1斗는 약 18리터이니, 72~90리터의 물을 얻었다는 말이다.

봉상奉常95)이 아뢰기를 "봉선封禪 제사에는 반드시 명수로 술동이를 채워야 합니다. 경정이 진술한 내용은 조사해보니 전례가 있습니다"라고 하였다. 또 "먼저 시험해봐야 확신할 수 있으니 바라건대 이경정을 파견하여 대합을 직접 가지고 태산에 달려가 해당 부서와 함께 시험에 대비하게 하십시오"라고 말하였다.

是日, 制曰:「古今典制, 文質不同, 至於制度, 隨世代沿革, 唯祀天地, 獨不改張, 斯乃自處於厚, 奉天以薄. 又今封禪, 卽用玉牒金繩, 器物之間, 復有瓦樽秸席, 一時行禮, 文質頓乖, 駁而不倫, 深爲未愜. 其封祀·降禪所設上帝·后土位, 先設稿秸·瓦甒·瓢杯等物, 並宜改用裯褥罍爵, 每事從文. 其諸郊祀, 亦宜準此.」於是昊天上帝之座褥以蒼, 皇地祇褥以黃, 配帝及后褥以紫, 五方上帝及大明·夜明席皆以方色, 內官已下席皆以莞.

이날 황제는 제서制書를 내려 말하였다.

고금古今의 제도는 문질文質이 같지 않아 (그 제도의) 규정은 대대로 변혁되었는데, 오직 천지 제사의 경우만 고쳐지지 않았으니, 이것은 자신에게는 후하게 조처하면서 천을 받드는

---

95) 봉상奉常 : 太常寺의 太常卿을 말한다. 이것 역시 龍朔 2년에 奉常寺로 명칭이 바뀌었다. 봉상은 원래 진나라 때 제사와 각종 의례를 담당하던 관직으로 한무제 때 태상으로 관직명이 바뀐 이래 역대 왕조에서 개명을 거듭하였다. 『新唐書』 권48 「百官志」 '太常寺'조에 의하면 "龍朔二年, 改太常寺曰奉常寺, 九寺卿皆曰正卿, 少卿曰大夫. 武后光宅元年, 復改太常寺曰司禮寺"라고 하여 측천무후 때에는 司禮寺로 명칭이 또 바뀐다.

데 있어서는 각박한 것이다. 또한 지금 봉선할 때 옥첩과 금줄을 사용하고 있는데, 기물 중에는 또 와준瓦樽(흙으로 빚은 술동이)과 갈석秸席(짚으로 짠 돗자리)이 동시에 예를 행하는 데 쓰이고 있으니, 문질이 서로 어긋나고 모순되어 두서가 없어 크게 미흡하다 하겠다. 봉사封祀와 강선降禪할 때 설치된 상제와 후토의 신위에 이전에는 고갈稿秸(짚으로 짠 돗자리)·와무瓦甒(흙으로 빚은 술단지)·표배瓢杯(표주박으로 만든 잔)와 같은 물건을 진설하였는데, 인욕裀褥(요)과 뇌罍(술동이)[96] 그리고 작爵으로 바꾸고 관련된 모든 사항에서 문식을 위주로 삼아야 한다. 저 여러 교사郊祀들의 경우[97] 또한 이를 준칙으로 삼아야 한다.

그리하여 호천상제의 신좌에 놓는 요[褥]는 푸른색으로 하고 황지기 신좌의 요는 황색으로 하며 배향되는 선제先帝와 선후先后의 요는 자색으로 하며, 오방상제와 대명大明(해), 야명夜明(달)의 자리[席][98]는 모두 해당 방위 색으로 하고 내관內官 이하의 자리는 모두

---

96) 뇌罍(술동이) : 섭숭의의 『三禮圖』 권14 「尊彝圖」에 의하면 "술이나 물을 담아두는 동이로, 타원형에 배 부위는 크고, 입구는 작으며, 다리는 비교적 가늘고, 뚜껑이 있으며, 구름 문양을 넣어 장식을 하였다."

뇌(宋, 攝崇義, 『三禮圖』)

97) 南郊에서의 祭天과 北郊에서의 祭地 의식을 말한다.

왕골[堯]로 하였다.

三年正月, 帝親享昊天上帝于山下, 封祀之壇, 如圓丘之儀. 祭
訖, 親封玉策, 置石礛, 聚五色土封之. 圓徑一丈二尺, 高九尺. 其
日, 帝率侍臣已下升泰山. 翌日, 就山上登封之壇封玉策訖, 復還
山下之齋宮. 其明日, 親祀皇地祇於社首山上, 降禪之壇, 如方丘
之儀. 皇后爲亞獻, 越國太妃燕氏爲終獻. 翌日, 上御朝覲壇以朝
群臣, 如元日之儀. 禮畢, 讌文武百僚, 大赦改元. 初, 上親享于降
禪之壇, 行初獻之禮畢, 執事者皆趨而下. 宦者執帷, 皇后率六宮
以升, 行禮. 帷帟皆以錦繡爲之. 百僚在位瞻望, 或竊議焉. 於是詔
立登封 · 降禪 · 朝覲之碑, 各於壇所. 又詔名封祀壇爲舞鶴臺, 介
丘壇爲萬歲臺, 降禪壇爲景雲臺, 以紀當時所見之瑞焉.

(인덕) 3년(666)[99] 정월,[100] 황제가 호천상제를 태산 아래 봉사封
祀의 단壇에서 원구에서의 (교 제사) 의식대로 친향親享하였다. 제사
를 마친 뒤 친히 옥책을 봉하여 석감石礛에 안치한 다음 오색토로
덮어 봉분을 만들었다. 그 둘레의 지름이 1장 2척, 높이가 9척이었
다. 그날, 황제는 시신侍臣 이하의 백관을 이끌고 태산에 올랐다. 다

---

98) 『通典』 「禮」14 '封禪'조에는 "五方上帝及大明 · 夜明 · 時帝褥皆以方
色"이라 하여 時帝가 들어 있고 자리도 席이 아닌 褥이라 하고 있다.

99) 麟德 연호는 麟德 2년(665)까지 사용하고 666년은 封禪을 기념하여 乾
封이라 연호를 바꾸었으니, 여기에서 말하는 (麟德) 3년은 乾封 1년을
말한다.

100) 『舊唐書』 권5 「高宗本紀」에는 "春正月 戊辰朔"이라 하여 무진일 초하
루임을 밝히고 있다.

음날 태산 정상에 있는 등봉登封의 단壇에 나아가 옥책을 봉한 뒤 다시 산 아래에 있는 재궁齋宮으로 돌아왔다. 그 다음날, 친히 황지기皇地祇에게 제사하였는데, 사수산社首山 정상에 있는 강선降禪의 단에서 방구方丘에서의 (지 제사) 의식대로 제사하였다. 황후가 아헌亞獻을 하고 월국태비越國太妃인 연씨燕氏[101]가 종헌終獻을 하였다. 다음날, 황상은 조근단朝覲壇에 임하여 군신들을 조회하였는데, 원일元日 의례와 같이 하였다.[102] 예를 마친 뒤 문무백관들에게 연회를 베풀고 대사大赦를 포고하고 개원改元하였다.[103]

이보다 앞서 황상이 강선단에서 친향하면서 초헌의 예를 마칠 때

---

101) 월국태비越國太妃인 연씨燕氏 : 燕妃(609~671)를 말한다. 唐 涿郡 昌平(현재 北京市 昌平區) 사람. 楊溫의 외질녀이다. 武德 4년(621) 13세에 秦王 李世民의 비가 되었다. 월왕 이정을 낳았고 정관 연간에 덕비에 책봉되었다. 고종 때 월국태비에 책봉되었다. 여러 후비 중 가장 우대를 받아 봉선 때 측천무후 다음으로 종헌을 하게 되었다. 咸亨 2년(671)에 사망하여 太宗 李世民의 昭陵에 배장되었다. 묘는 禮泉縣 煙霞鄕 東坪村에 있으며 昭陵에서 약2km 떨어진 곳에 위치해 있다. 묘의 일부가 도굴되어 1990년부터 발굴에 들어가 벽화 수십 점을 얻었는데, 「樂舞圖」 등 진귀한 당대 그림 자료를 제공하고 있다. 張志攀主編 昭陵博物館編, 『昭陵唐墓壁畫』, 文物出版社, 2006 참조.

102) 조근단朝覲壇에서 … 원일元日 의례와 같이 : 원일 의례는 새해 첫날인 원일에 조정에서 공경 대신 및 백관 그리고 각 지역에서 올라온 조집사, 각국에서 파견한 사절단이 한 자리에 모여 황제에게 새해 인사를 올리는 의례이다. 이러한 의례를 봉선 의례를 마친 뒤 조근단에서 행했다는 것은 봉선이 새로운 세상의 탄생을 알리는 상징적인 행사로 파악하였기 때문이다. 봉선 후 改元도 그러한 맥락에서 이해할 수 있다.

103) 『舊唐書』 권5 「高宗本紀」에 의하면 麟德 3년에 건봉 원년으로 개원하였다.("改麟德三年爲乾封元年")

예를 주관하는 자들은 모두 빠른 걸음으로 내려갔다. 환관들이 유帷
(장막, 가리개)104)를 잡고 황후가 육궁을 이끌고 단에 올라 예를 행
하였다. 휘장과 장막은 모두 수를 놓은 비단으로 만들었다. 백관들
은 자리에서 우러러 보았는데, 더러는 몰래 이러쿵저러쿵 말을 하였
다. 그리하여 제단이 있는 곳에 각각 등봉비登封碑·강선비降禪碑·
조근비朝覲碑를 세우라고 조를 내렸다. 또한 봉사단封祀壇을 무학대
舞鶴臺로, 개구단介丘壇105)을 만세대萬歲臺로, 강선단降禪壇을 경운
대景雲臺로 이름을 바꾸어 당시에 나타났던 상서를 기록하라고 명
하였다.106)

---

104) 『周禮』「天官·幕人」에 "막인은 帷·幕·幄·帟을 관장한다.幕人掌帷·
幕·幄·帟."고 하였다. 정현의 주에 따르면, '유帷'는 베[布]를 사방으로
벽처럼 둘러서 친 것이고, '幕'은 帷 위에 베를 지붕처럼 펼쳐서 덮는 것이
다. 帷와 幕으로 실室을 만든다. '幄'은 유와 막 안에 다시 비단을 둘러쳐
서 머무는 방을 만든 것이다. '帟'은 幄 안에서 왕이 앉는 자리 위에 펼치
는 비단이다."旁曰帷, 在上曰幕, 幕或在地, 展陳于上. 帷·幕皆以布爲
之, 四合象宮室曰幄, 王所居之帷也." 원래는 가림막과 같은 기능을 하는
유를 환관들이 들고 황후와 육궁의 행차를 인도하였다는 말이다.

105) 개구단介丘壇 : 登封壇을 말한다. 介丘의 명칭에 대해서는 『太平御覽』
「地部」4 '泰山'조에 『한관의』와 『태산기』를 인용하여 태산 꼭대기의 서
암을 선인석려라 하고 동암을 개구라 한다고 하였다. 그밖의 방향에 있
는 암혈들도 각각 명칭이 있다."『漢官儀』及『泰山記』曰 : 泰山盤道屈曲
而上, 凡五十余盤, 經小天門·大天門, 仰視天門, 如從穴中視天窗矣.
自下至古封禪處, 凡四十里. 山頂西巖, 爲仙人石閭 ; 東巖爲介丘 ; 東
南巖名日觀, 日觀者, 雞一鳴時, 日始欲出也, 長三丈許. 又東南名秦
觀, 秦觀者, 望見長安. 吳觀者, 望見會稽 ; 周觀者, 望見齊. 黃河去泰
山二百余里, 於祠所瞻黃河如帶, 若在山阯. 山南有廟, 悉種柏千株, 大
者十五六圍, 相傳云漢武所種. 小天門有秦時五大夫松, 見在."

高宗旣封泰山之後, 又欲遍封五岳. 至永淳元年, 於洛州嵩山之南, 置崇陽縣. 其年七月, 敕其所造奉天宮. 二年正月, 駕幸奉天宮. 至七月, 下詔將以其年十一月封禪於嵩岳. 詔國子司業李行偉·考工員外郎賈大隱·太常博士韋叔夏裴守貞輔抱素等詳定儀注. 於是議:

고종은 태산에 봉선을 한 뒤 다시 오악五岳107)에 두루 봉 제사를

---

106) 『舊唐書』 권5 「高宗本紀」에는 이날의 봉선 일정과 그 뒤 과정에 대해 자세히 서술되어 있다. 행사에 참여한 문무백관에게 등급에 맞게 벼슬을 올려주고 태산이 소속된 주들은 1년 반 동안 요역을 면제하였으며 황제의 일행이 거쳐 간 곳은 한 해 조세와 부세를 면제해주었다. 천하에 대포 7일을 내렸으며 군신들에게 구부악을 연주하는 연회를 베풀고 하사품을 등급에 따라 내렸다. 또한 연주 지역에 자운관, 선학관, 만세관과 봉만사, 비연사, 중륜사 3사를 설치하고 주마다 관과 사를 하나씩 설치하도록 하였다. 마지막으로 갑오일 돌아오는 도중에 곡부에 들려 공자묘를 참배하고 공자를 태사로 추증하였으며, 소뢰로 제사를 지내는 일정이 소개되어 있다. "麟德三年春正月戊辰朔, 車駕至泰山頓. 是日親祀昊天上帝於封祀壇, 以高祖·太宗配饗. 己巳, 帝升山行封禪之禮. 庚午, 禪於社首, 祭皇地祇, 以太穆太皇太后·文德皇太后配饗; 皇后爲亞獻, 越國太妃燕氏爲終獻. 辛未, 御降禪壇. 壬申, 御朝覲壇受朝賀. 改麟德三年爲乾封元年, 諸行從文武官及朝覲華戎岳牧·致仕老人朝朔望者, 三品已上賜爵二等, 四品已下·七品以上加階, 八品已下加一階, 勳一轉. 諸老人百歲已上版授下州刺史, 婦人郡君; 九十·八十節級. 齊州給復一年半, 管嶽縣二年. 所歷之處, 無出今年租賦. 乾封元年正月五日已前, 大赦天下, 賜酺七日. 癸酉, 宴羣臣, 陳九部樂, 賜物有差, 日昳而罷. 丙子, 皇太子弘設會. 丁丑, 以前恩薄, 普進爵及階勳等, 男子賜古爵. 兗州界置紫雲·仙鶴·萬歲觀, 封巒·非煙·重輪三寺. 天下諸州置觀·寺一所. 丙戌, 發自泰山. 甲午, 次曲阜縣, 幸孔子廟, 追贈太師, 增修祠宇, 以少牢致祭. 其褒聖侯德倫子孫, 並免賦役."

하려고 하였다. 영순永淳 원년(682)에 낙주洛州 숭산嵩山 남쪽에 숭
양현崇陽縣를 설치하였다. 그 해 7월, 칙을 내려 봉천궁奉天宮을 짓
도록 하였다. (영순) 2년(683) 정월, 황제는 봉천궁에 행차하였다. 7
월이 되자 조를 내려 장차 이해 11월에 숭악에서 봉선할 것임을 천
명하였다. 국자사업國子司業 이행위李行偉, 고공원외랑考工員外郞 가
대은賈大隱, 태상박사太常博士 위숙하韋叔夏·배수정裵守貞·보포소
輔抱素 등에게[108] 관련 의주를 상정하라고 조를 내렸다. 그리하여
다음과 같이 논의하였다.

---

107) 오악五岳 : 고대 山神 숭배와 五行 관념 그리고 帝王의 巡狩 封禪禮가
결합하여 만들어낸 산물이다. 東岳 泰山, 中岳 崇山, 西岳 華山, 南岳
衡山, 北岳 恒山이다. 특히 도교에서 중시하여 도교의 명산으로도 간주
된다.

108) 『通典』「禮」1 '禮序'의 주에서 杜佑는 唐代 制禮作樂에 참여한 공신들
을 대해 "皇唐有孔穎達·褚亮·虞世南·陸德明·令狐德棻·朱子奢·
顏師古·房玄齡·魏徵·許敬宗·楊師道·賈公彦·杜正倫·李義府·李
友益·劉祥道·郝處俊·許圉師·韋琨·范履冰·裵守眞·陸遵楷·史玄
道·孔志約·蕭楚材·孫自覺·王方慶·賀紀·賈大隱·韋萬石·賀敳·
韋叔夏·祝欽明·許子儒·沈伯儀·元萬頃·劉承慶·郭山惲·辟閭仁
諝·唐紹·張星·王喦·張說·徐堅·李銳·施敬本·王仲丘·張統師·
權無二·孔玄義·賈曾·李行偉·韓抱素·盧履冰·田再思·馮宗·陳貞
節·賀知章·元行沖·韋縚等. 或歷代傳習, 或因時制作, 粗擧其名氏,
列於此注焉"라고 나열하고 있다. 본문의 '輔抱素'는 『通典』에는 '韓抱
素'로 되어 있고 '裵守貞'은 '裵守眞'으로 되어 있다. 『新唐書』 권122
「韋叔夏列傳」에도 "高宗崩, 祕禮亡缺, 叔夏與中書舍人賈大隱·博士
裵守眞議定其制, 擢春官員外郞"라고 하여 裵守眞으로 되어 있다.

立封祀壇, 如圓丘之制. 上飾以玄, 四面依方色. 爲圓壇, 三成, 高二丈四尺, 每等高六尺. 壇上徑一十六步, 三等各闊四步. 設十二陛, 陛皆上闊八尺, 下闊一丈四尺. 爲三重壇, 距外壝三十步, 內壝距五十步. 燎壇在壇東南外壝之內, 高三尺, 方一丈五尺, 南出陛.

봉사단封祀壇 세우는 것은 원구의 규정과 같게 합니다. 봉사단 위는 검은색(玄色)으로 장식하고 사면은 각 방위에 따른 색으로 장식합니다. 3층으로 하며 총 높이는 2장 4척이고 각 층마다 높이는 6척이 되게 합니다. (봉사)단 위 지름은 16보이고 3층의 각각의 너비는 4보입니다. 12개의 계단을 설치하고 계단은 모두 위의 너비는 8척, 아래의 너비는 1장 4척으로 합니다. 3중으로 된 유壝(토담)를 만드는데, 외유外壝와의 거리는 30보로 하고 내유內壝와의 거리는 50보로 합니다. 요단燎壇은 봉사단 동남쪽 외유 안쪽에 설치하고 높이는 3척, 방 1장 5척이며, 남쪽으로 계단을 냅니다.

登封壇, 圓徑五丈, 高九尺. 四出陛, 爲一壝, 飾以五色, 準封祀.

등봉단登封壇은 원구의 지름이 5장이며 높이는 9척입니다. 사방으로 계단을 내며 하나의 유를 만들고 오색으로 장식하며 봉사封祀에 준합니다.

禪祭壇, 上飾以金, 四面依方色, 爲八角方壇, 再成, 高一丈二尺, 每等高四尺. 壇上方十六步, 每等廣四步, 設八陛.

其上壇陛皆廣八尺, 中等陛皆廣一丈, 下等陛皆廣一丈二尺.
爲三重壝之大小, 準封祀. 爲埋坎, 在壇之未地外壝之內,
方深取足容物, 南出陛.

　선제단禪祭壇은 위는 금으로 장식하고 사면은 방위에 따른
색으로 장식합니다. 팔각형의 방단方壇을 만드는데, 2개의 단
층으로 하고 (전체) 높이가 1장 2척이며 각 단층의 높이는 4척
입니다. (선제) 단 위는 방 16보이고 각 층의 너비는 4보이며
8개의 계단을 설치합니다. 그 상단의 계단은 모두 너비가 8척
이고 중간층의 계단은 너비가 1장이며, 맨 아랫단의 계단은 너
비가 1장 2척으로 합니다. 3중으로 된 유壝의 크기는 봉사封祀
에 준하여 정합니다. 매감埋坎(희생을 묻는 구덩이)[109]을 만드
는데, 선제단의 서남쪽 방향[未方][110]의 외유外壝 안쪽에 두며
그 크기는 희생제물을 수용할 만큼으로 정하고, 남으로 계단을
냅니다.

　朝覲壇, 於行宮之前爲壇. 宮方三分. 壝二, 在南. 壇方二
十四丈, 高九尺, 南面兩陛, 餘三面各一陛.

---

109) 고대 제사 방식 중 地 제사의 경우 희생과 폐백을 땅에 묻기 때문에
　　 이를 위해 구덩이를 파는데, 이를 埋坎이라 하였다. 『禮記』「祭法」에
　　 "태절에서 (비단과 희생을) 땅에 묻는 것은 땅에 제사지내는 것이다. 붉
　　 은 털빛의 송아지를 희생으로 쓴다.瘞埋於泰折, 祭地. 用騂犢."라고 하
　　 였다. 孔穎達 疏는 "북교에서 비단과 희생을 묻고 지기에 제사하는 것을
　　 말한다.謂瘞繒埋牲祭神祇於北郊也."라고 하였다.
110) 24방위 중 정남으로부터 서쪽으로 30도로 난 방향을 말한다.

조근단朝覲壇은 행궁行宮 앞에 단을 만듭니다. 행궁은 방형으로 삼등분합니다.111) 유壝은 이중이고 (단은) 남쪽에 둡니다.

111) 행궁은…:『儀禮』「覲禮」에 의하면, "제후가 교외에 이르면, 왕이 使者를 시켜서 皮弁服을 입고 璧을 가지고 가서 위로하게 한다. 侯氏도 피변복을 입고 帷門 밖에서 사자를 맞이하여 재배를 한다.覲禮. 至于郊, 王使人皮弁用璧勞. 侯氏亦皮弁迎于帷門之外, 再拜."라고 하였다. 여기에서 유문은 정현의 주에 의하면, 帷宮이라고도 한다. 왕이 출행할 때帷幕을 쳐서 만든 行宮을 말한다. 그 出口에 旌旗를 세워서 旌門을 만들었기 때문에 帷門이라고 한다. 그림은 淸代『欽定儀禮義疏』에 나와있는 '郊勞'(교외에서 사자 마중) 예시도이다.

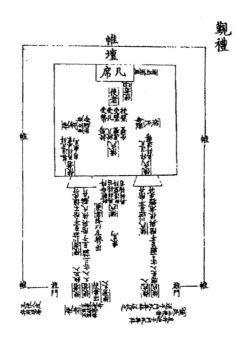

郊勞(『欽定儀禮義疏』)

단은 방 24장이고 높이는 9척이며 남면에 2개의 계단을 설치하고 나머지 삼면에는 각각 1개의 계단을 설치합니다.

封祀·登封, 五色土封石礛爲圓封, 上徑一丈二尺, 下徑三丈, 高九尺. 禪祭, 五色土封爲八角方封, 大小準封祀制度. 所用尺寸, 準歷東封, 並用古尺. 諸壇並築土爲之, 禮無用石之文. 並度影以定方位. 登封·降禪, 四出陛各當四方之中, 陛各上廣七尺, 下廣一丈二尺.

봉 제사[封祀]와 등봉登封(의 예)을 할 때에는 오색토로 석감을 봉하여 원형의 봉분을 만드는데, 위 지름은 1장 2척, 아래 지름은 3장으로 하고 높이는 9척으로 합니다. 선 제사[禪祭]에는 오색토로 팔각형 방형의 봉분을 만드는데, 그 크기는 봉 제사의 규정에 준하여 정합니다. 사용하는 척촌은 역대 동봉東封(동쪽 태산에서의 봉선)을 기준으로 하고 모두 고척古尺을 사용합니다. 여러 제단들도 모두 흙을 쌓아서 만듭니다. 예전에 돌을 사용한다는 명문이 없습니다. 모두 해 그림자를 재서 (동서남북) 방위를 정합니다.[112] 등봉과 강선(의 예)을 할 때에는 사방으로 낸 계단을 각각 방위마다 한가운데 설치하고 계단의 아래 너비는 1장 2척으로 합니다.

---

112) 『詩經』「鄘風」의 "定之方中, 作于楚宮. 揆之以日, 作于楚室"에 대해 『毛傳』은 "揆, 度也. 度日出日入以知東西, 南視定北, 準極以正南北"이라 하였는데, 『詩經』과 『毛傳』의 해석을 인용한 것으로 보인다.

封祀玉帛料, 有蒼璧, 四圭有邸, 圭璧. 禪祭有黃琮, 兩圭
有邸, 無圭璧.

봉 제사할 때 바치는 옥백류는 창벽蒼璧[113]에 사규유저四

---

113) 창벽蒼璧 : 푸른색의 옥벽을 말한다. 동지에 천황대제天皇大帝를 제사
지낼 때 창벽을 사용한다. 『周禮』「春官·大宗伯」 정현의 주에 "이곳에
서 '동지에 하늘을 제사지낸다.'고 한 것은 북극에 있는 천황대제를 제사
지낸다는 뜻이다. … 신에게 제사를 지낼 경우에는 반드시 그 부류를 본
뜨니, 창벽의 형태가 둥근 것은 하늘을 본뜬 것이다.此'禮天以冬至', 謂
天皇大帝在北極者也. … 禮神者, 必象其類, 璧圓象天."라고 하였다.
『爾雅』「釋宮」에 "肉(바깥쪽 변)이 好(가운데의 구멍)보다 2배가 되는
것을 '벽璧'이라 하고, 호가 육보다 2배가 되는 것을 '瑗'이라 하고, 육과
호가 동등한 것을 '環'이라 한다.肉倍好謂之'璧', 好倍肉謂之'瑗', 肉好
若一謂之'環'."고 하였다. 『周禮』「考工記·玉人」 가공언의 소에는 "璧
은 호의 길이가 3촌이니, 호는 곧 구멍이다. 양쪽 육의 길이는 각각 3촌
이니, 양쪽을 합하면 총 6촌이 된다. 이는 육이 호의 2배가 되는 것이다.
璧, 好三寸, 好卽孔也. 兩畔肉各三寸, 兩畔共六寸, 是肉倍好也."라고
하였다. 섭숭의는 완심과 정현의 두 도상을 인용하면서 모두 '창벽은 길
이가 9촌, 두께가 1촌'이라고 하였는데, 이는 가공언의 소에 의거하여
말한 것이다. 崔靈恩은 하늘을 제사할 때 사용하는 창벽은 길이가 1척
2촌이라고 하였으나, 섭숭의는 근거가 없다고 비판했다. 『三禮圖』 권11
「祭玉圖·蒼璧」 및 黃以周, 『禮書通故』 권49, 2372쪽 참조.

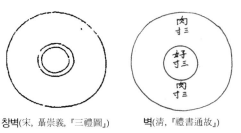

창벽(宋, 聶崇義, 『三禮圖』)　　벽(淸, 『禮書通故』)

圭有邸,114) 규벽圭璧을 씁니다.115) 선 제사에는 황종黃琮116)에

---

114) 사규유저四圭有邸 : 중앙에 원형의 벽옥을 만들고, 벽옥의 상하좌우 사방에 각각 규 하나씩을 연결하여 완성시킨 옥을 말한다. 출처는 『周禮』 「春官·典瑞」에 "사규유저로 천에 제사하고 상제에 여 제사한다.四圭有邸以祀天·旅上帝."라고 하였다. 鄭玄注에서 인용된 鄭司農의 말에 (사규유저는) "한 가운데가 벽이고 그 사면에 규를 부착하였으며 하나의 옥에 일체로 구성되어 있다.於中央爲璧, 圭著其四面, 一玉俱成."라고 하였다. '邸'는 '柢'와 통하는 글자로, 사물의 뿌리 혹은 근본바탕을 의미한다. '圭'는 위로 깎아낸 부분이 末(윗부분)이 되고, 아래로 벽에 연결된 부분이 '本(뿌리)'이 된다. 4개의 규가 함께 하나의 벽에 붙어 있어 뿌리로 삼고, 4개 규의 윗부분이 종횡으로 갈라져 밖으로 나아가는 형태이다.

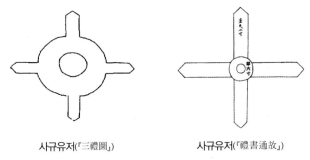

사규유저(『三禮圖』)   사규유저(『禮書通故』)

115) 『周禮』 「春官·大宗伯」에는 "창벽으로 천에 예를 다하고 황종으로 지에 예를 다하며 청규로 동방에 예를 다한다.以蒼璧禮天, 以黃琮禮地, 以青圭禮東方. … "라고 하였다. 鄭玄은 이에 대해 "동지에 천에 예를 다하는 것은 천황대제라고 하고 (대제)는 북극에 있다. 하지에 지에 예를 다하는 것은 곤륜에 있는 신을 말한다. 입춘에 동방에 예를 다하는 것은 창정의 제를 말하며 태호와 구망을 배사한다. 입하에 남방에 예를 다하는 것은 적정의 제를 말하며 염제와 축융을 배사한다. 입추에 서방에 예를 다하는 것은 백정의 제를 말하며 소호와 욕수를 배사한다. 입동에 북방에 예를 다하는 것은 흑정의 제를 말하며 전욱과 현명을 배사한다. 신에 예를 다할 때에는 반드시 (신과 같은) 종류를 본떠야 한다. 벽이

양규유저兩圭有邸[117])를 쓰고 규벽은 두지 않습니다.

又定登封·降禪·朝覲等日. 準禮, 冬至祭天於圜丘, 其封
祀請用十二日. 準東封祀故事, 十二日登封, 十三日禪祭, 十

둥근 것은 천(의 형상)을 본 딴 것이고 종이 팔
각인 것은 지를 본뜬 것이며 규가 뾰족한 것은
봄에 만물이 처음 돋아나는 것을 본뜬 것이다.
반규를 장이라고 하는데, 이는 여름에 만물이
반쯤 죽은 것을 본뜬 것이다. 호의 사나움은 가
을의 엄숙함을 본뜬 것이고 반벽을 황이라 하
는데, 겨울에 문을 닫아 감추어 지상에 어떤 사
물도 없고 오직 천만이 볼 수 있는 것을 본 뜬
것이다. 此禮天以冬至, 謂天皇大帝, 在北極者

규벽(『三禮圖』)

也. 禮地以夏至, 謂神在昆侖者也. 禮東方以立春, 謂蒼精之帝, 而太昊
·句芒食焉. 禮南方以立夏, 謂赤精之帝, 而炎帝·祝融食焉. 禮西方以
立秋, 謂白精之帝, 而少昊·蓐收食焉. 禮北方以立冬, 謂黑精之帝, 而
顓頊·玄冥食焉. 禮神者必象其類 : 璧圜, 象天 ; 琮八方, 象地 ; 圭銳,
象春物初生 ; 半圭曰璋, 象夏物半死 ; 琥猛象秋嚴 ; 半璧曰璜, 象冬閉
藏, 地上無物, 唯天半見."라고 하였다. 동지와 하지, 사립일의 오정제와
配食되는 오인제를 말하고 예물로 사용되는 璧, 琮, 圭의 형태가 천원지
방의 속성을 상징한다고 설명하고 있다.

116) 황종黃琮 : 황색의 옥으로, 안쪽은 둥글고 바깥쪽은 8방으로 네모지다.
하지에 地祇에 제사지낼 때 황종을 사용한다. 『周禮』 「春官·大宗伯」의
"以黃琮禮地"에 대한 정현의 주에 "'하지에 땅을 제사 지낸다'고 한 것
은 곤륜에 있는 신을 제사지낸다는 뜻이다. … 신을 제사지낼 때에는 반
드시 그 부류를 본뜨니, 璧이 둥근 것은 하늘을 본뜬 것이고, 琮이 팔방
으로 네모진 것은 땅을 본뜬 것이다.'禮地以夏至', 謂神在崐崘者也. …
禮神者, 必象其類, 璧圜象天, 琮八方象地."라고 하였다.

四日朝覲. 若有故, 須改登封己下期日, 在禮無妨.

　또 등봉登封·강선降禪·조근朝覲 등의 예를 행하는 날짜를 정하는 것에 대하여 동지에 원구에서 제천하는 예에 준하고 봉사封祀하는 날은 청컨대 12일로 하십시오. 동방 태산 봉선 제사의 고사故事에 준하여 12일에 등봉하고 13일에 선제를 지내고 14일에 조근의 예를 행합니다. 만약 변고가 있을 경우, 등봉 이후 기약한 날짜를 반드시 조정해야 하는데, 예에 문제됨이 없게 합니다.

又輦輿料云: 封祀·登封, 皇帝出乘玉輅, 還乘金輅. 皇太子往還金輅. 禪祭, 皇帝·太子如封祀.

　또 가마와 수레 류에 대해서는 다음과 같이 말하였다.

황종(淸, 『周官義疏』)　　황종(『三禮圖』)

117) 양규유저兩圭有邸: 사규유저가 상하좌우에 각각 규 하나씩을 연결하였다고 한다면, 양규유저는 상하에 각가 규 하나씩을 연결한 것이다. 양규유저는 북교에서 신주와 지기에 제사할 때 사용하므로 봉선 제사에서 선 제사에 원용하여 황종과 함께 사용한 것이다.

양규유저(『三禮圖』)

봉 제사와 등봉할 때 황제는 옥로玉輅[118]를 타고 출행하고
돌아올 때에는 금로金輅[119]를 탑니다.[120] 황태자는 오고 갈 때

118) 옥로玉輅 : 고대 천자가 타는 수레. 옥으로 장식했기 때문에 玉輅라고 한
다. 大祀와 大禮시 천자가 출행할 때 옥로를 탄다. 천자의 五路 가운데
하나이다. 천자는 옥로에 12旒가 매달린 太常의 깃발을 꽂고서 제사를
지낸다. 가공언은 수레의 끌채[轅] · 바퀴통[轂] · 몸체[箱] 등의 끝부분에
모두 옥으로 장식을 한다는 뜻이라고 하였다. 『周禮』「春官 · 巾車」참조.

玉輅(『三禮圖』)

119) 금로金路 : 금으로 수레 위쪽의 끝 부분을 장식한 수레로서, 천자의 五路
가운데 하나이다. 천자가 빈객을 접대하거나 朝 · 覲 · 宗 · 遇, 饗禮 · 食禮
및 동성의 제후를 봉할 때 타는 수레이다.

120) 옥로와 금로 : 『隋書』권7「禮儀志」2에, "七年, 舍人周捨以爲 : 「禮『玉
輅以祀, 金輅以賓』, 則祭日應乘玉輅.」詔下其議. 左丞孔休源議 : 玉
輅旣有明文, 而儀注金輅, 當由宋 · 齊乘謬, 宜依捨議.」帝從之. 又禮官
司馬筠議 :「自今大事, 遍告七廟, 小事止告一室.」於是議以封禪, 南 ·
北郊, 祀明堂, 巡省四方, 御臨戎出征, 皇太子加元服, 寇賊平蕩, 築宮
立闕, 纂戎戒嚴 · 解嚴, 合十一條, 則遍告七廟" 인용된 禮에는 옥로는
제사 때 타고 금로는 빈객과 회동할 때 사용한다고 되어 있다. 이 禮는
『周禮』「春官 · 宗伯」의 "金路, 鉤, 樊纓九就, 建大旂, 以賓, 同姓以封"
를 말한다. 그 정현의 주에, "金路, 以金飾諸末. 鉤, 婁頷之鉤也. 金路

금로를 탑니다. 선 제사에는 황제나 태자 모두 봉 제사할 때와 같이 (옥로와 금로를) 탑니다.

又衣服料云：東封祠祭日, 天皇服袞冕, 近奉制, 依貞觀禮服大裘. 又云：袞冕服一具, 齋服之 ; 通天冠服一具, 迴服之 ; 翼善冠服一具, 馬上服之. 皇太子袞冕服. 又齋則服遠遊冠, 受朝則公服遠遊冠服, 馬上則進德冠服.

또 의복衣服 류에 대해서는 다음과 같이 말하였다.

동방 태산 봉선 제사 날에 천황天皇은 곤면袞冕을 입었는데, 근래 제도를 받들어 「정관례貞觀禮」에 의거하여 대구大裘를 입습니다.[121]

無錫有鉤, 亦以金爲之. 其樊及纓以五采罽飾之而九成. 大旂, 九旗之畫交龍者. 以賓, 以會賓客”라고 하였다. 그 형태에 대해서는, 『隋書』「禮儀志」5에 “金輅, 赤質, 以金飾諸末. 左建旂, 右建闢戟. 旟畫鳥隼. 餘與玉輅同. 駕赤駵. 朝覲會同, 饗射飲至則供之” 붉은 바탕에 금으로 끝을 장식하였다고 하였다.

[121] 또 의복衣服 류에 … 입습니다. : 경전에 의하면, 천자는 6가지 冕服을 착용한다. '冕服'은 면류관을 쓸 때 착용하는 복식 전체 즉 일습을 말한다. 시대에 따라 조금씩 다르지만 면류관, 상의[玄衣], 하상[纁裳], 중단, 바지, 버선, 신, 大帶, 혁대, 폐슬, 綬, 패옥, 劍, 圭로 구성된다. 종류는 순서대로 大裘冕, 袞冕, 鷩冕, 毳冕, 希冕[絺冕], 玄冕의 총6가지가 있다. 이중 '大裘冕'은 昊天上帝 · 五帝에 제사할 때 입고, '袞冕'은 先王에게 제사할 때와 왕이 종묘에서 제후의 朝覲을 받을 때 입는다. 이들 면복은 면류관의 旒의 수와 상의와 하상에 표현된 무늬로 구별한다. '大

또 다음과 같이 말하였다.

곤면복衰冕服 일습[122])을 재계할 때 입습니다. 통천관복通天
冠服[123]) 일습은 돌아올 때 입습니다. 익선관복翼善冠服[124]) 일

衰冕'은 天에 제사를 지내는 것이므로 질박함을 숭상하여 면류관에 旒
가 없고 옷에도 무늬가 없다는 견해가 있고, 또 이와 달리 12旒에 12종
류의 무늬를 쓴다는 견해가 있다. 12종류의 무늬는 日·月·星辰·山·
龍·華蟲·宗彝·藻·火·粉米·黼·黻이다. '衰冕'은 12旒에 日·月·
星辰을 제외한 나머지 9종류의 무늬를 쓰는데 龍[衰龍=卷龍]이 首章
이 되므로 '衰冕'이라 한다.(면복에 관한 전체적인 내용은 崔圭順,『中
國歷代帝王冕服研究』, 東華大學, 2007年 참조). 唐代에는『舊唐書』
권44「職官志·殿中省」3 '尙衣局'조에 13가지 冕服을 착용하는 것으로
되어 있다."尙衣局 : 奉御掌衣服, 詳其制度, 辨其名數. 直長爲之貳.
凡天子之服冕十有三 : 一大裘冕, 二衰冕, 三鷩冕, 四毳冕, 五黻冕,
六玄冕, 七通天冠, 八武弁, 九弁服, 十介幘, 十一白紗帽, 十二平巾幘,
十三翼善冠."

122) 곤면복 일습 : 앞의 주에서 말한 6가지 면복 중 '衰冕'을 쓰고 곤면에 해
당되는 상의[玄衣], 하상[纁裳], 중단, 바지, 버선, 신, 大帶, 혁대, 폐슬,
綏, 패옥, 劍, 圭를 갖추는 것을 말한다. 곤면은 12旒에 日·月·星辰을
제외한 나머지 9종류의 무늬를 쓰는데 龍[衰龍=卷龍]이 首章이 되므로
'衰冕'이라 한다.

123) 통천관通天冠 : 일명 高山冠이라고도 한다. 冕冠 다음으로 등급이 높은
관이다. 형태가 산과 같고 정면에서 수직으로 세워진 형태이며 철로 권
량을 만든다.『後漢書』「輿服志」下에는 "높이는 9촌이고, 곧게 서 있는
데 정수리에서 조금 기울어져 뒤집어지고, 아래로 곧게 내리뻗어 있다.
철로 권량을 만들고, 앞에는 전통이 있고, 관 앞에 (금박)산과 술을 더한
다. 황제가 평상시 쓰는 것이다.通天冠, 高九寸, 正竪, 頂少邪(斜)卻,
乃直下爲鐵卷梁, 前有山·展筒·爲述, 乘輿所常服."라고 하였다. 진시

습은 말을 탈 때 입습니다. 황태자는 곤면복을 입습니다. 또 재

황이 천하를 통일한 후 문자, 도량형의 통일하였을 뿐만 아니라 여러 가지 제도 또한 통일하였다. 예의제도도 새롭게 제정하였는데, 진시황은 항상 通天冠을 착용하였다고 전한다. 漢代에는 正月 百官이 조회를 할 때 천자가 통천관을 썼다고 한다. 역대 사용하다가 청대에 와서야 폐지하였다. 아래 그림은 宋代 攝崇義의『三禮圖』‘通天冠’과『明集禮』의 ‘通天冠’인데, 현재 통용되고 있는 통천관은『명집례』에 따른 것이다.

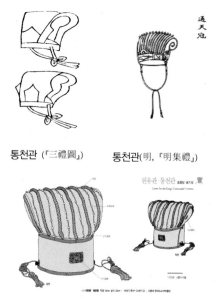

통천관 (『三禮圖』)　　통천관(明, 『明集禮』)

원유관·통천관
(김연수,『왕실문화도감: 조선왕실복식』, 2012)

124) 익선관翼善冠 : 익선관은 당 태종이 고제를 참작하여 익선관을 만들고 貞觀 8년 처음으로 착용하였다고 한다.『唐會要』와『舊唐書』「輿服志」에 의하면,『通典』「禮」17에 "정관 연간에 만들었다. 매달 1일, 15일에 조회를 할 때 입는다. 또 평건책과 통용하여 쓴다.大唐貞觀中, 制, 月一日·十五日視朝, 常服之. 又與平巾幘通用."라고 하였다.

계할 때에는 원유관遠遊冠[125]을 쓰는 복장을 하고 제후의 조회
를 받을 때에는 공복원유관公服遠遊冠[126]을 쓰는 복장을 하며,
말을 탈 때에는 진덕관進德冠을 쓰는 복장[127]을 합니다.

125) 원유관遠遊冠 : 『後漢書』「輿服志」下에 "원유관은 통천관과 유사하지
    만 앞에 금박산과 술이 없고, 전통이 있어서 관 앞으로 가로질러 있다.
    황태자 및 이왕후 및 왕들이 쓴다.遠遊冠, 制似通天, 而前無山·述, 有
    展筩, 橫于冠前. 皇太子及王者後·諸王服之."라고 하여 형태는 통천관
    과 같지만 금박산과 술이 없다고 하였다. 황태자 및 제후왕이 착용하는
    것으로 보통 오행에 맞춰 사시에 청·황·적·백·흑색으로 바꾸어 썼다
    고 한다. 원대 폐지되었다고 한다. 아래 그림은 역시 『삼례도』와 『명집
    례』에 실린 원유관이다.

원유관(『三禮圖』)　　　원유관(『明集禮』)

126) 공복원유관 : 公服은 品官이 公事, 謁見, 婚禮시 입는 복장이다. 공복원유
    관은 원유관을 쓰고 공복의 복장을 하는 것을 말한다. 公服은 具服, 즉
    朝服에 비해 佩膝, 劍, 綬 등을 생략하거나 적게 한다. 요즘으로 말하자면
    구복은 예복에 가깝고 공복은 정장에 해당한다. 『通典』「禮」68 '君臣冕冠
    衣服制度'에 "公服, 遠遊冠, 簪導以上並同前. 絳紗單衣, 白裙襦, 革帶,
    瑜玉隻珮, 方心, 紛, 鞶囊, 令云:「長六尺四寸, 廣二寸四分, 色同大綬.」
    白隌, 烏皮履. 五日常朝·元日冬至受朝則服之"라고 하였다.

127) 진덕관進德冠을 쓰는 복장 : 進德冠은 당 태종이 자신이 익선관을 처음
    착용하면서 貴臣들에게 하사한 면관이다. 『通典』「禮」17에는 "당나라
    때 제도이다. 옥[琪]이 9개이며 金飾을 더한다. 황태자가 황제를 따라
    제사하거나 알현, 가원복, 후비를 들일 때 착용한다.大唐制, 九琪, 加金

곤면복(『三禮圖』)　　　　　대구복(『三禮圖』)

當時又令詳求射牛之禮. 行偉·守貞等議曰:「據周禮及國語,
郊祀天地, 天子自射其牲. 漢武唯封太山, 令侍中儒者射牛行事
[一二].128) 至於餘祀, 亦無射牲之文. 但親舂射牲, 雖是古禮, 久
從廢省. 據封禪禮[一三],129) 祀日, 未明十五刻, 宰人以鑾刀割
牲, 質明而行事. 比鑾駕至時, 牢牲總畢, 天皇唯奠玉酌之獻而已. 今
若祀前一日射牲, 事卽傷早. 祀日方始射牲, 事又傷晚. 若依漢武
故事, 卽非親射之儀, 事不可行.」詔從之. 尋屬高宗不豫, 遂罷封
禪之禮.

飾. 皇太子侍從皇帝祭祀及謁見·加元服·納妃則服之."라고 하여 貴
臣뿐만 아니라 황태자 또한 착용하였음을 알 수 있다.

128) [교감기 12] "侍中儒者"의 '儒者'는 여러 판본에는 원래 '謁者'로 되어
있는데, 『漢書』 권25上 「郊祀志」·『通典』 권54·『文苑英華』 권761·『冊
府元龜』 권36에 의거하여 수정하였다.

129) [교감기 13] "據封禪禮"의 '禮'자는 여러 판본에는 원래 없는데, 『文苑
英華』 권761에 의해 보충하였다.

당시에 또 사우례射牛禮에 대해 상세히 조사하라고 명하였다. 이행위李行偉와 배수정裵守貞(眞) 등이 논의하여 다음과 같이 말하였다.

『주례』와 『국어』에 의하면, 천지天地에 교사郊祀할 때 천자가 직접 희생을 활로 쏜다고 하였습니다.[130] 한무제는 태산에 봉선할 때 시중과 유자儒者들에게 명하여 활을 쏘는 행사를 하도록 하였습니다.[131] 그밖의 다른 제사는 희생을 활로 쏜다는 명문은 없습니다. 다만 친히 절구질하고 희생을 활로 쏘는 것[親春射牲][132]이 비록 고례이기는 하나 이미 오래 전에 폐지

---

130) 『주례』와 『국어』에 의하면… : 여기에서 말하는 『國語』는 「楚語」를 말한다. 『舊唐書』 권150 「儒學下·祝欽明」에는 "『춘추외전』에 이르기를, 체제사와 교 제사 때 천자가 친히 희생 소를 화살로 쏘고 황후는 친히 기장을 빻는다.春秋外傳 : 禘郊, 天子親射其牛, 王后親春其粢."라고 하여 『春秋外傳』이라 하고 있다. 또한 『史記』 「武帝本紀」에 『尙書』 『周官』 『王制』 등의 望祀 射牛례에서 봉선례를 채용하였다고 한 것을 보면, 『周禮』는 『周官』을 염두에 두고 한 말이다. 하지만 현행본 『周禮』에는 천자가 행하는 射牛禮는 보이지 않는다.

131) 『史記』 권28 「封禪書」에 "천자가 양보에 당도하여 지주에 예를 갖춰 제사하였다. 을묘일에 시중과 유자들에게 피변복에 紳을 두르게 하고 사우 행사를 하도록 하였다.天子至梁父, 禮祠地主. 乙卯, 令侍中儒者皮弁薦紳, 射牛行事."라고 하였다.

132) 『穀梁傳』 「文公 13年」조에 "예에 따르면, 종묘의 제사에 군주는 친히 희생을 베고 부인은 친히 절구질을 한다.禮, 宗廟之事, 君親割, 夫人親春."라고 한 것을 염두에 둔 말이다. 또 『舊唐書』 권150 「儒學下·祝欽明」에 "春秋外傳 : 禘郊, 天子親射其牛, 王后親春其粢"라고 하여 체제사와 교사에도 천자는 사우하고 왕후는 친용한다고 말하고 있다. 이것을 근거로 종묘 제사 이외 外祭인 郊祀에도 王后의 助祭를 인정하는 근거

되어 생략했습니다. 봉선례에 의하면, 제사 당일 해뜨기 전[未明] 15각에 재인宰人이 난도鸞刀133)로 희생을 베고[割牲], 해뜨기 시작할 때[質明] 그 일을 행합니다. 황제의 행차가 당도하는 시각에 진헌되는 희생은 이미 준비를 다 마쳐 천황天皇은 단지 폐옥과 술을 진헌할 뿐입니다. 지금 만약 제사 하루 전날에 희생을 활로 쏘는 절차를 행한다면 그 행사는 지나치게 빠릅니다. 제사 당일에 희생을 활로 쏘는 절차를 진행한다면 그 행사는 또한 너무 늦습니다. 한무제 때 고사에 따라서 한다면 직접 희생을 활로 쏘는 것이 아니니, 그렇게 해서는 안 됩니다.

황제가 조를 내려 그대로 따랐다. 얼마 후 고종의 몸이 편찮아져서 마침내 봉선의 예는 그만두었다.

로 삼고 있다.
133) 난도鸞刀 : 제사 때 바치는 희생을 베는 의식용 칼이다. 난도라고 한 것은 칼고리에 和라는 방울을 달고 칼 끝부분에 鸞이라는 방울을 달기 때문에 붙여진 이름이다.

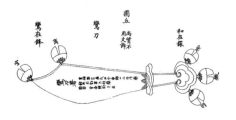

난도(宋, 『皇祐新樂器圖』)

則天證聖元年, 將有事於嵩山, 先遣使致祭以祈福助, 下制, 號嵩山爲神岳, 尊嵩山神爲天中王, 夫人爲靈妃. 嵩山舊有夏啓及啓母·少室阿姨神廟, 咸令預祈祭. 至天冊萬歲二年臘月甲申, 親行登封之禮. 禮畢, 便大赦, 改元萬歲登封, 改嵩陽縣爲登封縣, 陽成縣爲告成縣. 粤三日丁亥, 禪于少室山. 又二日己丑, 御朝覲壇朝群臣, 咸如乾封之儀. 則天以封禪日爲嵩岳神祇所祐, 遂尊神岳天中王爲神岳天中皇帝, 靈妃爲天中皇后, 夏后啓爲齊聖皇帝; 封啓母神爲玉京太后, 少室阿姨神爲金闕夫人; 王子晉爲昇仙太子, 別爲立廟. 登封壇南有槲樹, 大赦日於其杪置金雞樹[一四].[134] 則天自制昇中述志碑, 樹於壇之丙地.

측천則天 증성證聖 원년(695),[135] 장차 숭산嵩山[136]에 봉선하기 위

---

134) [교감기 13] "於其杪置金雞樹"에 대해 『校勘記』 권11은 "'樹'자는 衍文으로 의심된다"라고 하였다.

135) 증성證聖 : 측천무후의 5번째 연호. 약 9개월간 사용하였다.

136) 숭산嵩山 : 五岳 중 하나이며, 崇山을 중심으로 동쪽에 泰山, 서쪽에 華山이 있어 숭산을 中岳이라고 하였다. 위치는 河南省 登封市 서북쪽에 있으며, 서쪽으로 洛陽이, 동쪽으로 鄭州가 있어 문명의 발상지 한가운데에 있다. 崇山의 東峯인 太室山에는 中嶽廟가 있는데, 원래 진시황 때에는 '太室祠'라고 하였으며, 禹임금의 첫 번째 처인 塗山氏가 啓를 이곳에서 낳았다 하여 太室山이라 하였다고 전한다. 태실산은 이후 도교의 발상지로 北魏 寇謙之, 唐代 劉道合, 宋代 董道紳, 金代 邱長春 등 각 시대를 대표하는 도사들이 이곳에서 수도하기도 하였다. 숭산의 산 정산에 해당하는 少室山은 36개의 봉우리를 가지고 있어 장관을 연출한다. 禹 임금의 두 번째 처 塗山氏의 동생이 여기에 머물렀다고 하여 少室山이라 하였다고 전한다. 불교와 유교문화와 관련된 사적도 많지만 무엇보다 도교와 깊은 관련을 갖게 되는데, 그 계기가 당대 측천무후

해 먼저 (봉선)사를 보내 제사를 올려 복을 기원하였다. 그리고 제서를 내려 숭산을 신악神岳이라 하고 숭산신을 천중왕天中王으로, 그 부인을 영비靈妃로 추존하였다. 숭산에는 예부터 하계夏啓와 계모啓母,[137] 소실아이少室阿姨 등의 신묘神廟[138]가 있었는데, 영을 내려 모두 미리 제사를 지내 기도하도록 하였다. 천책만세天冊萬歲 2년 (696) 납월臘月(12월)[139] 갑신甲申일에 친히 등봉의 예를 행하였다. 예를 마친 뒤 대사大赦를 포고하고 만세등봉萬歲登封으로 개원하였으며, 숭양현嵩陽縣을 등봉현登封縣으로, 양성현陽成縣을 고성현告成

때 숭산에 봉선을 행하면서부터이다.

137) 하계夏啓와 계모啓母 : 하나라 임금 계와 계의 어머니를 말한다. 夏나라의 두 번째 임금인 啓는 전설에 의하면 塗山氏족이었던 어머니가 남편인 禹의 치수하는 모습을 보지 말라는 금기를 어기고 돌아봐 돌로 변한 뒤 그 속에서 태어났다고 한다. 그리하여 이름이 '열다[啓]'이다.

138) 소실산少室山 : '季室山'이라고도 하며, 현재 河南省 登封市 西北쪽에 위치해 있다. 少室山은 동쪽으로 太室山과 서로 마주보고 있으며, 太室山과의 거리는 약 1만 미터 정도 된다. 일설에 의하면, 夏나라 禹王의 두 번째 처인 塗山氏의 둘째딸이 이곳에 거하여 사람들이 이 산 아래 소이묘少姨廟를 세우고 경배했기 때문에 산 이름을 '少室'이라고 했다고 전한다. 계모와 소실산의 아이는 고대 혼인제도의 하나인 잉첩 관계로 보인다.

139) 『舊唐書』 권20 「則天皇后」에 의하면 "재초 원년 춘정월에 신황이 친히 명당에 제사를 지내고 천하에 대사를 반포하였다. 주정에 의거하여 건자월을 정월로 삼아 영창 원년 11월을 재초 원년 정월이라 고치고 12월을 납월이라 하고 구정월을 1월이라 고친 후 3일 동안 대포를 내렸다.載初元年春正月, 神皇親享明堂, 大赦天下. 依周制建子月爲正月, 改永昌元年十一月爲載初元年正月, 十二月爲臘月, 改舊正月爲一月, 大酺三日."라고 하여 12월을 납월이라 명명하였음을 알 수 있다.

縣으로 개명하였다. 3일 뒤 정해丁亥일에 소실산에서 선禪 제사를 지냈다. 또 이틀 뒤인 기축己丑일에는 조근단에 나가 군신들을 조회 하였는데, 모두 건봉 연간의 (봉선) 의식대로 하였다. 무측천은 봉선 하는 날에 숭악 신들의 보우를 받았다고 여겨 신악천중왕神岳天中王 을 신악천중황제神岳天中皇帝로, 영비靈妃를 천중황후天中皇后로, 하 후계夏后啓를 제성황제齊聖皇帝로 추존하고 계모신을 옥경태후玉京 太后로, 소실아이 신을 금궐부인金闕夫人으로 봉하였고,[140] 왕자진王 子晉[141]을 승선태자昇仙太子로 책봉하여 별도로 묘를 세웠다. 등봉 단 남쪽에 떡갈나무[槲樹]가 있었는데, 대사일에 그 나무 꼭대기에 금계金雞를 두고 (금계수라고) 하였다.[142] 무측천은 직접 〈승중술지

---

140) 금궐은 도교에서 천상에 있는 황금으로 지어진 궁궐을 말하며, 仙人 혹 은 天帝가 사는 곳을 가리킨다. 『神異經』에, "西北荒中有二金闕, 相去 百丈. 有明月珠, 徑二尺, 光照二千里"라고 하였으니, 금궐부인은 天帝 의 부인이라는 의미이다.

141) 왕자진王子晉 : 周나라 靈王의 태자로 신선의 대명사인 王子 姬喬를 말 한다. 笙簧을 잘 불었는데 봉황의 소리를 본떠 〈鳳凰曲〉을 만들었다. 伊洛間을 놀러 다니다가 도인 浮丘生의 인도로 仙學을 배워 신선이 되 었다고 한다. 그에 관한 기록은 선진문헌 중에는『逸周書』「太子晉解」 와『國語』「周語」下에 보인다.

142) 대사일에 … 라고 하였다 : [교감기 13]에서는『校勘記』권11을 인용하여 "樹자는 衍文으로 의심된다"라고 하였다. 이에 대해 尤煒祥은「點校本 『舊唐書·禮儀志』疑義考辨舉例」(『台州學院學報』第38卷 第5期, 2016 年 10月)에서 수는 연문이 아니라고 교감이 잘못되었음을 지적하고 있 다. 이것은 吳玉貴의『唐書輯校』에서『太平御覽』의『唐書』제2042조 "萬歲登封元年春, 封嵩山, 御朝覲壇, 受朝賀. 登封壇南有槲樹, 大赦 日於其杪置金雞, 改名金雞樹"라고 되어 있는 것을 근거로 '樹'자는 연

비昇中述志碑〉를 지어 등봉단 남쪽에 세워두었다.[143]

玄宗開元十二年, 文武百僚·朝集使·皇親及四方文學之士, 皆
以理化昇平, 時穀屢稔, 上書請修封禪之禮幷獻賦頌者, 前後千有
餘篇. 玄宗謙沖不許. 中書令張說又累日固請, 乃下制曰 :

현종玄宗 개원開元 12년(724), 문무백관·조집사朝集使[144]·황친皇

문이 아니라고 한 것을 제시하고 있다. 아울러 『舊唐書』에는 '改名爲金
雞樹' 이 5자가 빠진 것으로 보았다.

143) 현재 측천무후의 등봉 행사의 구체적인 면모에
대해서는 당대 李嶠가 지은 〈大周降禪碑〉가 『全
唐文』 권248에 실려 있다. 그리고 현재 유일하게
남아 있는 봉선 유적지가 하남 등봉시에서 발견
되었는데, 이른바 '大周封祀壇遺址'이다. 이 유
지는 선 제사를 지낸 유지이며, 아랫단은 방형,
윗단은 원형의 제단을 흙으로 쌓은 형태이다. 현
재 남아 있는 3미터 가량의 토단은 여전히 '下方'
의 형태를 유지하고 있다. 〈大周封祀壇碑〉는 武
三思가 문장의 초안을 작성하고 薛曜가 주사로

출토 大周封祀壇碑

글씨를 썼다고 전한다. 張得水·黃林納, 「與武則天有關的嵩山道敎文
物」, 『文物天地』, 2017年 7期 참조.

144) 조집사朝集使 : 漢代 매년 각 군에서 사신을 경사에 파견하여 1년 동안
의 郡政과 財政 상황을 보고하였는데, 이를 上計吏라고 하였다. 후대에
도 이 제도를 답습하여 시행하였는데, 명칭을 朝集使로 바꾸었다. 한편
한무제는 5年一巡狩制를 시행하면서 『漢書』 권6 「武帝本紀」 天漢 3년
조의 "三月, 行幸泰山, 修封, 祀明堂, 因受計"와 같이 봉선, 明堂 제사
와 함께 '受計', 즉 郡國의 上計吏에게 보고를 받는 일정이 전체 순수제
의 일환으로 진행되고 있다.

親 및 사방의 문학지사들이 모두 (현종이) 승평昇平의 세상으로 인도하고 시절 또한 풍년이 거듭되므로 상서하여 봉선의 예를 행할 것과 봉선의례에 시와 노래를 바칠 것을 청하니, 전후 천여 편에 이르렀다. 현종은 겸양하며 허락지 않았다. 중서령中書令 장열張說[145] 또한 여러 날 여러 차례 청하니, 이에 제서를 내려 말하였다.

自古受命而王者, 曷嘗不封泰山, 禪梁父, 答厚德, 告成功. 三代之前, 罔不由此. 越自魏・晉, 以迄周・隋, 帝典闕而大道隱, 王綱弛而舊章缺, 千載寂寥, 封崇莫嗣. 物極而復, 天祚我唐, 武・文二后, 應圖受籙. 洎于高宗, 重光累盛, 承至理, 登介丘, 懷百神, 震六合, 紹殷・周之統, 接虞・夏之風. 中宗弘懿鑠之休, 睿宗沐粹精之道, 巍巍蕩蕩, 無得而稱者也.

예부터 수명受命하여 왕이 된 자는 태산에 봉 제사하고 양보梁父에서 선 제사하여 두터운 덕[厚德]에 보답하고[146] 공을

145) 장열張說(667~731) : 唐 河南 洛陽 사람. 선조는 范陽 사람이고, 河東에 살았다. 자는 道濟 또는 說之다. 武則天 때 應詔하여 太子校書에 임명되었다. 中宗 때 黃門侍郎이 되었고, 睿宗 때 同中書門下平章事가 되어 예종에게 태자 李隆基에게 국사를 감독하게 할 것을 권했다. 玄宗 開元 초에 中書令에 오르고 燕國公에 봉해졌다. 나중에 兵部尙書와 同中書門下三品을 역임하고, 朔方節度使를 겸임했다. 다시 중서령을 겸임하고 修國史에 올라 麗正書院의 일을 맡았다. 文辭에 뛰어나 조정의 중요한 문건이 대개 그의 손에서 나왔다. 許國公 蘇頲과 함께 燕許大手筆로 불렸다. 李林甫의 견제로 재상에서 파직되었다.
146) 『周易』「坤」괘의 "君子以厚德載物"이 출처이다. 땅이 두터운 덕으로

이루었음을 하늘에 고하지 않은 적이 없다. 삼대 이전에 이와
같이 하지 않은 자가 없었다. 위魏, 진晉을 거쳐 북주北周와 수
隋나라에 이르러 제왕의 제전이 행해지지 않아 대도는 가려졌
으며, 제왕의 기강은 해이해지고 옛 전장제도는 갖추어지지 않
았으니, 천년 동안 적막하게 봉선의 의례는 이어지지 않았다.
사물이 극에 달하면 되돌아오듯, 하늘이 우리 당나라에 복을 내
려주어 태조와 태종 두 황제[147]께서 하도낙서의 부서에 응하여
천명을 받았다.[148] 고종高宗 때 이르러 명운이 다시 빛을 발하
여 천리天理를 받들어 개구介丘(태산)에 오르고 백신百神에게
제사를 지내며[懷百神],[149] 천지 사방을 진동시켜 은殷나라와

만물을 싣는 것을 가리킨다.

147) 태조와 태종 두 황제 : 高宗 上元 元年(674)에 "秋八月壬辰, 追尊宣簡
公爲宣皇帝, 懿王爲光皇帝, 太祖武皇帝爲高祖神堯皇帝, 太宗文皇帝
爲文武聖皇帝"라고 하여 太祖 武皇帝를 高祖 神堯皇帝로 하고 太宗
文皇帝를 문무성황제로 추존하였다. 따라서 여기에서 말하는 '武文二
后'는 태조 무황제 고조 이연과 태종 문황제를 가리킨다.

148) 『毛詩正義』「大雅 · 文王」 孔穎達의 疏에 "녹을 받고 하도에 응하는受
錄應『河圖』" 것을 수명의 징표로 설명하고 있다. "『易乾鑿度』云 : 入戊
午蔀二十九年, 伐崇, 作靈臺, 改正朔, 布王號於天下, 受錄應『河圖』. 注
云 : 受命後五年乃爲此改. 應猶如也, 如前聖王所得『河圖』之書."

149) 백신百神에게 제사를 지내며[懷百神] : 출처는 『漢書』 권25상 「郊祀志」
上의 "懷柔百神, 咸秩無文"이다. 顔師古注에 "회는 래이다. 유는 안이
다. 백신을 불러와 편안히 모신다는 말이다.懷, 來也. 柔, 安也. 言招來
百神而安處之也. 稱百者, 言其多也. 秩, 序也. 舊無禮文者, 皆以次序
而祭之"라고 하였다. 또 『後漢書』 권2 「孝明帝紀」 中元 夏四月조의
"懷柔百神, 惠於鰥寡"의 주에 "회는 안이다. 유는 화이다. 『예』에 '산림

주周나라의 도통을 잇고 순舜임금과 하夏나라의 기풍을 접속하셨다. 중종中宗께서는 아름다운 공덕을 넓히시고 예종睿宗께서는 (천의) 정수가 되는 도통을 이으시어[150] (그 업적이) 높디높고 넓디넓어서 무엇이라 규정할 수 없는 분들이었다.

朕昔戡多難, 稟略先朝, 虔奉慈旨, 嗣膺丕業. 是用創九廟以申孝敬, 禮二郊以展嚴禋, 實菽粟於水火, 捐珠玉於山谷. 兢兢業業, 非敢追美前王 ; 日愼一日, 實以奉遵遺訓. 至於巡狩大典, 封禪鴻名, 顧惟寡薄, 未遑時邁, 十四載于茲矣. 今百穀有年, 五材無眚, 刑罰不用, 禮義興行, 和氣氤氳, 淳風澹泊. 蠻夷戎狄, 殊方異類, 重譯而至者, 日月於闕廷 ; 奇獸神禽, 甘露嘉醴, 窮祥極瑞, 朝夕於林籔. 王公卿士, 罄乃誠於中 ; 鴻生碩儒, 獻其書於外. 莫不以神祇合契, 億兆同心. 斯皆烈祖聖考, 垂裕餘慶. 故朕賴宗廟之介福, 敢以眇身, 顓其克讓. 是以敬奉群議, 弘此大猷, 以光我高祖之丕圖, 以紹我高祖之鴻烈. 永言陟配, 追感載深. 可以開元十三年十一月十日, 式遵故實, 有事太山. 所司與

중 구름을 일으키고 비를 내리게 할 수 있는 것은 모두 신이라 하고 천하를 호령하는 자는 백신에게 제사한다'라고 한 것이 바로 懷柔百神이라고 한다. 懷, 安也. 柔, 和也. 禮曰「凡山林能興雲致雨者皆曰神, 有天下者祭百神」, 懷柔百神也."라고 하여, 백신을 차례대로 제사하는 것을 말하게 되었다. 이후에 '懷百神'은 그 자체로 백신에게 제사를 지내는 것을 의미한다.

150) 예종睿宗께서는 … 이으시어 : 측천무후의 武周 통치에서 唐朝로 복귀됨을 말한다.

公卿諸儒詳擇典禮, 預爲備具, 勿廣勞人, 務存節約, 以稱
朕意.

짐은 이전에 많은 어려움을 겪으면서 선조로부터 대통을 이
어받아 자애로운 전교[慈旨]¹⁵¹⁾를 경건히 받들어 대업을 이었
다. 이에 구묘九廟를 창건하여¹⁵²⁾ 효도를 펼쳤고 남북교에 예
를 갖춰 엄배嚴配의 도리를 펼쳤으며, (백성들로 하여금) 콩과
조 등 곡식을 물과 불처럼 넉넉하도록 소중히 여기고¹⁵³⁾ (성인
이) 주옥을 산과 계곡에 버렸던[捐珠玉於山谷]¹⁵⁴⁾ 마음으로 임

---

151) 자애로운 전교[慈旨] : 慈旨는 보통 母后의 傳敎를 뜻하므로, 문맥상 측
천무후가 이융기를 후계자로 인정했다는 의미가 되지만, 여기에서는 중
종을 독살한 위황후와 안락공주를 처단하고 무후 일족도 모두 척살한 뒤
즉위한 이융기가 자신의 정통성을 이와 같이 표현했다고 보아도 무방해
보인다. 여기에서는 자애로운 교지라는 뜻으로 포괄적으로 풀이하였다.
152) 구묘九廟를 창건하여 … : 『舊唐書』권25 「禮儀志」5에 "개원 4년 종묘에
서 꺼내 별묘를 설치하였다. 개원 10년에 구묘를 설치하면서 중종의 신
주는 다시 태묘에 부묘하였다.至開元四年, 乃出置別廟, 至十年, 置九
廟, 而中宗神主復祔太廟."라고 하였다. 또 『舊唐書』권26 「禮儀志」6에
貞元 8년 太子左庶子 李嶸 등의 상주문에 "개원 10년 현종이 구묘를
세워 선황제를 헌조로 추존하고, 다시 정실의 반열에 들어가게 했고 광
황제를 의조로 추존하니 구실이 갖춰지게 되었다.開元十年, 玄宗特立
九廟, 於是追尊宣皇帝爲獻祖, 復列於正室, 光皇帝爲懿祖, 以備九
室."라고 하였다. 이것을 보면 개원 10년에 선황제를 헌조로, 광황제를
의조로 추존하여 九廟를 갖추었다.
153) 콩과 조 등 … 소중히 여기고 : 출처는 『孟子』「盡心」上의 "聖人治天下,
使有菽粟如水火. 菽粟如水火而民焉有不仁者乎?"이다. 성인은 천하
를 다스림에 있어 백성으로 하여금 흔한 곡식인 콩과 조를 물과 불처럼
가질 수 있게 한다는 말로, 백성들의 곳간을 넉넉히 만든다는 의미이다.

하였다. 전전긍긍하며 삼가 노력한 것은 감히 선대 왕의 공덕에 견주려 해서가 아니다. 매일매일 신중하고 조심한 것은 사실 유훈을 받들어 행하는 것일 뿐이다. 순수巡狩와 같은 대전大典과 봉선封禪과 같은 성대한 의전은 과인의 덕이 박하고 봉선을 행할 만한 적당한 때를 만나지 못하여 지금까지 14년의 세월이 흘렀다. 이제 백곡百穀이 풍년이고 오행의 운행도 차질이 없고五材無眚,[155] 형벌을 쓸 일도 없으며 예의를 진작하여 행하니, 조화로운 기운이 성하고 순박한 풍속이 착실하다.

만이蠻夷와 융적戎狄, 이역만리 먼 곳의 종족으로 중역重譯하여 당도한 자들이 날마다 조정의 뜰을 채우고 기묘하고 신기한 짐승들과 감로와 단술, 각종 상서가 아침저녁으로 상림원과 금원[林籔]에 나타났다. 안에서는 왕공王公 경사卿士들이 간절히 요청하고 밖에서는 많은 유생과 석학들이 (봉선에 관한) 상서를 올렸다. 신령과 부합하고 억조 만민이 한마음이 되지 않음이 없었다. 이 모든 것이 선대 조종이 남겨주신 길운이요 복이도다. 그러므로 짐은 조상[宗廟]이 내려준 크나큰 복에 힘입어 감히 보잘것없는 몸으로 추양推讓의 예를 다할 것이다. 따

---

154) 주옥을 산과 계곡에 버려두어 … : 舜임금과 禹임금과 같은 성인은 황금과 주옥을 산과 연못에 버려 사치스러운 욕구를 미리 차단했다는 고사이다. 陸賈, 『新語』「術事」 "舜棄黃金於嶄嵓之山, 禹捐珠玉於五湖之淵, 將以杜淫邪之欲, 絕琦瑋之情."

155) 오행의 운행도 차질이 없고 : 여기에서 五材는 『左傳』「襄公 27年」조의 "天生五材, 民並用之, 廢一不可"의 杜預注에 "金木水火土也" 오행이라고 하였다.

라서 여러 의론을 공손히 받들어 이와 같은 대전을 확대하여 우리 고조께서 받으신 천명을 빛내고 우리 고조의 대업을 잇고 자 한다. 천명에 부응하여 하늘에 짝하니 永言陟配,156) 추념의 감회가 더욱 깊어진다. 이에 개원開元 13년 11월 10일에 전고 에 따라 태산에서 봉선을 행하고자 한다. 담당 부서 및 공경들 과 여러 유자들은 전례를 꼼꼼히 살펴 선택하여 미리 준비를 하되 백성들을 수고롭게 하지 말고 절약에 힘써서 짐의 생각에 부합하도록 하라.

於是詔中書令張說 · 右散騎常侍徐堅 · 太常少卿韋縚 · 秘書少 監康子元 · 國子博士侯行果等, 與禮官於集賢書院刊撰儀注.

그리하여 중서령中書令 장열張說, 우산기상시右散騎常侍 서견徐 堅,157) 태상소경太常少卿 위도韋縚,158) 비서소감秘書少監 강자원康子

---

156) 『詩經』 「大雅 · 文王」에 "길이 천명에 짝함이 스스로 많은 복을 구하는 길이다.永言配命, 自求多福."의 '永言'과 『尙書』 「君奭」편의 "殷나라 先王이 禮로써 올라가 하늘에 짝하여 나라를 향유한 세월이 오래였다. 殷禮陟配天, 多歷年所."의 '陟配'를 합한 구절로 천명에 짝하고 예로써 올라가 천에 짝한다는 의미이다.

157) 서견徐堅(659~729) : 唐 湖州 長城(현재 浙江省 長興) 사람. 대대로 馮 翊에 살았고, 자는 元固다. 秀才로 벼슬길에 올라 汾州參軍이 되었다가 萬年主簿로 옮겼다. 측천무후 聖歷 연간에 楊再思가 判官으로 삼았다. 지은 글이 전아하고 풍부해 양재사가 항상 鳳閣舍人인 것 같다고 말했 다. 張說 등과 함께 『三敎珠英』을 편찬하여 給事中과 禮部侍郎으로 옮 겼다. 睿宗이 즉위하자 黃門侍郎이 되었다가 絳州刺史로 나갔다. 오랜 뒤 秘書監에 임명되었다. 玄宗 때 集賢院學士가 되어 장열을 도와 院

元,[159] 국자박사國子博士 후행과侯行果[160] 등이 예관과 함께 집현서원集賢書院에서 의주儀注를 편찬하였다.

玄宗初以靈山好靜, 不欲喧繁, 與宰臣及侍講學士對議, 用山下封祀之儀. 於是張說謂徐堅·韋紹等曰:「乾封舊儀, 禪社首, 享皇地祇, 以先后配饗. 王者父天而母地, 當今皇母位, 亦當往帝之母也, 子配母饗, 亦有何嫌? 而以皇后配地祇, 非古之制也. 天監孔

事를 맡았다. 典故에 해박하여 格式이나 씨족 및 국사 등을 편찬하는 일에 참여하여 많은 저작을 남겼다. 무릇 일곱 번 書府에 들어갔는데, 당시 칭찬하는 논의가 있었다. 韋述 등과 함께 『初學記』를 지었다.

158) 위도韋紹(미상):『舊唐書』권189하「儒學下·韋叔夏列傳」에는 韋叔夏의 아들로 太常卿이란 구절만 보이지만, 唐代 宗廟制, 封禪, 喪服禮 등 당대 예전에 관한 논의에 빠지지 않고 등장한다. 장열과 함께 개원년간 당대 예전을 상정하는 데 큰 역할을 담당하였다.

159) 강자원康子元(미상):唐 越州 會稽縣(현재 浙江省 紹興市) 사람. 玄宗이 中書令 張說에게 명하여 『易經』『老子』『莊子』에 정통한 자를 추천하도록 하자, 集賢直學士 侯行果가 康子元과 平陽의 敬會眞을 추천하였고 이때 康子元은 侍讀에 임명되었다. 얼마 후 秘書少監으로 승진, 集賢侍講學士를 겸하였다. 開元 연간에 본문에서와 같이 徐堅, 侯行果 등과 함께 태산 封禪에 관한 의주를 상정하였다. 玄宗은 泰山에 제사할 때 康子元을 侍講學士로 삼았다. 뒤에 宗正少卿까지 올랐다가 병으로 치사하였다.

160) 후행과侯行果(미상):唐 上谷(현재 北京市 서북쪽) 사람. 당 중기 18학사 중 1명이다. 國子司業, 待皇太子讀을 역임하였다. 馮朝隱·會眞齊과 이름을 나란히 하였다. 사후 慶王傅에 추증되었다. 그의 著作은 이미 산일되었고, 주로 李鼎祚의 『周易集解』에 보인다. 黃奭의 『黃氏逸書考』 중에 『侯果易注』 1冊이 수록되어 있다.

明, 福善如響. 乾封之禮, 文德皇后配皇地祇, 天后爲亞獻, 越國
太妃爲終獻. 宮闈接神, 有乖舊典. 上玄不祐, 遂有天授易姓之事,
宗社中圮, 公族誅滅, 皆由此也. 景龍之季, 有事圓丘, 韋氏爲亞
獻, 皆以婦人升壇執籩豆, 潔黷穹蒼, 享祀不潔. 未及踰年, 國有
內難, 終獻皆受其咎[一五],161) 掌座齋郎及女人執祭者, 多亦夭
卒. 今主上尊天敬神, 事資革正. 斯禮以睿宗大聖貞皇帝配皇地
祇, 侑神作主.」乃定議奏聞. 上從之.

현종玄宗은 애초에 영산靈山은 조용한 것을 좋아한다고 생각하여
(의식이) 번다하고 소란스럽지 않게 하려고 재신宰臣 및 시강학사侍
講學士162)들과 함께 태산 아래에서 행하는 봉 제사 의식을 가지고
논의하였다. 이에 장열은 서견徐堅과 위도韋縚 등에게 다음과 같이
말하였다.

　　건봉 연간의 (봉선) 의례는 사수社首에서 선禪 제사할 때 황
　지기皇地祇를 제사하며 선후先后를 배향하였다. 왕이란 하늘
　을 아비로 땅을 어미로 여기는 것이니, 현재 황제의 모친[皇
　母]의 지위 또한 선제의 모에 해당하므로163) 아들이 어머니를

---

161) [교감기 15] "終獻皆受其咎" 이곳에 탈오가 의심된다. 『通典』 권54에
　　는, "亞獻終獻皆受其咎"로 되어 있고, 『冊府元龜』 권36에는 "亞獻皆
　　受其咎"로 되어 있다.

162) 시강학사侍講學士 : 관명으로 종4품이다. 현종 개원 13년(725)에 집현원
　　에 시강학사와 시독직학사를 설치하여 문사를 논의하고 경적을 정리하
　　여 황제의 자문 역할을 하였다.

163) 현재 황제의 모친이란 현종 이융기의 모친인 소성황후를 말한다. 여기에
　　서 往帝는 고종을 말하며 往帝의 母는 당태종의 황후였던 문덕황후를

땅에 배향하는 것 또한 무슨 허물이 되겠는가? 그렇지만 황후를 지기에 배향하는 것은 옛 제도가 아니다. 하늘이 굽어보는 바가 매우 밝고 선행에 복을 내림이 신속하다. 건봉 연간의 (봉선) 의례는 문덕황후文德皇后를 황지기에 배향하고 천후天后(측천무후)가 아헌을, 월국태비越國太妃가 종헌을 하였다. 황후와 후궁이 신을 접하는 것은 옛 전례에 어긋나는 바이다. 상현上玄(천)이 보우하지 않아 마침내 하늘이 역성하는 사태가 일어나도록 했으며,164) 종묘와 사직이 중도에 무너지고 공족이 주멸되었던 것은 모두 이 때문이다. (중종) 경룡景龍 연간 말에 원구에서 제사지낼 때 위씨韋氏가 아헌하였는데, 모두 부녀자가 제단에 올라 변두籩豆를 받들어 하늘을 모독하였고 제사는 더럽혀졌다. 해를 넘기지 못하고 나라 안에서 난리가 일어나고 종헌 등은 모두 그 재앙을 받았고,165) 장좌재랑掌座齋郎166) 및 여성으로 제사를 주관한 자들 또한 대부분 요절

말한다. 정리하자면 현종 이융기의 모친 소성황후가 고종이 건봉 연간에 사수에서 선 제사를 지낼 때 황지기에 배사했던 문덕황후의 위치에 해당한다는 말이다.

164) 측천무후가 무주 역성혁명을 일으킨 일을 말한다.

165) 『通典』과 『冊府元龜』 등에는 "亞獻終獻"이라 하여 亞獻으로 되어 있다. 「禮儀志」에 '皆' 자가 있으니 『通典』의 '亞獻과 終獻'이 타당해 보인다.

166) 장좌재랑掌座齋郎 : 齋郎은 관명으로 郊廟祭祀의 雜役을 담당하였다. 三國시대 魏에서 설치하였고 太常屬官인 太廟令 소속으로 8품이었다. 양진, 남조에도 그대로 두었다. 北魏에는 太常齋郎과 祀官齋郎으로 나누었는데, 孝文帝 太和 17년(493)에 태상재랑은 종7품중에, 사관재랑은

하였다. 이제 주상께서 천신을 받들어 공경하니 지난날의 일
을 거울삼아 바로잡으셔야 한다. 그러므로 예종대성정황제睿
宗大聖貞皇帝를 황지기에 배사하여 (황지기) 신에 짝하여 신주
를 세워야 한다.

이에 의론을 확정하여 황상께 아뢰니, 황상이 그대로 따랐다.[167]

**舊禮：郊祀旣畢, 收取玉帛牲體, 置於柴上, 然後燔於燎壇之上,
其壇於神壇之左. 顯慶中, 禮部尚書許敬宗等因修改舊禮, 乃奏曰：**

구례舊禮는 다음과 같다. 교사郊祀를 마친 뒤 옥백玉帛과 희생을
거두어 섶 위에 올려놓고 그런 연후에 요단燎壇 위에서 태운다. 요단
은 신단 왼쪽에 둔다. (고종) 현경顯慶 연간에 예부상서禮部尚書 허경
종許敬宗 등이 구례(정관례)를 개정하면서 다음과 같이 상주하였다.

謹按祭祀之禮, 周人尚臭, 祭天則燔柴, 祭地則瘞血, 宗

9품중에 임명하였다. 당대 들어와 太常寺에 太廟齋郎 130인, 兩京郊社
署에 郊社齋郎 110인, 鴻臚寺 司儀署에 30인을 설치하였다. 齋郎에 임
명된 자들은 반드시 시험을 거친 5품 혹은 6품관의 자제들로 재직 연수가
오래되면 室長·掌坐·掌次 등에 임명되었다. 본문에서 말한 장좌재랑은
12년 재직 시 수여하는 자리이다. 당대 관리의 자제가 입사하는 경로 중
하나였다. 송대에도 마찬가지로 蔭補로 관리가 되는 방법 중 하나였다.

167) 측천무후가 봉선 때 亞獻한 경우와 위황후가 郊祀에서 아헌한 경우 모
두 전례에 없던 일이므로 皇地祇에 아버지인 睿宗을 配祀하여 禮典을
혁파하였다.

廟則槪蕭灌鬯, 皆貴氣臭, 同以降神. 禮經明白, 義釋甚詳.
委柴在祭神之初, 理無所惑. 是以三禮義宗等並云:「祭天
以燔柴爲始, 然後行正祭. 祭地以瘞血爲先, 然後行正祭.」
又禮論說太常賀循上言:「積柴舊在壇南, 燎祭天之牲, 用
犢左胖, 漢儀用頭, 今郊用脅之九个. 太宰令奉牲脅, 太祝
令奉圭璧, 俱奠燎薪之上.」此卽晉氏故事, 亦無祭末之文
[一六].168) 旣云漢儀用牲頭, 頭非神俎之物, 且祭末俎皆升
右胖之脅. 唯有三禮·賀循旣云用祭天之牲左胖, 復云今儀
用脅九个, 足明燔柴所用, 與升俎不同. 是知自在祭初, 別
燔牲體, 非於祭末, 燒神餘饌. 此則晉氏以前, 仍遵古禮. 唯
周·魏以降, 妄爲損益. 緣告廟之幣, 事畢瘞埋, 因改燔柴,
將爲祭末. 事無典實, 禮闕降神.

삼가 제사의 예를 살펴보니, 주나라 사람은 냄새를 숭상하여
[周人尙臭],169) 하늘에 제사할 때 (희생을) 섶에 불태우고 땅에
제사할 때 (희생을) 땅에 묻으며, 종묘 제사에서 쑥을 태우고
울창주를 붓는데[槪蕭灌鬯],170) 이 모두가 향기와 냄새를 숭상

---

168) [교감기 16] "亦無祭末之文"의 '末'자는 여러 판본에는 원래 '天'으로
되어 있는데, 아래 문장에 '祭末俎'라는 말과 『全唐文』 권152에 의거하
여 수정하였다.

169) 『禮記』「郊特牲」에 "주나라 사람은 냄새를 숭상하여 술을 부어 降神할
적에 울창주의 냄새를 사용하였으니, 울금향초의 즙을 창주에 합하여 그
냄새가 아래로 깊은 샘까지 도달하였다. … 周人尙臭, 灌用鬯臭, 鬱合
鬯, 臭陰達於淵泉."라고 한 데 따른다.

170) 『宋史』「禮」11(길례), "三年親祠, 并祫享及有司攝事, 每室並用太牢及
制幣. 宗廟堂上炳蕭以求陽, 而有司行事炳茅香, 宜易用蕭. 灌鬯於地

하는 것으로 모두 강신의 예에 사용하였습니다. 예경禮經의 경문에 명백히 나와 있고 주석에 매우 자세합니다. 섶 위에 올려 놓는 절차[燎柴]는 신에게 제사하기 시작하는 초반에 진행하는 것은 이론상 의심의 여지가 없습니다. 이 때문에 『삼례의종三禮義宗』[171] 등에서도 모두 말하기를, "하늘에 제사지내는 일은 섶을 불태우는 것을 시작으로 하고 그런 후에 본 제사를 지낸다. 땅에 제사지내는 일은 희생을 묻는 것을 제일먼저 하고 그런 후에 본 제사를 지낸다"라고 하였습니다. 또한 『예론禮論』[172]에서는 태상太常 하순賀循[173]이 상서하여 말하기를, "섶

以求陰, 宜束茅沃酒以象神之飮"라고 하여 종묘의 당상에서 쑥을 불살라 태워 구양하고 땅에서 울창주로 강신례하여 구음한다고 한다고 한 구절로 보아, 여기에서 말하는 '槩蕭'는 쑥을 불사르는 것을 말하는 듯하다. 그 경전적 근거는 『禮記』「郊特牲」에, "周人尙臭, 灌用鬯臭, … 鬱合鬯, 臭陰達於淵泉. 灌以圭璋, 用玉氣也. 旣灌, 然後迎牲, 致陰氣也. 蕭合黍·稷, 臭陽達於牆屋, 故旣奠, 然後炳蕭合羶·薌"라고 한 데에서 찾을 수 있다. '炳蕭'은 쑥을 희생의 고기기름과 함께 태우는 것을 의미한다.

171) 『삼례의종三禮義宗』: 남조 梁代 崔靈恩이 지은 三禮에 관한 책이다. 현재는 남아 있지 않고 목록만 전한다.

172) 『예론禮論』: 『舊唐書』 권46 「經籍志」上 '禮類'에는 "『禮論』三百七卷 何承天撰"이라 하여 307권 분량으로 何承天이 편찬한 책으로 되어 있다. 『宋書』 권64 「何承天傳」에는 원래 800권이었던 것을 종류별로 분류하여 300권으로 정리하였다고 전한다. "禮論有八百卷, 承天刪減幷合, 以類相從, 凡爲三百卷." 何承天은 劉宋 시대 易學과 算學에 뛰어난 천문학자로 「元嘉曆」을 만든 사람이다.

173) 하순賀循(260~319): 東晉 會稽 山陰(현재 浙江省 紹興) 사람. 자는 彦先이다. 박학했고, 글을 잘 지었다. 禮傳에 조예가 깊었으며, 행동거지가 반듯했는데, 모두 예법에 맞춰 움직였다. 秀才로 천거되어 武康令으로

을 쌓아두는 장소는 옛날에는 제단 남쪽에 있어 제천의 희생을
불태웠는데, 송아지의 좌반左胖(왼쪽 갈빗살)을 사용하였다.[174]
한대漢代 의례에서는 머리를 사용하였는데, 현재 교사에서는
갈빗대[脅] 9대를 사용한다. 태재령太宰令이 희생의 갈빗대를
받들고 태축령太祝令은 규벽圭璧을 받들어 함께 섶 위에 놓고
불태워 제사 지낸다"라고 하였습니다. 이것은 진대晉代의 고사
이며, 이 역시 제사 마무리에 한다는 문장은 없습니다. 앞서 한
대 의례에서 희생의 머리를 쓴다고 했는데, 머리는 신조神
俎[175]에 담을 물건이 아니며, 또한 제사 마지막에 사용하는 제

옮겼다. 일찍이 石冰을 토벌했지만 포상은 받지 않았다. 陳敏이 정치를
어지럽히자 병을 핑계로 僞命을 받지 않았다. 진민이 죽은 뒤 불려 吳國
內史가 되었지만 나가지 않았다. 동진에 들어 여러 차례 불렸는데, 太常
의 직위에만 올랐을 뿐이다. 顧榮 등과 晉元帝를 추대했다. 여러 차례
진언을 올려 모두 수용되었을 만큼 그 당시의 儒宗이었다. 左光祿大夫
와 開府儀同三司를 지냈다. 晉나라는 武帝의 뒤를 아들 惠帝가 이었고
그 뒤를 동생 懷帝가, 또 그 뒤를 조카 愍帝가 이었다. 愍帝 때 宗廟를
세우는데, 혜제와 회제를 각각 世로 하면 高祖皇帝로부터 7세가 넘는다
하여 신하들에게 논의케 하였다. 이때 하순이 惠帝와 懷帝는 형제니 1
世로 하자고 했다. 刁協이 이의를 제기했지만 그의 논리가 義理를 갖추
었다고 해 따랐다.

174) 송아지의 좌반左胖을 사용:『儀禮』의 「鄕飮酒禮」·「鄕射禮」·「特牲饋
食禮」의 記文이나 「少牢饋食禮」의 經文에는 모두 右胖 즉 희생의 오
른쪽 갈비살을 사용한다. 그런데『儀禮』「士冠禮」'特豚'에 대한 鄭玄
注에서는 모든 희생은 '左胖' 즉 왼쪽 몸체를 사용한다고 하여 賈公彦은
이에 대해 夏·殷의 법에 의한 것이라고 하였지만(『儀禮注疏』, 51쪽),
凌廷堪은 이것을 變禮의 경우로 파악하였다(『儀禮正義』, 108쪽).

175) 신조神俎 : 보통 俎는 제사용 희생을 올려놓은 도마를 말하는데, 여기에

기에는 모두 우반右胖(오른쪽 갈빗살)의 갈빗대[176]를 올린다고

서 '신조'라 함은 천지 제사에 올리는 조라는 의미로 사용하고 있다. 조는 '大房'·'房俎'라고도 칭한다. 『周禮』 「天官·內饔」에 "왕에게 음식을 올릴 때에는 鼎과 俎를 진설하고 희생의 몸체를 그곳에 담는다.王擧, 則陳其鼎俎, 以牲體實之."고 한 것에 대해 정현은 "鑊에서 꺼내어 鼎에 올리고, 鼎에서 꺼내어 俎에 올린다. 鼎에 올리는 것을 '肴'이라 하고, 俎에 올리는 것을 '載'라고 한다.取於鑊以實鼎, 取於鼎以實俎, 實鼎曰肴實俎曰載."고 하였다. 鑊(고기를 삶는 가마솥)으로 희생의 몸체를 삶는데, 그것이 익으면 꺼내어서 鼎에 담아 올린다. 식사 때가 되면 다시 鼎에서 꺼내어 俎 위에 올려놓고 진설한다. 『禮記』 「明堂位」에 의하면 有虞氏는 '梡俎', 夏后氏는 '嶡俎', 은나라는 '椇俎', 주나라는 '房俎'를 사용했다고 한다.俎, 有虞氏以梡, 夏后氏以嶡, 殷以椇, 周以房俎. 청동기로 만든 것과 나무로 만들고 옷을 칠한 것이 있다. 錢玄, 『三禮辭典』, 江蘇古籍出版社, 1998, 527쪽 참조.

梡俎·嶡俎·椇俎·房俎(『三禮圖』)

176) 우반右胖의 갈빗대 : 『禮記』 「內則」 "鵠·鴞胖"에 대한 鄭玄注에 "반은 갈비뼈 옆의 얇은 고기를 가리킨다.胖, 謂脅側薄肉也."라고 하였다. 또 『儀禮』 「少牢饋食禮」에 "돼지를 희생으로 쓸 경우에는 우반右胖을 올리는데 항문 부위인 髀는 올리지 않는다. 肩(앞다리의 어깨 부분), 臂(넓적다리 부분), 臑(정강이 부분), 膊(뒷다리의 넓적다리 부분), 骼(정강이 부분)과 正脊(등뼈의 앞부분) 하나, 脡脊(등뼈의 중간 부분) 하나, 橫脊(등뼈의 아랫부분) 하나 및 短脅(갈빗대의 뒤쪽 부분) 하나, 正脅(갈빗대의 중간부분) 하나, 代脅(갈빗대의 앞부분) 하나를 쓴다. 등뼈와 갈빗대는 모두 두 뼈로 되어 있다.升豕右胖髀不升肩臂臑膊骼正脊一脡脊一橫脊一短脅一正脅一代脅一皆二骨." 이에 鄭玄注는 "升은 上과 같다. 오른쪽 갈비살[右胖]을 올리는 것은, 周나라에서는 오른쪽을 귀하게 여겼기

하였습니다. 다만 『삼례(의종)』과 하순이 말한 데에서는 제천의 희생은 좌반(왼쪽 갈빗살)을 쓴다고 해놓고 다시 지금의 의례에는 갈빗대[脅] 9대를 쓴다고 했으니, 섶 위에 놓고 불태우는 데 사용하는 것과 제기에 올리는 것이 다름은 분명합니다. 그러므로 제사 시작부터 별도로 희생의 일부를 (남겨) 불태우는 것이지 제사를 마무리하면서 신에게 바친 남은 음식을 (그대로) 불태우는 것은 아닙니다. 이로 보면 진대 이전에는 고례를 그대로 따랐습니다. 다만 북주와 북위 이후에 함부로 (의례를) 고쳤던 것입니다. 종묘에 고하는 제사[告祭]를 지낼 때 사용하던 폐물을 행사 후 땅에 묻었던 것에 의거해서 섶 위에 올려놓고 태우는 의절[번시燔柴]을 고쳐 제사 끝에 (의례 절차를) 두었기 때문입니다. 이러한 일은 전례에 없고 강신의 예를 빠뜨리는 것입니다.

又燔柴·正祭, 牲·玉皆別. 蒼璧蒼犢之流, 柴之所用 ; 四

때문이다. 髀를 올리지 않는 것은 항문 부위여서 천하기 때문이다. 등뼈인 脊과 갈비뼈인 脅은 뼈가 많은데, 여섯 덩이는 각각 두 개의 뼈를 취하여 나란히 하는데, 이는 많은 것을 귀하게 여겨서이다"라고 하였다.

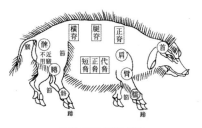

희생 돼지 부위 명칭

圭騂犢之屬, 祀之所須. 故郊天之有四圭, 猶祀廟之有圭瓚.
是以周官典瑞, 文勢相因, 並事畢收藏, 不在燔例. 而今新
禮引用蒼璧, 不顧圭瓚, 遂亦俱燔, 義旣有乖, 理難因襲.

　　또한 번시燔柴와 정제正祭에 사용되는 희생과 폐옥은 각각
다릅니다. 창벽蒼璧과 창독蒼犢(검푸른 송아지)과 같은 부류는
번시에 사용되고 사규四圭와 성독騂犢(붉은 송아지)과 같은 부
류는 제사에 쓰입니다. 그러므로 교천郊天에 사규四圭(유저)를
쓰는 것은 종묘 제사에 규찬圭瓚[177]을 쓰는 것과 같습니다. 이
때문에 『주관周官』「전서典瑞」에서 문맥상 서로 연동하여 모두
제사를 마친 뒤에 거두어 보관하지 불태우는 사례에 두지 않았
습니다. 그런데 지금 신례新禮(현경례)에서는 창벽을 끌어다
쓰면서 규찬은 고려하지 않고 마침내 함께 불태우니 취지가 이
미 어긋나 이치상 그대로 따르기가 어렵습니다.

---

177) 규찬圭瓚 : 울창주를 뜰 때 사용하는 도구이다. 울창주로 降神禮를 행할
　　때 사용하는 것을 祼圭라고 하는데, 규찬은 그러한 규에 술그릇[瓚]이
　　달려 있는 것을 말한다. 손잡이의 형태에 따라 圭瓚과 璋瓚으로 구분되
　　고, 사용자의 신분에 따라 왕은 圭瓚, 王后는 璋瓚으로 구분하여 사용한
　　다. 아래 그림은 宋代 聶崇義의 『三禮圖』와 明代 劉績의 『三禮圖』 '규
　　찬'이다. 경전의 주소 해석을 어떻게 이미지화하는지 잘 드러나 있다.

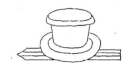

규찬(聶崇義, 『三禮圖』)　　　규찬(劉績, 『三禮圖』)

又燔柴作樂, 俱以降神, 則處置之宜, 須相依準. 柴燔在左, 作樂在南, 求之禮情, 實爲不類. 且禮論說積柴之處在神壇之南, 新禮以爲壇左, 文無典故. 請改燔爲祭始, 位樂懸之南, 外壝之內. 其陰祀瘞埋, 亦請準此.

또한 번시와 음악 연주[作樂]는 모두 강신할 때 행하는데, 번시의 장소와 악현의 설치는 마땅히 서로 기준에 부합해야 합니다. 번시는 왼쪽에서, 음악 연주는 남쪽에서 행하는 것은 예의 정리에 비추어보면 사실 서로 상응하지 않습니다. 또한 『예론』에서는 섶을 쌓아두는 곳을 신단 남쪽이라고 했는데, 신례에서는 제단 왼쪽으로 하고 있으니, 그러한 규정은 전고가 없습니다. 청컨대 번시의 의례를 제사 처음에 두고 그 위치는 악현樂懸의 남쪽이며 외유의 안쪽에 두는 것으로 바꾸어주십시오. 음사陰祀178)에 희생을 묻는 예 역시 이것을 준거로 하기를 청하옵니다.

制可之. 自是郊丘諸祀, 並先焚而後祭.

황제가 제서制書를 내려 허락하였다. 이때부터 교구郊丘의 여러 제사에는 모두 먼저 분향한 후에 제사를 지냈다.

及玄宗將作封禪之禮, 張說等參定儀注, 徐堅·康子元等建議曰:

---

178) 음사陰祀 : 北郊의 地 제사와 社稷 제사를 말한다. 천 제사를 陽祀라고 한다면 地 제사는 陰祀라고 하며 제사 방식도 천 제사는 희생을 불태워 연기를 피워 올리는 燔柴이며, 지 제사는 희생을 땅에 묻는 瘞埋의 방식을 취한다.

현종이 장차 봉선의 예를 행하고자 할 즈음에 장열 등이 참여하여 (봉선)의주를 정하였는데, 서견徐堅과 강자원康子元 등이 다음과 같이 의론을 세워 말하였다.

臣等謹按顯慶年修禮官長孫無忌等奏改燔柴在祭前狀稱「祭祀之禮, 必先降神. 周人尚臭, 祭天則燔柴」者. 臣等按禮, 迎神之義, 樂六變則天神降, 八變則地祇出, 九變則鬼神可得而禮矣. 則降神以樂, 周禮正文, 非謂燔柴以降神也. 案尚臭之義, 不爲燔之先後. 假如周人尚臭, 祭天則燔柴, 容或燔臭先以迎神. 然則殷人尚聲, 祭天亦燔柴, 何聲可燔先迎神手? 又按顯慶中無忌等奏稱「晉氏之前, 猶遵古禮[一七].179) 周·魏以降, 妄爲損益」者. 今按郭璞晉南郊賦及注爾雅:「祭後方燔.」又按宋志所論[一八],180) 亦祭後方燔. 又檢南齊·北齊及梁郊祀, 亦飮福酒後方燔. 又檢後周及隋郊祀, 亦先祭後燔. 據此, 卽周遵後燔, 晉不先燎. 無忌之事, 義乃相乖.

신 등은 현경 연간 수례관修禮官 장손무기長孫無忌 등181)이

---

179) [교감기 17] "猶遵古禮"의 '猶'자는 여러 판본에는 원래 '獨'으로 되어 있는데,『文苑英華』권761·『冊府元龜』권36에 의거하여 수정하였다.

180) [교감기 18] "宋志所論"의 '志'자는 여러 판본에는 원래 '忠'으로 되어 있는데,『通典』권54·『文苑英華』권761·『冊府元龜』권36에 의거하여 수정하였다. '宋志'는『宋書』「禮志」를 가리킨다.

181) 수례관修禮官 장손무기長孫無忌 등:『舊唐書』권45「輿服志」에는 "顯慶元年九月, 太尉長孫無忌與修禮官等奏曰"이라고 하여 현경 원년에 태위 장손무기와 수례관이라고 하고 있다. 상주문에는 長孫無忌와 함께

번시를 제사 전에 두는 것으로 개편한 장계에서 "제사의 예절
은 반드시 먼저 강신을 해야 합니다. 주나라 사람은 냄새를 숭
상하여 하늘에 제사할 때 섶을 태웠습니다[燔柴]"라고 한 안건
을 살펴보았습니다.

　신 등이 예를 살펴보니, 신을 맞이하는 뜻은 음악을 여섯 번
연주하면 천신天神이 강림하고 여덟 번 연주하면 지기地祇가
출현하며 아홉 번 연주하면 귀신에게 예를 갖추게 된다고 하였
습니다.[182] 그러므로 강신에 음악을 연주하는 것이 『주례』에
적혀 있는 정문이고 번시가 강신의 예라고 말한 것은 아닙니
다. 냄새를 숭상한다는 의미를 살펴보면, 번시의 선후를 말한
것은 아닙니다. 가령 주나라 사람이 냄새를 숭상하여 제천시
번시한 것이라면, 어쩌면 먼저 섶을 태워 냄새를 피워 올려 신
을 맞이했을 수도 있습니다. 그렇다면 은나라 사람은 소리를

許敬宗, 于志寧이 郊祀 때 착용하는 복식에 관한 규정을 말하고 있어
허경종과 우지녕 등이 당시 예전을 편찬하거나 담당하던 관리, 즉 修禮
官이었음을 알 수 있다. 長孫無忌는 高宗 이치가 황제가 되는 데 큰
역할을 하여 고종이 즉위한 뒤 顧命大臣으로 太尉 同中書門下3品에
제수되었다. 永徽 연간에 『貞觀律』에 기초하여 『唐律疏議』를 편찬 책
임을 맡았으며, 태종의 정비인 장손왕후의 오빠이며 고종의 외삼촌이기
도한 그는 顯慶 4년에 武后를 세우는 데 반대하다가 허경종의 무고를
받아 제거되었다. 현경 원년인 이때에는 여전히 실질적인 실권자였던 만
큼 율령의 수찬과 더불어 예전의 편찬 책임을 맡았을 것으로 추정된다.

182) 여기에서 말한 예는 『周禮』 「天官·大司樂」의 "圜鍾爲宮, 若樂六變,
天神皆降 ; 若樂八變, 地示皆出 ; 若樂九變, 人鬼可得而禮" 구절을 말
한다.

숭상하였지만 제천할 때에는 역시 번시하였으니 어떤 소리로 번시하여 먼저 영신할 수 있겠습니까?

또 살펴보건대 현경 연간 장손무기 등이 올린 상주문에 "진대 이전에는 여전히 고례를 따랐습니다. 북주와 북위 이후 함부로 개정하였습니다"라고 하였습니다. 지금 곽박郭璞[183]의 「진남교부晉南郊賦」[184]와 『이아주爾雅注』를 살펴보니, "제사한

---

183) 곽박郭璞(276~324) : 東晉 河東 聞喜(현재 山西省 聞喜) 사람. 자는 景純이다. 박학하여 천문과 古文奇字, 曆算, 卜筮術에 밝았고, 특히 詩賦에 뛰어났다. 西晉 말에 長江을 지나다가 宣城太守 殷祐의 參軍이 되어 王導에게 신임을 얻었다. 晉元帝 때 본문에서 말한 「南郊賦」를 지어 원제의 환심을 사 著作佐郎이 되었다. 王隱과 함께 『晉史』를 편찬하고 尙書郎으로 승진하였다. 나중에 王敦의 記室參軍이 되었는데, 점을 쳐서 불길하다며 왕돈의 모반 계획을 만류했다가 왕돈에게 피살당했다. 저서에 『爾雅注』와 『三蒼注』 『方言注』 『山海經注』 『穆天子傳注』 『水經注』 『周易洞林』 『楚辭注』 등이 있다. 그밖에도 『周易體』와 『周易林』 『易新林』 『毛詩拾遺』 등이 있었지만 전해지지 않는다. 문집에 『郭弘農集』이 있다.

184) 晉 郭璞의 「南郊賦」 원문은 다음과 같다. "於是時惟青陽, 日在方旭, 我后將受命靈壇乃改步而鳴玉. 升金軒·撫太僕·揚六轡·齊八駼. 列五幡於一元兮, 靡日月乎黃屋. 矯靈鳥以偵候兮, 整豹尾於後屬. 武騎伉以清道, 被練煥以波燭. 爾乃造曠場戾壇庭, 百寮山立, 萬乘雲縈. 延祝史·肆玉牲·登圓邱揖太清·禮君望·告皇靈·天澄其氣·日朗其精. 飛廉鼓舞於八維兮, 豐隆擊節於九冥. 祝融穆以肅待兮, 陽侯澹以中停. 於是司烜戒燧, 火烈具炳, 宗皇祖而配祀, 增孝思之惟永. 郊竇之內, 區域之外, 雕題卉服, 被髮左帶, 駿奔在壇, 不期而會, 峩峩羣辟, 蚩蚩黎庶, 翹懷聖猷, 思我王度, 事崇其簡, 服尙其素, 化無不融, 萬物自鼓, 振西北之絶維, 隆東南之撓柱, 廓清紫衢電掃神宇, 風馬桂林, 抗旌琳圃, 五岳不足以題其勳, 九韶不足以贊其舞, 饗駭鬼方, 聲振邸隴,

후에야 비로소 태운다祭後方燔”라고 하였습니다.[185] 또 『송서
예지[宋志]』에서 논한 것을 살펴보니,[186] 또한 제사한 후에야
비로소 태웠습니다. 또한 남제南齊·북제北齊 및 양梁나라의 교
사郊祀를 검토해보니,[187] 이 역시 음복 후에 비로소 태웠습니

倒景望風, 龍漢企踵, 爛若列星之環辰, 咸雲騰而海涌, 此蓋和氣旁通,
玄羅潛總, 自然之感鼓而遂動.”(『藝文類聚』권38「禮部」上 ‘郊丘’편에
서 재인용)「남교부」에서 “延祝史·肆玉牲”라고 한 부분과 “於是司烜
戒燧, 火烈具炳” 이 부분이 희생과 관련된 구절이지만, 이 내용만으로
는 “제사후 태운다”는 근거를 찾을 수 없다.

185) 『爾雅』「釋天」에 “祭天曰燔柴”라고 하였고 그 주에 제사를 지낸 후 섶
에 쌓아놓고 불태운다고 하였다.“旣祭, 積薪燒之.”

186) 『宋書』「禮志」3에 “영초 원년 6월 정묘일 남교에 제단을 설치하고 황제
의 인수를 받아 섶을 태워 하늘에 고하는 제사를 지내다.永初元年六月
丁卯, 設壇南郊, 受皇帝璽紱, 柴燎告類.”라고 하였으며, 『宋書』권3
「孝武本紀」에는 “영초 원년 여름 6월 정묘일 남교에 단을 설치하고 황
제의 위에 올라 섶을 불태워 하늘에 고하는 제사를 올리다.永初元年夏
六月丁卯, 設壇於南郊, 即皇帝位, 柴燎告天.”라고 하였다. 이밖에 삼국
중 蜀의 劉備도 章武 元年에 황제에 즉위하여 고제를 지낼 때, “謹擇元
日, 與百僚登壇, 受皇帝璽綬. 修燔瘞, 告類于大神. 惟大神尙饗!”이라
고 하였다.

187) 남제의 경우는 『南齊書』권2「高帝本紀」에 “乾元 元年 하사월 갑오일
에 상이 남교에서 황제의 위에 올랐고 단을 설치하고 섶을 불태워 하늘
에 고하는 제사를 지냈다.建元元年夏四月甲午, 上即皇帝位於南郊, 設
壇柴燎告天.”라고 하였다. 북제의 경우 『北齊書』권4「文宣帝本紀」
“(天保 元年) 戊午, 乃即皇帝位於南郊, 升壇柴燎告天”라고 하였다.
梁의 경우 『梁書』권2「武帝本紀」에 “天監元年夏四月丙寅, 高祖即皇
帝位於南郊. 設壇柴燎, 告類于天”라고 하였다. 남제, 북제, 양의 ‘柴燎’
의 사례는 모두 전대의 황제로부터 선양을 받아 즉위하면서 告天하는

다. 또 후주後周(북주)와 수隋나라 교사를 검토해보니,[188] 마찬가지로 먼저 제사하고 난 뒤에 태웠습니다. 이것을 근거로 할 때 북주는 제사 후 불태우는 방식[後燔]을 따랐으며, 진晉나라는 번시의 예를 먼저 하지 않았습니다. 장손무기의 개편안(번시를 제사 전에 하는 일)은 그 의미가 서로 모순됩니다.

又按周禮大宗伯職:「以玉作六器, 以禮天地四方.」注云 :「禮爲始告神時薦於神座也.」下文云:「以蒼璧禮天, 以黃琮禮地, 皆有牲幣, 各如其器之色.」又禮器云:「有以少爲貴者, 祭天特牲.」是知蒼璧之與蒼牲, 俱各奠之神座, 理節不惑. 又云:「四圭有邸, 以祀天・旅上帝.」即明祀昊天上帝之時, 以旅五方天帝明矣. 其青圭・赤璋・白琥・玄璜, 自是立春・立夏・立秋・立冬之日, 各於其方迎氣所用, 自分別矣. 今按顯慶所改新禮, 以蒼璧與蒼牲・蒼幣, 俱用先燔. 蒼璧旣已燔矣, 所以遂加四圭有邸, 奠之神座. 蒼牲旣已燔矣,

경우였다. 일반 교사에서 번시하는 경우는 『宋書』「禮志」3에 인용된 宋孝武帝 大明 五年 四月 庚子일 有司의 상주문에, "且郊有燔柴, 堂無禋燎, 則鼎俎彝簋, 一依廟禮"라고 하여 교사와 명당 예의의 차이점을 설명하는 가운데 교사를 지낼 때의 燔柴의 사례가 보인다. 하지만 이것만으로 번시의 절차가 제례가 끝난 뒤의 근거가 될 수는 없다.

188) 북주의 경우는 『周書』 권3 「孝愍帝本紀」 "元年春正月辛丑, 即天王位. 柴燎告天, 朝百官於路門"이라고 하였다. 수의 경우는 『隋書』 권8 『禮儀志』3 '巡狩'례에서 "隋制, 常以仲春, 用少牢祭馬祖於大澤, 諸預祭官, 皆於祭所致齋一日, 積柴於燎壇, 禮畢, 就燎"라고 하여 예를 마친 뒤 柴燎하였다고 하여 수대의 경우는 분명 예를 마친 뒤 柴燎하고 있다.

所以更加騂牲, 充其實俎. 混昊天於五帝, 同用四圭 ; 失特
牲之明文, 加爲二瀆. 深乖禮意, 事乃無憑.

또 『주례』 「대종백大宗伯」의 직에 "옥으로 육기六器[189]를 만
들어 천지 사방에 예를 갖춘다.以玉作六器, 以禮天地四方."라고
하였고, 그 주에 "예禮는 처음 신에게 고할 때 신좌에 제물을
바치는 것을 말한다"라고 하였습니다. 그 다음 문장에 "창벽으
로 하늘에 예를 갖추고 황종으로 땅에 예를 갖춘다. 모두 희생
과 폐백을 쓰는데, 각각 옥기의 색깔에 맞춘다"라고 하였습니
다. 또 (『예기』) 「예기禮器」에 "적음을 귀히 여기는 때가 있다.
하늘에 제사지낼 경우 한 마리 희생을 사용한다"라고 하였습
니다.

이것을 보면 창벽과 창생이 모두 함께 각 신좌에 차려지는
것은 도리에 합당하여 의심의 여지가 없음을 알 수 있습니다.
또한 "사규유저四圭有邸로 천에 제사하고 상제에 여旅 제사[190]
를 지낸다"[191]라고 하였으니, 이는 분명 호천상제에 제사를 지
낼 때 오방천제五方天帝에 여 제사를 지냄이 분명합니다. 청규

---

189) 육기六器 : 정현은 이에 대해 별다른 주를 달지 않았으나 다음 단락에서
天에는 蒼璧, 地에는 黃琮, 사방에는 靑圭·赤璋·白琥·玄璜로 신에게
예를 갖춘다 하였으니, 여기에서는 천지 사방의 신에게 예를 갖출 옥을
말한다.

190) 여旅 제사 : 산에 지내는 제사(『尙書』 「禹貢」의 "蔡蒙旅平"에 대한 『傳』
에 "祭山曰旅") 혹은 나라에 재난이 있을 시 지내는 제사를 旅 제사라고
한다. 『周禮』 「天官·掌次」의 "王大旅上帝"의 정현의 주에 "大旅上帝
祭於圜丘. 國有故而祭, 亦曰旅."

191) 사규유저四圭有邸로 … 지낸다 : 출처는 『周禮』 「春官·典瑞」이다.

青圭·적장赤璋·백호白琥·현황玄璜[192])은 입춘立春·입하立夏·입추立秋·입동立冬 일에 각각 해당 방위에서 영기迎氣할 때 사용하는 것으로 각각 구별됩니다. 지금 현경 연간에 개편한 신례를 살펴보면 창벽과 창생, 창폐蒼幣를 모두 함께 먼저 번시의 예를 행합니다. 창벽이 이미 불태워 사용되었기 때문에 마침내 사규유저를 추가하여 신좌에 바칩니다. 창생이 이미 불태워졌으니 붉은 말 희생[騂牲]을 다시 추가하여 제기를 채웁니다. 호천과 오제를 함께 섞어 모두 사규를 사용하고 한 마리 희생을 쓴다는 명문과 어긋나게 한 마리를 더하여 두 마리가 되었습니다. 예의 본뜻과 크게 어긋나고 행사도 근거할 바가 없습니다.

考功員外郎趙冬曦·太學博士侯行果曰:「先焚者本以降神, 行之己久. 若從祭義, 後焚爲定〔一九〕.[193])」中書令張說執奏曰:「徐

192) 청규青圭·적장赤璋·백호白琥·현황玄璜: 청규는 입춘에 동방 창제에 제사지낼 때 사용하는 옥이다. 적장은 입하에 남방 적제, 백호는 입추에 서방 백제, 현황은 입동에 북방 흑제에 해당한다. 섭숭의의 『삼례도집주』 권12 「祭玉圖」에 靑圭·赤璋·白琥·玄璜의 도상이 들어 있다.

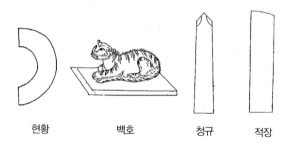

현황　　　백호　　　청규　　　적장

堅等所議燔柴前後, 議有不同. 據祭義及貞觀[二〇].194) 顯慶已
後, 旣先燔, 若欲正失禮, 求祭義, 請從貞觀禮. 如且因循不改, 更
請從顯慶禮. 凡祭者, 本以心爲主, 心至則通於天地, 達於神祇. 旣
有先燔·後燎, 自可斷於聖意, 聖意所至[二一],195) 則通於神明.
燔之先後, 臣等不敢裁定.」玄宗令依後燔及先奠之儀. 是後太常
卿寧王憲奏請郊壇時祭, 並依此先奠璧而後燔柴·瘞埋, 制從之.

고공원외랑考功員外郎 조동희趙冬曦와 태학박사太學博士 후행과侯
行果는 다음과 같이 말하였다.

---

193) [교감기 19] "若從祭義後焚爲定" 이곳은 오류가 의심된다. 『通典』 권54
에 이 두 구절은 "만약 제사를 지낸 후 (희생을) 불태운다면 신은 의지하
여 강림할 방법이 없을 것若設祭後燔, 則神無由降矣"로 되어 있다. 『合
鈔』 권27 「禮志」의 小注에는 "조동희와 후행과는 모두 먼저 불태우기를
주장하여 서견의 의론을 반박하였는데, 만일 『舊唐書』 「禮儀志」에서 말
한 대로 한다면 이 역시 제사 후에 불태우는 것이 된다. 『通典』에서 말한
대로 따르는 것이 더 타당해 보인다.冬曦·行果皆主先燔以駁徐堅之議
者, 如舊書所云, 則亦從後燔矣. 疑當從通典爲長."라고 하였다. 『冊府
元龜』 권36에는 이 구절이 없다.
194) [교감기 20] "據祭義及貞觀" 이 구절은 『合鈔』 권27 「禮志」小注, 『殿
本考證』, 『校勘記』 권11에서 모두 '貞觀' 뒤에 탈문이 의심된다고 보았
다. 『殿本考證』은, "貞觀 두 글자 뒤에 빠진 문장이 의심된다. 아마도
정관 연간에 시행한 것이 제의에 부합하고 현경 연간 이후에는 제사의
의의를 잃었다.貞觀所行, 合于祭義, 顯慶後乃失也."라고 하였다. 『新
舊唐書合鈔補正』 권2에는, "앞의 '後燔爲定' 구절이 '정관' 뒤에 와야
된다고 본다."라고 하였다.
195) [교감기 21] "自可斷於聖意聖意所至"의 '聖意'는 여러 판본에는 원래
중복되어 있지 않은데, 『通典』 권54와 『冊府元龜』 권36에 의거하여 보
충하였다.

먼저 번시를 행하는 것은 본래 강신하기 위해서이며 행해진 지는 오래되었습니다. 만약 제사의 취지를 따른다면 번시를 뒤에 행하는 것으로 정하도록 하십시오.

중서령 장열은 상주하여 다음과 같이 말하였다.

서견徐堅 등이 말한 번시를 제사 전에 하느냐 뒤에 하느냐에 관해서 의견이 서로 같지 않습니다. 제사의 취지와 「정관례」를 근거로[196] 현경 연간 이후부터 이미 먼저 번시를 하였으니 만약 예에 어긋난 것을 바로잡고 제사의 취지에 근거하려면 「정관례」를 따르도록 하십시오. 만약 이전대로 따라하고 개정하지 않으려 한다면 다시 「현경례」를 따르도록 하십시오. 무릇 제사란 본래 마음이 주가 되니, 마음이 이르면 천지에 통하고 신기에 도달하는 법입니다. 이미 먼저 번시를 행한 것도 있고 뒤에 행한 것도 있으니, 성상의 의지로 결단할 수 있으며 성상의 뜻이 가는 곳에 신명과 통하게 되어 있습니다. 번시를 먼저 하느냐 뒤에 하느냐에 대해 신 등은 감히 확정할 수 없습니다.

현종은 제사 후 번시하고 먼저 제물을 바치는 의식을 따르도록 하였다. 이후 태상경太常卿 영왕寧王 이헌李憲[197]이 상주하여 교단

---

196) [교감기 20]에 의하면, 정관례 다음에 탈문이 의심된다고 하였다.
197) 이헌李憲(679~742) : 당 睿宗 李旦의 長子이다. 원래 이름은 成器이다. 모친은 睿宗의 원비인 肅明劉皇后이다. 원래 태자였으나 동생인 李隆基에게 양위하였다. 太子太師·太尉를 역임하였으며 寧王에 봉해졌다. 자숙하며 국사에 관여하지 않아 현종에게 존중받았다. 시가에 능하였고

에서 제사할 때에도 이 원칙에 따라 먼저 옥을 바친 다음 번시하거나 땅에 묻을 것을 청하니, 황제가 제를 내려 그대로 하도록 하였다.

時又有四門助教施敬本駁奏舊封禪禮八條, 其略曰 :

당시 또 사문조교四門助敎[198] 시경본施敬本[199]이 이전 봉선례에 대해 8가지 조목을 들어 반박하였는데, 그 대략은 다음과 같다.[200]

舊禮, 侍中跪取匜沃盥, 非禮也. 夫盥手洗爵, 人君將致潔而尊神, 故能使小臣爲之[二二].[201] 今侍中, 大臣也, 而沃盥於人君[二三][202] ; 太祝, 小臣也, 乃詔祝於天神. 是接

음률에도 정통하였다고 한다. 사후 讓皇帝로 추존되었다.

198) 사문조교四門助敎 : 북제 때 처음 설치하였으며 사문박사를 도와 사문학생들을 가르치는 일을 보조하는 일을 담당하였다. 正員은 20명이다. 수초에도 그대로 따라 설치하였는데, 정원은 5인이고 종9품이었다. 文帝開皇 13년(593)년에 없앴다. 당대에는 國子監 四門館에 3~6명을 설치하였고 종8품상이었다.

199) 시경본施敬本(미상) : 당 潤州 丹陽(현재 江蘇省 鎭江市) 사람. 玄宗開元 연간에 四門助敎였으며 太常博士로 集賢院에서 修撰을 담당하다가 右補闕·秘書郞으로 옮겼다.

200) 상주문에는 8가지 조항을 서술하였는데, 「禮儀志」에는 다 싣지 않고 3가지 사항만 언급한 것을 말한다.

201) [교감기 22] "故能使小臣爲之"의 '能'자는 연문으로 의심된다. 『通典』 권54에는 '能'자가 없고, 『冊府元龜』 권36에는 '能使' 두 글자가 없다.

202) [교감기 23] "而沃盥於人君"의 '沃盥'은 여러 판본에는 원래 '盥沃'으로 되어 있는데, 『通典』 권54와 『冊府元龜』 권36에 의거하여 수정하였다.

天神以小臣, 奉人君以大臣, 故非禮. 按周禮大宗伯曰:「鬱
人, 下士二人, 贊祼事.」則沃盥此職也. 漢承秦制, 無鬱人
之職, 故使近臣爲之. 魏‧晉至今, 因而不改. 然則漢禮, 侍
中行之則可矣, 今以侍中爲之, 則非也. 漢侍中, 其始也微.
高帝時籍孺爲之, 惠帝時閎孺爲之, 留侯子辟强年十五爲之.
至後漢, 樓堅以議郎拜侍中, 邵闔自侍中遷步兵校尉, 秩千
石, 少府卿之屬也. 少府卿秩中二千石, 丞秩千石, 侍中與
少府丞班同. 魏代蘇則爲之. 舊侍中親省起居, 故謂之「執
獸子」. 吉茂見謂之曰, 「仕進不止執獸子」, 是言其爲褻臣
也. 今侍中, 名則古官, 人非昔任, 掌同爕理, 寄實鹽梅, 非
復漢‧魏「執獸子」之班, 異乎同禮鬱人之職. 行舟不息, 墜
劍方遙, 驗刻而求, 可謂謬矣.

　구례舊禮에 시중侍中이 무릎을 꿇고 주전자를 취하여 대야
에 물을 붓도록 되어 있는데, 이는 예가 아닙니다. 무릇 대야에
손을 씻고 술잔을 가시는 것은 군주가 장차 정결한 상태로 신
을 받들기 위함이니, 그러므로 소신小臣에게 그 일을 하게 합
니다. 지금의 시중은 대신인데, 군주(가 손을 씻을 때) 대야에
물을 붓고 있습니다. 태축太祝은 소신인데, 천신에게 축원을
고하고 있습니다. 이는 소신이 천신을 접하고 대신이 군주의
시중을 들고 있는 것입니다. 그러므로 예가 아닙니다.

　『주례』「대종백」을 살펴보면 "울인鬱人은 하사下士가 2인이
며 강신례를 돕는다"라고 하였으니, 대야에 물을 붓는 일은 바
로 이 직임입니다. 한나라는 진秦나라 제도를 계승하여 울인의
직임이 없었기 때문에 근신近臣에게 그 일을 시켰습니다. 위진
이래 지금에 이르기까지 그대로 따라 행하며 고치지 않았습니

다. 그런즉 한나라 예법에서 시중侍中이 그 일을 행하는 것은 가능하지만, 지금 시중이 그 일을 하는 것은 예가 아닙니다. 한 나라 때 시중은 처음에 말단 관직이었습니다. 고제高帝 때 적 유籍孺가 그 일을 했고 혜제惠帝 때에는 굉유閎孺가 했으며,203) 유후留侯의 아들 벽강辟彊이 나이 15세에 그 일을 했습니다.204) 후한에 이르러 누견樓堅이 의랑議郎으로 시중侍中에 제수되었 고, 소합邵闔이 시중에서 보병교위步兵校尉로 승진하였는데, 질秩은 천석이며 소부경少府卿의 속관이었습니다. 소부경의 질 석은 중이천석이며, 그 승丞은 질 천석이니, 시중과 소부승은 반열이 같습니다. 위나라 때에는 소칙蘇則205)이 그 일을 했습 니다. 옛날 시중은 황제의 기거를 직접 살폈는데, 그러므로 '집 수자執獸子'라고 불렀습니다.206) 길무吉茂207)가 그를 보고 "벼

---

203) 『史記』 권125 「佞倖列傳」에 의하면 고제 때 적유와 혜제 때 굉유는 색 으로 황제의 총애를 받던 인물이라 하였지 시중이란 벼슬을 지낸 적은 없었다. 다만 "혜제 때 낭과 시중들은 모두 관에 준의라는 깃털 장식과 조개껍질로 만든 띠, 얼굴에 지분을 바르고 굉유와 적유를 따르아였다 (故孝惠時郎侍中皆冠鵔鸃, 貝帶, 傅脂粉, 化閎·籍之屬也)"라고 한 구절이 보인다.

204) 『史記』 권9 「呂后本紀」에 "유후의 아들 장벽강을 시중으로 삼았는데, 나이 15세였다.留侯子張辟彊爲侍中, 年十五"라고 하였다. 留侯는 張 良을 말한다. 벽강은 그의 장자이다.

205) 소칙蘇則(?~223) : 三國시대 曹魏 扶風 武功(현재 陝西省 武功 西) 사 람. 조비에게 불려가 侍中의 직을 맡았고, 성정이 강직하여 후에 黃初 4년(223)에 東平相으로 좌천되었다가 미처 부임하지 못하고 병사하였다.

206) 집수자執獸子 : 출처인 『魏略』에는 '執虎子'로 되어 있다. "『魏略』曰 : 舊儀, 侍中親省起居, 故俗謂之執虎子." 李虎의 '虎'를 기휘하여 '집수

슬길이 집수자에 그치지 않을 것이다”라고 하였으니,[208] 이는 그 직이 설신藝臣[209](편하게 부리는 근신)을 말한 것입니다. 지금의 시중은 명칭은 옛 관직이지만 사람은 옛날의 그 직임이 아니며, 직무는 음양을 다스리는 것[燮理][210]을 (군주와) 함께

자’라고 한 것으로 보인다. 이와 관련하여 『隋書』 권12 「禮儀志」7 ‘鹵簿’ 조에 侍位에 대해 황제의 침실을 경호하며 모두 무장하는데 왼쪽에는 용환의 장도를, 오른쪽에는 수환의 장도를 쥔다고 설명하고 있다. “中侍, 掌御寢之禁, 皆金甲, 左執龍環, 右執獸環長刀, 並飾以金.” 이것을 보면 여기에서 말하는 속세에서 시중을 ‘집호자’라고 한 것은 구체적으로는 ‘執獸環長刀’임을 알 수 있다.

207) 길무吉茂(미상) : 三國시대 曹魏 馮翊郡 池陽縣(현재 陜西省 涇陽縣 西北) 사람. 字는 叔暢이며, 대대로 명문세족으로 이름을 날렸으며, 책을 매우 좋아하여 장서가로도 이름이 났다. 東漢 말년 三輔에 대란이 났을 때 建安 初年에 蘇則과 함께 武功 南山에 수년 동안 은거하였다. 茂才로 추천되었다가 臨汾縣令에 임명되었는데, 청렴하기로 이름이 높았다. 建安 23년(218)에 같은 종가 吉本 등의 모반에 연루되어 하옥되었다가 鍾繇 덕분에 풀려나 酇相, 議郎까지 지냈다.

208) 이 고사는 『三國志』 「魏書·蘇則列傳」 注에 실린 『魏略』에 보인다. 길무가 소칙을 보고 이렇게 말한 이유는 소칙의 행위를 보고 조롱해서였다. 한나라가 조위에게 선양을 하자 처음에 발상을 하고 곡을 했다가 헌제가 살아 있다는 얘기를 듣고 침묵했기 때문이다. “『魏略』曰 : 舊儀, 侍中親省起居, 故俗謂之執虎子. 始則同郡吉茂者, 是時仕甫歷縣令, 遷爲宂散. 茂見則, 嘲之曰 : 「仕進不止執虎子.」”

209) 설신藝臣 : 『禮記』 「檀弓」下의 “調也, 君之藝臣也”에 대한 鄭玄注에, “藝, 嬖也”라고 되어 있다.

210) 섭리燮理 : 재상의 직임을 표현하는 말이다. 『尙書』 「周官」에 “立太師·太傅·太保, 茲惟三公, 論道經邦, 燮理陰陽”라고 한 데에서 음양을 조화롭게 한다고 되어 있다. 삼공의 역할은 나라를 다스리는 일뿐만 아

하고 맡겨진 임무는 실로 국정이니[寄實鹽梅],211) 한위시대 '집
수자'와 같은 반열이 아니며, 『주례』「울인」의 직장과도 다릅
니다. 운행하는 배가 쉼이 없어 떨어진 칼은 벌써 멀어졌는데,
배에 새겨 칼을 찾고자 하는 격[刻舟求劍]이니,212) 잘못되었다
고 할 수 있습니다.

　夫祝以傳命, 通主人之意以薦於神明, 非賤職也. 故兩君
相見, 則卿爲上儐. 況天人之際[二四],213) 其肅恭之禮, 以
兩君爲喩, 不亦大乎! 今太祝, 下士也, 非所以重命而尊神之
義也. 然則周·漢太祝, 是禮矣. 何者? 按周禮大宗伯曰:「太
祝, 下大夫二人, 上士四人, 掌六祝之辭.」 大宗伯爲上卿,
今禮部尚書·太常卿比也 ; 小宗伯中大夫, 今侍郞·少卿比
也 ; 太祝下大夫, 今郞中·太常丞比也 ; 上士四人, 今員外
郞·太常博士之比也. 故可以處天人之際, 致尊極之辭矣.

니라 왕을 도와 음양이 순조롭게 운행되도록 한다는 데에서 재상의 직을
가리키는 말이 되었다.

211) 『尙書』「說命」下에 나오는 말이다. "만약 양념을 넣은 국을 만들려거든
　　그대가 소금과 매실이 되어주오.若作和羹, 爾惟鹽梅."라고 하였고, 그
　　孔傳에, "소금은 짜고 매실은 시어 국에는 반드시 짜고 신 맛을 가미해
　　야 한다.鹽鹹梅醋, 羹須鹹醋以和之."라고 하였다. 그리하여 '鹽梅之寄'
　　라고 중임을 위탁한다는 사자성어가 생겨났다. 흔히 왕이 재상과 같은
　　고관을 임명할 때 상투적으로 사용하는 용어이다.

212) 刻舟求劍의 고사 성어를 풀이한 것으로, 『呂氏春秋』「察今」편에 나온다.

213) [교감기 24] "況天人之際"의 '際'자는 여러 판본에는 원래 '祭'로 되어
　　있는데, 『通典』 권54·『唐會要』 권8·『冊府元龜』 권36에 의거하여 수정
　　하였다.

又漢太祝令, 秩六百石, 與太常博士同班. 梁太祝令, 與南臺御史同班. 今太祝下士之卑, 而居下大夫之職[二五],214) 斯又刻舟之論, 不異於前矣.

　무릇 축祝은 왕의 명령을 전달하여 주인의 뜻을 파악하여 신명에게 바치는 역할을 하니, 이는 천한 직무가 아닙니다. 그러므로 두 명의 군주가 서로 만날 때 경卿으로서 상빈上儐이 됩니다. 하물며 천과 인간 사이의 엄숙하고 공경하는 의례는 두 군주(가 만나는 것)에 비견되니, 어찌 그 임무가 크다 하지 않을 수 있겠습니까! 지금 태축은 하사이니,215) 이는 군주의 명령을 중시하고 신을 받드는 취지가 아닙니다. 그런즉 주대나 한대의 태축의 경우는 예에 맞습니다. 왜 그럴까요? 『주례』「대종백」에는 "태축은 하대부下大夫 2인과 상사上士 4인을 두며 육축六祝의 축사祝辭를 담당한다"216)라고 하였습니다. 대종백은 상경이니 오늘날 예부상서禮部尙書217)와 태상경太常卿218)에 비견되고,

----

214) [교감기 25] "而居下大夫之職"은 『冊府元龜』 권36에는 '居'자 뒤에 '古'자가 더 있다.

215) 태축은 하사 : 당대 太祝은 太常寺의 속관으로 질록은 정9품상이며 3인을 두었다. 太祝을 下士라고 하는 것은 다음 구절에 인용된 『周禮』「春官·太祝」의 경문에 하대부 1인과 상사 2인이 있고 이 하대부는 당대 예부상서, 상사는 태상경에 해당되고 당대 태축이 질록이 정9품상이므로 하사에 해당된다는 의미이다.

216) 출처는 『周禮』「春官·太祝」이며, 여기에서 말한 六祝은 "順祝, 年祝, 吉祝, 化祝, 瑞祝, 筴祝"이다.

217) 예부상서禮部尙書 : 尙書 禮部의 장관으로서 正3品이며 1인을 두었다. 그 휘하에는 통판관 정4품하 侍郞 1인과 그 예하에 禮部·祠部·膳部

소종백小宗伯은 중대부中大夫로 오늘날 시랑侍郞과 (태상)소경
少卿[219])에 비견되며, 태축太祝은 하대부下大夫이니, 오늘날 낭
중郞中과 태상승太常丞[220])에 비견되고, 상사上士 4인은 오늘날
원외랑員外郞과 태상박사太常博士[221])에 비견됩니다. 그러므로
천과 인간 사이에 처하여 존극尊極(至尊, 황제)의 말을 바칩니
다. 또 한대 태축령太祝令은 질 600석으로 태상박사와 반열이
같았습니다. 양대 태축령은 남대어사南臺御史[222])와 반열이 같
았습니다. 오늘날 태축은 하사라는 낮은 신분으로 (고대) 하대
부의 직책에 거하고 있으니,[223]) 이 또한 각주구검과 같은 논의

· 主客의 4司에 判官과 主典이 있다.

218) 태상경太常卿 : 특별 관부 9寺의 하나인 太常寺의 장관이며 정3품이다.
태상시에는 태상경 1인 외에 통판관 정4품상 太常少卿 2인, 판관 종5품
상 太常丞 2인, 구검관 종7품상 主簿 2인과 종9품상 錄事 2인, 주전
유외관 府(12인) 史(23인)이 있다.

219) (태상)소경少卿 : 통판관 정4품상이다.

220) 태상승太常丞 : 판관 종5품상이다.

221) 태상박사太常博士 : 종7품상이며 4인을 두었다. 유외관 謁者 10인이 있다.

222) 남대어사南臺御史 : 南臺는 남쪽에 위치하였기 때문에 붙여진 御史臺
의 별칭으로, 남북조 때 이와 같이 불렸다. 『通典』 권24 「職官」6, "御史
臺 … 梁及後魏·北齊, 或謂之南臺. 後魏之制, 有公事, 百官朝會, 名簿
自尙書令·僕以下, 悉送南臺." 『唐六典』 「太祝令」조에 의하면, "(양대)
『양선부』에 태축령은 이묘령의 품계와 질록이 같다. 『梁選簿』 : "太祝令與
二廟令品秩同."라고 되어 있다. 二廟令은 『隋書』 권26 「百官」上에 의하
면 제二班에 해당, 양대 18반 제도에서 제2반은 아래에서 2번째에 해당
하는 품관이다. 또한 국자조교는 晉代에 관품이 남대어사에 비견되고
양대에는 제2반에 해당한다고 하였으니 양대 태축령이 남대어사급이라
함은 태축령이 제2반에 속한다고 보는 것이 옳다.

로 앞에서 말씀드린 것과 다를 바가 없습니다.

又曰:

또 다음과 같이 말하였다.

　　舊禮, 謁者引太尉升壇亞獻, 非禮也. 謁者已賤, 升壇已
重, 是微者用之於古, 而大體實變之於今也〔二六〕.[224] 按
漢官儀: 尚書御史臺官屬有謁者僕射一人, 秩六百石, 銅印
青綬; 謁者三十五人, 以郎中滿歲稱給事, 未滿歲稱灌謁者
〔二七〕.[225] 又按漢書百官公卿表: 光祿勳官屬有郎中·員外,
秩比二千石; 有謁者, 掌賓讚受事, 員七十人, 秩比六百石.
古之謁者, 秩異等, 今謁者班微, 以之從事, 可謂疏矣.

---

223) 여기에서 태축을 하대부의 지위에 거한다고 한 것은 [교감기 25]에서
지적했듯이 태축은 당대 현재 하사에 해당하며 고대 하대부의 지위에
거한다고 해야 문맥상 맞다.

224) [교감기 26] "微者用之於古而大體實變之於今也" 이 두 구의 문자는
아마도 오류가 있어 보인다. '微者'는 聞本·殿本·懼盈齋本·廣本에는
모두 같지만, 局本과 『通典』 권54에는 '微名'으로 되어 있다. 『冊府元
龜』 권36 이 부분에는, "是微名用之, 欲合於古, 而不知戾於古而變於
今也"으로 되어 있다.

225) [교감기 27] "未滿歲稱灌謁者"의 '灌'자는 여러 판본에는 원래 '權'으로
되어 있다. 張森楷의 『校勘記』에, "權은 당연히 灌이 되어야 한다. 『漢
志』로 증명할 수 있다.(『後漢書』「百官志」2를 참조) 東西京官 중에 權
으로 칭하는 관직은 없다"라고 하였다. 이것에 의거하여 '灌'으로 수정하
였다.

구례에 알자謁者226)가 태위太尉를 인도하여 단에 올라 아헌을 하도록 하는데, 예가 아닙니다. 알자의 신분은 미천한데 단에 오르는 일은 중요합니다. 이는 미천한 자가 고대에 맞추어 쓰인 것이지만 그 대체가 실은 오늘날에 변화한 것입니다. 『한관의漢官儀』에 따르면 "상서어사대尙書御史臺227) 관속에 알자

226) 알자謁者 : 전국시대에 齊, 秦, 楚 등에서 처음으로 설치하였다. 이 관직은 賓客을 맞아들여서 君主에게 謁見시키거나 그들이 바라는 일들을 접수하여 돕는 일을 관장하였다. 漢은 秦의 제도를 계승하여 역시 謁者를 설치하여 光祿勳에 소속시켰다. 定員은 70명이고 官秩은 比六百石이었다. 대부분 孝廉을 통해서 선발하였는데, 그 중에서 賓客의 접대에 능한 자를 謁者에 임명하였고 때로는 외모가 단정하거나 목소리가 크고 또렷한 郎中 중에서 선발하여 謁者에 보임하였다. 정해진 직무는 없다. 때로는 황제의 명령을 받들어서 諭示를 전달하였고, 때로는 大臣을 체포하였으며 때로는 일을 받아서 使臣으로 나갔는데, 모두 정황에 따라서 명칭이 달랐다. 예를 들어서 謁者들을 총관하는 장관은 '謁者僕射' 혹은 '大謁者'로 칭하였다. 內廷에서 供奉하는 자들은 '中謁者' 혹은 '中宮謁者'라 불렸고, 황제를 近侍하면서 給事하는 자들은 '常侍謁者'로 불렸으며, 황제의 명령을 받들어서 주로 江과 堤防에 관한 업무를 담당하는 자들은 '河堤謁者'라 불렸고, 郎中으로서 謁者에 임명된 자는 '謁者郎中'이라 불렸다. 처음으로 謁者가 된 자는 '灌謁者'라 불렸고, 謁者로서 만 1년이 지난 자는 '給事謁者'라 불렸다. 이와 비슷한 일을 하는 사람들은 대부분 謁者로 통칭되었다. 『중국정사외국전 역주 : 후한서』「남흉노」, 동북아역사재단, 2004 참조.

227) 상서어사대尙書御史臺 : 상서성을 말한다. 後漢에서는 尙書(의 官府)를 '臺'라 칭하였다. 魏・晉 이래 '省'으로 바뀌었고, 唐도 이를 이었다. 龍朔 2년(662) '中臺'로 고쳤다가 咸亨 元年(670)에 復舊했다. 光宅 元年(684)에 '文昌臺'로 고쳤다가 長安3년(703)에 다시 '中臺'로 바꾸었고, 神龍(705~706)初에 復舊했다.

복야謁者僕射 1인이 있으며 질 600석이고 동인銅印에 청수靑綬
를 한다,"[228] "알자는 35인으로 낭중 가운데 1년이 된 자를 급
사給事라고 하고 1년이 못 된 자를 관알자灌謁者라고 한다"고
하였습니다.[229] 또 『한서』「백관공경표」를 살펴보면 "광록훈光

---

228) 『後漢書』「輿服志」下 '黑綬'조 주에 나온다. 補注에는 "『한관』에 상서
복야는 동인에 청수를 한다.漢官曰 : 尙書僕射, 銅印靑綬."고 되어 있
다. 綬(인끈)은 인장의 꼭지[鈕]에 매는 끈을 말한다. 한대에는 인장 사
용이 보편화되면서 관원들은 업무 편의를 위해 인장을 항상 몸에 지녀야
했는데 인장을 차고 다닐 때 수를 사용했다. 漢의 화상석을 보면 수를
허리에 찬 관원의 모습을 보면 고리가 여러 개인 인물도 있고 고리 없이
인장만 찬 관원도 있는데, 이는 수로 신분을 구별하는 모습이다. 그러나
종이가 보편화되면서 관원들은 인장을 가지고 다니지 않게 되어 인장을
매는 용도로 쓰이던 수 역시 인끈의 역할을 잃고 장식으로 변해 매는
위치도 변해 옆구리가 아니라 허리 뒤에 매게 되었다. 이 때 형태도 바뀌
어 이전에는 기다랗고 넓적한 끈으로 고리를 내어 사용하던 것이 길이가
점점 짧아져 직사각형 모양으로 정착된다.(최연우, 『면복』, 문학동네,
2015, 48~54쪽 참조) 아래 그림은 한대 화상석에 보이는 관리들의 형상
에서 인수가 어떻게 착용되는지 예시한 것이다.(林巳奈夫, 『漢代の文
物』 참조)

漢代 印綬 예시도(林巳奈夫, 『漢代の文物』 참조)

229) 『後漢書』 권81「獨行列傳·雷義」의 補注에 나온다. "『한관의』에 이르
기를, 알자는 35인이며 낭중 가운데 1년이 지난 자를 급사라고 하고 1년

祿勳 관속에 낭중과 원외(랑)員外[230]가 있으며, 질은 비이천석比二千石[231]이다. 알자가 있는데 빈찬賓讚(전례 거행시 의식을 인도하는 일)과 수사受事(명령을 받는 일)를 담당한다. 인원은 70인이며 질은 비육백석比六百石이다"라고 하였습니다.[232] 고

이 지나지 않은 자는 관알자라고 한다.漢官儀曰:「謁者三十五人, 以郎中秩滿歲稱給事, 未滿歲稱灌謁者."라고 하였다. 또한 『後漢書』 권30 「百官志」 '光祿勳'조에 "謁者僕射一人, 比千石. 【本注曰:爲謁者臺率, 主謁者, 天子出, 奉引. 古重習武, 有主射以督錄之, 故曰僕射.】 常侍謁者五人, 比六百石. 【本注曰:主殿上時節威儀. 謁者三十人.】 其給事謁者, 四百石. 其灌謁者郎中, 比三百石. 【本注曰:掌賓贊受事, 及上章報問. 將·大夫以下之喪, 掌使弔. 本員七十人, 中興但三十人.】 初爲灌謁者, 滿歲爲給事謁者"라고 하여 관알자낭중은 비삼백석이며 원래 70명이었다가 후한대에는 30명만 두었다고 전한다.

230) 원외員外:員外郎을 줄여 쓴 말이다. 말 그대로 정원 외 추가로 설치한 낭관을 말하는데, 三國 魏末에 처음으로 員外散騎常侍를 설치하였고 晉 以後에 員外郎을 員外散騎侍郎라고 하였다. 南北朝 때에는 또 殿中員外將軍, 員外司馬督 등이 있었는데, 모두 관명에 '員外'라는 명칭을 덧붙였다. 隋 開皇 6년(586)에 尚書省의 二十四司에 員外郎 1人을 두어 각 司의 次官으로 삼았다. 이 제도는 唐·宋뿐만 아니라 청대까지 지속되어 낭중은 장관, 원외랑은 차관이 되었다.

231) 비이천석比二千石:한대에는 녹봉으로 관직의 품계를 표시하였는데, 크게 萬石(재상), 二千石(군태수), 六百石(박사), 二百石(縣 丞·尉), 百石으로 구분하였다. 또한 각각 세분하여 이천석의 경우, 中二千石, 眞二千石, 二千石, 比二千石으로 구분하였다.

232) 『한서』 「백관공경표」를 … 라고 하였습니다.:『漢書』 권19上 「百官公卿表」上의 원문은 "낭중령은 진나라 때 관직으로 궁전의 문호를 담당하였고 승이 있다. 무제 태초 원년 광록훈으로 개명하였다. 속관에는 대부, 낭, 알자가 있으며 모두 진나라 때 관직이다. … 낭은 문호를 지키는 일을

대 알자는 질록이 관직의 등급과 달랐고 오늘날 알자는 반열이 미천하니, 이대로 일을 하게 한다면 소홀하다고 말할 수 있습니다.

又曰:

또 다음과 같이 말하였다.

담당하고 외출시에는 車騎에 충당된다. 의랑, 중랑, 시랑, 낭중이 있으며 모두 정원은 없으며 많게는 천명에 달한다. 의랑, 중랑은 질이 비육백석이고 시랑은 비사백석이고 낭중은 비삼백석이다. 중랑에는 五官中郞將, 좌관중랑장, 우관중랑장 三將이 있는데 질록은 모두 비이천석이다. 낭중에는 거장, 호장, 기장 3장이 있는데 질록은 모두 비천석이다. 알자는 빈찬과 수사를 담당하며 정원 70명이며 질록은 비육백석이다. 복야가 있으며 질록은 비천석이다. 郞中令, 秦官, 掌宮殿掖門戶, 有丞. 武帝太初元年更名光祿勳. 屬官有大夫‧郞‧謁者, 皆秦官. … 郞掌守門戶, 出充車騎, 有議郞‧中郞‧侍郞‧郞中, 皆無員, 多至千人. 議郞‧中郞秩比六百石, 侍郞比四百石, 郞中比三百石. 中郞有五官‧左‧右三將, 秩皆比二千石. 郞中有車‧戶‧騎三將, 秩皆比千石. 謁者掌賓讚受事, 員七十人, 秩比六百石, 有僕射, 秩比千石."라고 되어 있다. 이것을 보면 광록훈 속관에는 크게 대부, 낭, 알자가 있고, 낭에는 의랑, 중랑, 시랑, 낭중이 있는데, 이들에게는 "정원이 없다"고 하였으니 「예의지」 본문에서 '원외'라고 지칭한 것을 말하는 듯하다. 그렇다고 한다면 여기에서 말하는 '비이천석'은 중랑 중 오관중랑장 이하 삼장의 질록이 비이천석에 해당한다. 낭중 가운데 거낭중장 이하 삼장의 질록은 비천석에 해당한다. 따라서 "광록훈의 속관에 낭중과 원외가 모두 비이천석"이라고 함은 원외랑 중 오관중랑장과 같은 경우에만 해당한다고 할 수 있다.

舊禮, 尚書令奉玉牒, 今無其官, 請以中書令從事. 按漢武帝時, 張安世爲尚書令, 遊宴後宮, 以宦者一人出入帝命, 改爲中書謁者令. 至成帝, 罷宦者, 用士人. 魏黃初改祕書, 置中書監令. 舊尚書幷掌制誥, 旣置中書官, 而制誥樞密皆掌焉. 則自魏以來, 中書是漢朝尚書之職. 今尚書令奉玉牒 [二八],233) 是用漢禮, 其官旣闕, 故可以中書令主之.

구례에 상서령이 옥첩玉牒을 봉행하는데, 지금 그 관직이 없으니234) 청컨대 중서령이 그 일을 하도록 하십시오. 살펴보건 대 한무제 때 장안세張安世235)가 상서령이 되었는데, (황제가)

---

233) [교감기 28] "今尚書令奉玉牒"의 '令奉'은 여러 판본에는 원래 없는데, 『冊府元龜』 권36에 의거하여 보충하였다.

234) 尚書令은 원래 진한대 少府의 屬官으로 문서와 황명 전달의 책임을 맡게 되면서 직책은 낮으나 권력은 막중하였다. 특히 漢武帝 때 재상권을 약화시키고 황권을 강화하기 위해 內朝官을 설치하면서 少府의 尚書가 모든 문서를 처리하도록 하면서 정권의 중추 역할을 하게 되었다. 뒤에 조정의 중신 중에서 그 일을 겸하면서 '領尚書事'(즉 錄尚書事)로서 실권을 장악하게 되었다. 成帝 때 조정의 정무가 복잡다기해짐에 따라 尚書의 권력 또한 증대되어 처음으로 曹를 나눠 정사를 처리하도록 했는데, 五曹尚書를 설치하고 각조는 상서령을 장관으로 하고 상서령은 군주에 대해 모든 정령의 집행에 관한 책임을 지도록 하였다. 隋唐시대에는 상서령이 상서성 장관으로 재상의 직이었다. 본문에서 "구례에 상서령이 없다"고 한 말은 唐太宗이 고조 武德 연간에 尚書令을 지낸 적이 있기 때문에 이후 당대에서는 상서령 직을 설치하지 않았다고 한다. 그러나 唐長孺는 이 설에 반대하며 상서령직을 두지 않은 것은 隋代 이미 선례가 있다고 지적하였다.

235) 장안세張安世(?~기원전62) : 前漢 京兆 杜陵(현재 陝西省 西安) 사람. 자는 子孺고, 酷吏로 유명했던 張湯의 아들이다. 武帝가 河東에 왔을

후궁에서 놀며 즐길 때 환관 1인이 황제의 명령을 전달하게
하던 것을 중서알자령中書謁者令으로 개정하였습니다.[236] 성제
成帝 때 환관대신 사인士人으로 기용하였습니다.[237] 조위魏 황
초黃初 연간(220~226)에 비서秘書로 개칭하면서 중서감령中書
監令[238]을 설치하였습니다. 옛날 상서尙書는 제고制誥[239]도 함

때 책을 분실했는데 내용에 대해 물어보았지만 아무도 대답을 못했는데,
그만 이에 대해 알았다. 나중에 책을 찾아 대조해보니 놓친 것이 하나도
없었다. 황제가 재주를 기이하게 여겨 尙書令에 발탁하였다. 昭帝가 즉
위하자 右將軍光祿勳에 올랐다. 소제가 죽자 霍光과 함께 昌邑王 劉賀
를 추대했다가 얼마 뒤 폐위시켰고, 다시 宣帝를 옹립하는 일에 참여하
였다. 곽광 사후 大司馬車騎將軍에 임명되고, 尙書 일을 관장했다. 樞
機를 관장했는데, 정확하고 성실하다는 평을 받았다. 식읍이 萬戶에, 家
童이 7백 명에 달했는데, 모두 수공업과 생산에 종사하게 하여 부가 곽
광보다 앞섰다고 전한다.

236) 중서알자령中書謁者令 … : 『漢書』 권10 「成帝本紀」 '(建始)四年春, 罷
中書宦官' 補注의 臣瓚의 말에 "한초 중인 중에 중알자령이 있었다. 효
무제 때 중알자령을 중서알자령이라 하고 복야를 두었다.漢初中人有中
謁者令. 孝武加中謁者令爲中書謁者令, 置僕射."라고 한 데 보인다.

237) 성제成帝 때 … : 『漢書』 권19上 「百官公卿表」上에 "성제 건시 4년 중
서알자령을 중알자령으로 개명하고 처음으로 상서를 두었으며 정원은
5인이며 4인의 승이 있다.成帝建始四年更名中書謁者令爲中謁者令,
初置尙書, 員五人, 有四丞."라고 하였다.

238) 중서감령中書監令 : 曹操가 魏王일 때 秘書令을 두어 尙書의 章奏를
처리하게 하였다. 曹丕는 黃初初年에 이 秘書令을 中書令으로 바꾸고
아울러 中書監을 설치하여 中書令 앞에 두었다. 중서감령은 이때 시작
되었다. 魏晉 이래 中書監令은 詔命을 조명을 짓고 중요 안건을 기록하
는 등 문서를 담당하며 황제의 측근에 있어 그 자리를 '鳳凰池'라고 일
컫기도 하였다. 순욱이 중서감에서 상서령으로 옮겨가자 축하하는 사람

께 관장했는데, 여기에 중서관을 설치하면서 제고와 추밀樞密 (국가의 기밀)을 모두 관장하게 되었습니다. 그런즉 위魏 이후 중서는 한대 상서에 해당하는 관직입니다. 오늘날 상서령이 옥 첩을 봉행하는 것은 바로 한대의 예이며, 그 관직은 이미 없으 니 중서령으로 하여금 주관하게 할 수 있습니다.

議奏, 玄宗令張說·徐堅召敬本與之對議詳定. 說等奏曰 : 「敬本 所議, 其中四條, 先已改定. 有不同者, 望臨時量事改攝.」制從之.

(시경본이) 의론을 상주하니, 현종은 장열과 서견에게 명하여 시 경본을 불러 함께 논의하여 상정詳定[240]하도록 하였다. 그러자 장열 등이 상주하여 다음과 같이 말하였다. "시경본이 주장한 의론 중 4 가지는 이미 앞서 개정하였습니다. (시경본이 주장한 것과) 같지 않 은 것은 그때그때 상황에 맞게 고쳐서 처리하기를 바랍니다." 황제 가 제서를 내려 그 말대로 따르도록 하였다.

十三年十一月丙戌, 至泰山, 去山趾五里, 西去社首山三里. 丁

들에게 "내 봉황지가를 빼앗겼는데 어찌 축하를 한단 말인가?"라고 하 였으니, 서진 때 중서감령은 상서령보다 높았음을 반증한다.

239) 제고制誥 : 황제의 조령을 말한다. 唐 元稹 「制誥自序」에 "제고는 『尙 書』가 기원이다. 『상서』의 고명, 훈서는 모두 같은 때의 약속이다.制誥本 於『書』, 『書』之誥命·訓誓, 皆一時之約束也."라고 하였다. 또한 '制詔' 라고도 한다.

240) 상정詳定 : 국가의 제도나 법규 등을 상세히 논의하여 정하는 것을 말한다.

亥, 玄宗服袞冕於行宮, 致齋於供帳前殿. 己丑, 日南至, 大備法
駕, 至山下. 玄宗御馬而登, 侍臣從. 先是玄宗以靈山清潔, 不欲多
人上, 欲初獻於山上壇行事, 亞獻・終獻於山下壇行事. 因召禮官
學士賀知章等入講儀注, 因問之, 知章等奏曰:「昊天上帝, 君
位;五方時帝, 臣位;帝號雖同, 而君臣異位. 陛下享君位於山上,
群臣祀臣位於山下, 誠足以垂範來葉, 爲變禮之大者也. 禮成於
三, 初獻・亞・終, 合於一處.」玄宗曰:「朕正欲如是, 故問卿耳.」
於是敕三獻於山上行事, 其五方帝及諸神座於山下壇行事. 玄宗
因問:「玉牒之文, 前代帝王, 何故秘之?」知章對曰:「玉牒本是通
於神明之意. 前代帝王, 所求各異, 或禱年算, 或思神仙, 其事微
密, 是故莫知之.」玄宗曰:「朕今此行, 皆爲蒼生祈福, 更無秘請.
宜將玉牒出示百僚, 使知朕意.」其辭曰:「有唐嗣天子臣某, 敢昭
告于昊天上帝. 天啓李氏, 運興土德. 高祖・太宗, 受命立極. 高宗
升中, 六合殷盛. 中宗紹復, 繼體不定. 上帝眷祐, 錫臣忠武. 底綏
內難, 推戴聖父. 恭承大寶, 十有三年. 敬若天意, 四海晏然. 封祀
岱岳, 謝成于天. 子孫百祿, 蒼生受福.」

(개원) 13년(725) 11월 병술丙戌일, 태산에 이르렀는데, 태산 산기
슭에서 5리 떨어진 곳이며 서쪽으로 사수산社首山에서 3리 떨어진
곳이었다. 정해丁亥일, 현종은 행궁行宮에서 곤면袞冕 복장을 하
고[241] 장막을 쳐서 만든 전전前殿에서 치재致齋하였다. 기축己丑일,

---

241) 곤면의 복장: 12旒에 日・月・星辰을 제외한 나머지 9종류의 무늬를 쓰
   는데 龍[袞龍=卷龍]이 首章이 되므로 '袞冕'이라 한다. 곤면복은 면류
   관뿐만 아니라 상의[玄衣], 하상[纁裳], 중단, 바지, 버선, 신, 大帶, 혁대,
   폐슬, 綬, 패옥, 劍, 圭 등 일습을 착용하는 것을 말한다. 「예의지」3 앞
   구절에서 봉선할 때는 대구면복을 하지만 치재를 드릴 경우는 곤면복을

해가 남중할 때(日南至, 동지) 법가法駕의 행렬을 대대적으로 갖춰[242] 태산 아래에 이르렀다. 현종은 말을 타고 산에 오르고 시신侍臣들이 뒤를 따랐다.[243] 이보다 앞서 현종은 영산靈山은 정결해야 한다 생

한다고 하였으므로 이 의주에 따라 봉선의 예를 행하기 전 치재를 위해 행궁에서 곤면 복장을 하고 치재를 드린 것으로 보인다.

[242] 법가法駕의 행렬 … : 法駕 鹵簿를 말한다. 鹵簿는 秦代부터 시작하였으며, 漢代에 들어와 鹵簿라고 하였다. 노부는 천자의 거가 행렬을 의미하며, 동원 인원과 의장에 따라 大駕, 法駕, 小駕 등으로 구분하였다. 『史記集解』에 인용된 蔡邕에 의하면, 법가에서 타는 수레를 금은거라 하고 6마리 말이 몰며, 오시부거가 있으며 모두 4마리 말이 이끌고 시중이 참승하고 속거가 36승이라고 하였다."天子有大駕·小駕·法駕. 法駕上所乘, 曰金根車, 駕六馬, 有五時副車, 皆駕四馬, 侍中參乘, 屬車三十六乘."

[243] 『舊唐書』 권8 「玄宗本紀」 '開元 13년'조에는 봉선 일정에 대해 다음과 같이 기술하고 있다. "(13년) 11월 병술일, 연주 대종의 숙사에 당도하였다. 정해일 행궁에서 치재하였다. 기축일, 동지에 법가를 갖춰 산에 오르는데, 의장 행렬이 산 아래 백여 리에 걸쳐 나열해 있었다. 조를 내려 계곡 입구에서 뒤따르는 행렬은 기다리라 하고 주상은 재신과 예관과 함께 산에 올랐다. 경인일, 호천상제를 상단에서 제사하고 유사(담당관)가 오제와 백신에게 하단에서 제사하였다. 예를 마친 뒤 옥책을 봉사단의 석감에 안장하고 그런 뒤에 번시의 예를 행하였다. 섶이 불타오르자 군신들이 만세를 외쳤고 산 정상에서 산 아래에 이르기까지 소리쳐 전달하니 산과 계곡이 진동하였다. 주상이 재궁으로 돌아오자 상서로운 구름이 나타나고 해를 감싸안았다. 신묘일, 황지기를 사수에서 제사하고 옥책을 석감에 안장하는데 봉사단에서의 예처럼 진행하였다. 임진일, 장전에 나아가 조하를 받고 천하에 대사를 선포하였으며, 유인 중 귀환하지 못한 자는 추방하여 돌려보냈다. 내외관 3품 이상에게 작 1등씩 하사하고 4품 이하에게는 1품계씩 하사하며 산에 함께 오른 관에게 1품계씩

각하여 많은 사람들이 산에 오르기를 원치 않아 산 위 제단에서는 초헌만으로 제사하고 아헌과 종헌은 산 아래 제단에서 행하고자 하였다. 이 때문에 예관학사禮官學士 하지장賀知章[244] 등을 불러들여

하사하였고 포성후는 재량껏 처분하도록 하였다. 태산신을 천제왕에 봉하고 질을 삼공과 같게 하여 예를 갖추고 태산 인근 10리에 벌채를 금하였다. 대포 7일을 하사하였다. 시중 원건요를 상서좌승상겸시중에 임명하고 중서령 장열을 상서우승상겸 중서령에 임명하였다. 갑오일에 대악을 출발하였다. 병신일에 공자의 저택에 들려 친히 석전제를 거행하였다. 十一月丙戌, 至兗州岱宗頓. 丁亥, 致齋於行宮. 己丑, 日南至, 備法駕登山, 仗衞羅列嶽下百餘里. 詔行從留於谷口, 上與宰臣·禮官昇山. 庚寅, 祀昊天上帝於上壇, 有司祀五帝百神于下壇. 禮畢, 藏玉冊於封祀壇之石礩, 然後燔柴. 燎發, 羣臣稱萬歲, 傳呼自山頂至嶽下, 震動山谷. 上還齋宮, 慶雲見, 日抱戴. 辛卯, 祀皇地祇於社首, 藏玉冊於石礩, 如封祀壇之禮. 壬辰, 御帳殿受朝賀, 大赦天下, 流人未還者放還. 內外官三品已上賜爵一等, 四品已下賜一階, 登山官封賜一階, 襃聖侯量才與處分. 封泰山神爲天齊王, 禮秩加三公一等, 近山十里, 禁其樵採. 賜酺七日. 侍中源乾曜爲尙書左丞相兼侍中, 中書令張說爲尙書右丞相兼中書令. 甲午, 發岱嶽. 丙申, 幸孔子宅, 親設奠祭."

244) 하지장賀知章(659경~744경): 당 越州 永興(현재 浙江省 杭州) 사람. 시인이자 서예로 유명하다. 자는 季眞이며 만년에는 스스로 '四明狂客' '祕書外監'이라 하였다. 어려서부터 시문으로 이름을 날렸다. 武則天 證聖 원년(695)에 과거에 합격하여 國子四門博士에 제수되고 얼마 후 太常博士로 승진하였다. 開元연간에 張說이 麗正殿修書使가 되자 하지장을 불러 『六典』과 『文纂』을 함께 편찬할 수 있도록 주청하였다. 뒤에 太常少卿이 되었다가 禮部侍郎에 集賢院學士를 더하였으며 工部侍郎으로 승진하였다. 잠깐 祕書監에 몸담기도 하였다. 사람됨이 활달하고 얽매이는 것을 싫어하고 술을 좋아하여 당대 음중팔선 중 한 명으로 꼽힌다. 天寶초에 낙향하여 시를 지으며 은거하다 죽었다. 현재 전하는 시

의주에 대해 설명하라 하고 (현종의 생각에 대해) 문의하니 하지장 등이 상주하여 말하였다. "호천상제는 군주의 지위요, 오방시제五方時帝[245]는 신하의 지위입니다. 제帝라는 호칭은 비록 같지만 군주와 신하로 그 지위가 다릅니다. 폐하께서 산 위에서 군주의 지위로 제 사하고 군신들은 신하의 지위로 산 아래에서 제사하는 것은 진실로 미래의 후손들에게 모범이 될 것이며, 의미 있는 변례變禮[246]의 사 례가 될 것입니다.(그러나) 예는 삼三에서 완성되므로[247] 초헌, 아 헌, 종헌은 한 곳에서 진행되어야 마땅합니다." 현종은 "짐도 바로 그와 같이 하려고 했기 때문에 경에게 물은 것이오"라고 말했다.

그리하여 칙을 내려 산 위에서 삼헌의 예를 행하고 오방제와 여 러 신들의 신좌에는 산 아래 제단에서 예를 행하도록 하였다. 현종 이 이에 묻기를, "옥첩에 쓰여진 문장은 전대 제왕의 경우 무슨 까

는 많지 않으며, 『全唐詩』에 23수가 전한다.
245) 오방시제五方時帝 : 하늘의 동방, 서방, 중앙, 남방, 북방 등 5방위의 五 方上帝를 말한다. 오행에 따라 이를 청제, 적제, 황제, 백제, 흑제로 구분 하며 또한 이들을 4계절[時]에 배당하여 각 계절을 주관한다고 보았으므 로 五時帝라고 하였기 때문에 방위와 계절을 합쳐 '五方時帝'라고 한 것이다.
246) 변례變禮 : 전례대로 행하지 않고 특별한 상황에 맞게 기존의 예법을 변 경한 것을 말한다. 경전과 전례에 기반한 상례를 그대로 따를 수 없을 경우 특별한 상황에 맞게 변경하는데, 비유하자면 최고의 법인 율과 령 에 세부 규정인 격과 식을 두는 것과 같은 이치이다. 冠婚喪祭의 시대적 변화에 따라 冠變禮, 婚變禮, 喪變禮, 祭變禮 등 정례와는 다른 변경 조항을 두었다.
247) 출처는 『尙書』 「顧命」에 "王三宿三祭三咤"라고 하는데, 이에 대해 蔡 沈의 注는 "禮成於三故, 三宿三祭三咤"라고 하였다.

닭에 비밀에 부쳤는가?"라고 하였다. 하지장이 대답하기를, "옥첩은 본래 신명과 통하는 데 그 의미가 있습니다. 전대 제왕의 경우 원하는 바가 각각 달랐는데, 어떤 이는 불로장생을 기원하였고[248] 어떤 이는 신선을 꿈꾸었으니[249] 그 일을 비밀에 부쳤기 때문에 그 이유를 알지 못한 것입니다"라고 하였다. (그리하여) 현종은, "짐의 오늘이 행차는 모두 백성을 위해 복을 기원하기 위함이니 거기에 감추고자 하는 청원은 더 없다. 마땅히 옥첩을 백료들에게 내어 보여서 짐의 뜻을 알게 하라"라고 하였다.

(옥첩에 적힌) 그 말은 다음과 같다.

유당有唐의 사천자嗣天子 신臣 모某가 감히 호천상제에 고하노라.[250] 하늘은 이씨에게 (왕도를) 열어주고 오행의 운행이 토덕土德을 일으켰도다. 고조와 태종께서 천명을 받아 나라를 세우셨다. 고종께서 승중升中(봉선)하사, 육합六合[251]이 모두

---

248) 秦始皇의 봉선을 말한다. 진시황은 4차례에 걸쳐 동쪽으로 순행하였고 마지막 순행에서 죽음을 맞이하였다. 진시황의 봉선의 성격을 '불로장생'으로 규정한 것은 3천 동남동녀를 보내 불로초와 진인을 찾게 한 일을 염두에 두고 한 말이다.

249) 한무제의 봉선을 말한다. 한무제는 오년일순수제로 제도화하고 공식적으로는 공을 이루었음을 천에 고하는 의식으로 봉선을 행하였고, 유가의 설에 따라 여러 가지 의례로 분식하였다. 하지만 「예의지」에서 '신선 찾기求仙'로 한무제의 봉선을 규정한 데에는 승천했다는 黃帝의 전설에 한무제가 감격했다는 고사가 결정적 역할을 한 것으로 보인다.

250) 『大唐新語』(唐·劉肅 著, 許德男·李鼎霞 點校, 中華書局, 1984) 권13 「郊禪」제30에는 "有唐嗣天子臣某乙, 敢昭告於昊天上帝"라고 하여 '臣某乙'로 되어 있다.

크게 번성하였도다. 중종이 그 뒤를 이어 복위하였으나, 제위를 계승한 체통은 안정되지 못하였다.[繼體不定.][252] 상제께서 보우하사 신에게 충의 용맹함[忠武]를 내리셔 내란을 평정하고 성부聖父를 추대하였다[推戴聖父].[253] 공경하며 천명을 계승한 지 어느덧 13년. 경건히 하늘의 뜻에 따르니 사해가 평안해졌도다. 대악岱岳(태산)에 봉선하여 천에 공업을 이룬 것을 감사

---

251) 육합六合 : 天地＋四方을 말하는데, 여기에서는 만천하를 의미한다.

252) 제위를 계승한 체통은 안정되지 못하였다.繼體不定.『大唐新語』권13 「郊禪」제30에는 "中宗紹復, 繼體不定"이라고 하여 '不'가 '丕'로 되어 있다. 문맥상 계체가 정해지지 않았다고 하기 보다는 크게 안정되었다고 하는 편이 타당해 보인다.

253) 성부聖父를 추대하였다[推戴聖父] :『舊唐書』권157「元和新禮」를 편찬한 왕언위가 헌종 사후 시호를 정하는 문제에 대해서, "국조의 조종 제도는 주례에 기초해 있으니 경황제를 태조로 또 신요황제를 조로 하고 태종을 종으로 합니다. 고종 이후부터는 단지 종이라 칭하여 존명하여 성법으로 삼을 만합니다. 그렇지 않으면 태종은 천하를 구유하여 승평을 이루셨고 현종은 내란을 종식하여 성부로 추대되었으며 숙종은 용맹함을 드날려 양도를 회복하셨으니 이 모두가 천리에 부합하고 인정에 따르며 반란반정하였습니다만 묘호에 있어서는 단지 종이라고만 칭합니다. 國朝祖宗制度, 本於周禮, 以景皇帝爲太祖, 又祖神堯而宗太宗. 自高宗已降, 但稱宗謂之尊名, 可爲成法. 不然, 則太宗造有區夏, 理致昇平 ; 玄宗掃淸內難, 翊戴聖父 ; 肅宗龍飛靈武, 收復兩都, 此皆應天順人, 撥亂返正, 至於廟號, 亦但稱宗."라고 한 구절에서는 현종이 내란을 평정하고 다음날 성부에 추대(翊戴聖父)된 것으로 해석할 수 있으나, 여기 봉선의 옥첩에 쓰여진 제문에서 스스로 성부에 추대되었다고 쓰는 것은 뉘앙스가 약간 달라 보인다. 聖父는 원래 太上皇을 높여 부른 말이니, 아버지 예종인 이단을 복위시킨 것을 말하는 것으로 보는 것이 타당하지 않을까 생각된다.

드리노니, 자손이 대대로 녹을 누리고 백성들이 복을 받을 것이다.

庚寅, 祀昊天上帝于山上封臺之前壇, 高祖神堯皇帝配享焉. 邠王守禮亞獻, 寧王憲終獻. 皇帝飮福酒. 癸巳, 中書令張說進稱「天賜皇帝太一神策, 周而復始, 永綏兆人.」帝拜稽首. 山上作圓臺四階, 謂之封壇. 臺上有方石再累, 謂之石礛. 玉牒・玉策, 刻玉塡金爲字, 各盛以玉匱, 束以金繩, 封以金泥, 皇帝以受命寶印之. 納二玉匱於礛中, 金泥礛際, 以「天下同文」之印封之. 壇東南爲燎壇, 積柴其上. 皇帝就望燎位, 火發, 群臣稱萬歲, 傳呼下山下, 聲動天地. 山下壇祀, 群臣行事已畢, 皇帝未離位, 命中書門下曰：「朕以薄德, 恭膺大寶. 今封祀初建, 雲物休祐, 皆是卿等輔弼之力 [二九].254) 君臣相保, 勉副天心, 長如今日; 不敢矜怠.」中書令張說跪言：「聖心誠懇, 宿齋山上. 昨夜則息風收雨, 今朝則天淸日暖, 復有祥風助樂, 卿雲引燎, 靈跡盛事, 千古未聞. 陛下又思愼終如初, 長福萬姓, 天下幸甚.」

(개원 13년 11월) 경인庚寅일, 호천상제를 산 위 봉대封臺의 전단前壇에서 제사하며 고조 신요황제를 배향하였다. 빈왕邠王 이수례李守禮255)가 아헌하고 영왕寧王 이헌李憲256)이 종헌하였다. 황제는 음

---

254) [교감기 29] "皆是卿等輔弼之力"의 '等'자는 여러 판본에는 원래 없는데, 『唐會要』 권8과 『冊府元龜』 권36에 의거하여 보충하였다.

255) 이수례李守禮(672~741) : 본명은 李光仁이다. 高宗 李治의 손자이며, 章懷太子 李賢의 둘째아들이다. 咸亨 3년(672)에 왕부에서 출생하였다. 장회태자가 역모죄에 걸리자 부모와 함께 평민으로 강등되어 巴州로 추

복을 하였다. 계사癸巳일, 중서령 장열이 앞으로 나아가 "하늘이 황제에게 태일신책太一神策²⁵⁷⁾을 내리시고 (천기의 운행이) 일주하여

방되었다. 文明 元年(684)에 이현은 유배지에서 자진하였고, 垂拱 元年(685)에 무측천이 이현의 옹왕 작위를 회복시키면서 가솔들은 장안으로 돌아올 수 있었다. 이광인은 이때 이름을 이수례로 개명하고 嗣雍王에 봉해졌으며 太子洗馬에 제수되었다. 聖曆 원년(698)에 睿宗 李旦이 폐위되어 相王에 봉해지자 이수례는 자유를 얻을 수 있었고 사의낭중에 제수되었다. 神龍 원년(705)에 중종이 복위하면서 이수례에게 光祿卿의 벼슬을 제수하였다. 唐隆 元年(710)에 殤帝는 중종의 유촉에 따라 이수례를 황자로 대우하여 邠王에 추봉하였다. 얼마 지나지 않아 睿宗이 복위하면서 이수례에게 左金吾衛大將軍 幽州刺史 單于大都護의 벼슬을 내렸다. 先天 2년(713) 玄宗은 이수례에게 司空의 벼슬을 더하였고 開元 초년에는 虢·隴·襄·晋·滑 등 六州刺史를 역임토록 하였다. 개원 9년(721)에 다른 친왕들과 함께 장안으로 돌아오게 되었고 개원 13년 (725)에 봉선 제사에 동행하면서 아헌을 하게 된 것이다.

256) 이헌李憲(679~742) : 당 隴西 成紀(현재 甘肅省 秦安縣) 사람이다. 字는 成器이다. 睿宗 李旦의 長子이며 玄宗 李隆基의 큰 형이다. 처음에는 皇孫으로 永平郡王에 봉해졌다. 武周 때 左贊善大夫·壽春王에 제수되었다. 中宗 李顯의 복위 후 員外宗正卿으로 옮겼다. 睿宗의 복위 후에는 황태자 자리를 거절하고 당시 平王인 李隆基에게 양위하였다. 현종 즉위 후에는 太子太師·司空·雍·揚·岐·澤·涇州刺史·寧王에 제수되었다. 항상 낮은 데에 처하여 처신을 잘하고 조정의 일에 간여하지 않아 현종에게 존중을 받았다. 개원 13년 현종이 봉선할 때 종헌을 담당하게 되었다.

257) 태일신책太一神策 : 太一이 내려준 神策을 말한다. 태일은 天神의 이름으로 한무제 때부터 숭상하던 천제 '태일'이다. 한무제는 秦代부터 내려오던 雍五畤 郊祀 외에 옹오치의 오제의 상위 천 개념으로 태일을 상정하여 甘泉에 태일 제사를 설치하여 교사의 정점에 두었다. 한무제 이후 천신 중 지고신은 태일신이었으며 王莽은 이 '태일'을 '호천상제' 개념으

다시 시작하니,258) 영원토록 백성들을 편안케 하리라"라고 칭송하였다.259) 황제는 절하며 머리를 조아렸다. 산 위에 원대圓臺를 짓고 4

로 병합하였다. 그러므로 『史記』「封禪書」에 "천신 중 귀한 존재가 태일이며, 태일의 보좌신이 오제이다. 옛날 천자는 춘추에 태일을 동남교에서 제사를 지냈다.天神貴者太一, 太一佐曰五帝, 古者天子以春秋祭太一東南郊."라고 하였고, 그 『史記正義』에 "태일은 천제의 별명이다. 유백장이 말하기를, 태일은 천신 중 가장 높은 존재이다.泰一, 天帝之別名也. 劉伯莊云 : 泰一, 天神之最尊貴者也."라고 하였다. 동시대 『淮南子』「天文訓」에는 "태미는 태일의 뜰이며 자미궁은 태일이 거처하는 궁전太微者, 太一之庭, 紫微宮者, 太一之居"이라고 하였다. 神策의 策은 曆數를 의미하며 太古 上皇[東皇泰一(『楚辭』) 혹은 伏羲(『孔穎達疏』)]가 만든 曆이라고 하였다. 이름하여 太元神策이라 하였다. 黃帝가 이것을 얻어 節氣와 날짜를 알 수 있었다(『史記』 권8 「封禪書」 '黃帝得寶鼎神策'의 『史記索隱』에 "神策者, 神蓍也. 黃帝得蓍以推筭曆數, 於是逆知節氣日辰之將來, 故曰推策迎日也")고 하니, 신책의 획득은 제왕이 시간의 장악과 통제를 통해 천하를 통치할 수 있는 근거를 상징하였다.

258) (천기의 운행이) 일주하여 다시 시작하니[周而復始] : 천기의 운행은 일정한 주기가 있는데, 한무제는 옛날 黃帝가 神策을 얻은 이후 천기의 운행이 일주하여 자신의 시대에 이르렀음을 밝힌 바 있다(『史記』 권12 「孝武本紀」) 한무제의 이 贊饗文를 현종이 봉선할 때 중서령 장열이 찬향문에 인용한 것은 당대 봉선을 새로운 시대가 도래한 것으로 의미 부여한 것이다.

259) 이 축원문은 한무제 때 태초력으로 개정하면서 11월 갑자일 초하루 아침 동지일에 명당에서 상제에 제사하며 올린 찬향문과 비슷하다. 『史記』 권8 「封禪書」에 "其後二歲, 十一月甲子朔旦冬至, 推曆者以本統. 天子親至泰山, 以十一月甲子朔旦冬至日祠上帝明堂, 毋脩封禪. 其贊饗曰 : 天增授皇帝太元神策, 周而復始. 皇帝敬拜太一"라고 하였는데, 여기에서는 '太元神策'이라 하였다. 무제의 찬향문과의 차이점이라면

개의 계단을 내었는데, 이것을 봉단封壇이라 하였다. 원대 위에는 방석方石(네모난 돌)이 2단으로 쌓아올려져 있었고 이것을 석감石礆이라 하였다. 옥첩玉牒과 옥책玉策은 옥에 홈을 파서 금으로 채워 글자를 새겼고 옥첩과 옥책을 각각 옥궤에 담아 금줄로 묶고 금니로 봉하여 이것을 황제가 수명보受命寶260)로 봉인하였다. (옥첩과 옥궤를 넣은) 2개의 옥궤를 석감 안에 넣고 석감 사이를 금니로 칠하고 '천하동문天下同文'의 인261)으로 봉하였다. 제단 동남쪽에 요단燎壇이

마지막 부분의 '永綏兆人' 구절인데, 앞에서 현종이 자신의 봉선 목적은 만백성을 위한 것임을 강조한 것과 관련이 있다.

260) 수명보受命寶 : 봉선과 天神地祇에 제사할 때 사용하는 황제의 옥새를 말한다. 『舊唐書』 권43 「職官志」 '門下省·符璽郞'조 注를 보면 측천무후가 '璽'자를 싫어해서 '寶'로 바꾸었다고 한다. 당대에는 8보가 있었는데, 신보·수명보·황제행보·황제지보·황제신보·천자행보·천자지보·천지신보이다. "符寶郞四員. 從六品上. 周有典瑞之職, 秦有符璽令, 漢曰符璽郞. 兩漢得秦六璽及傳國璽, 後代傳之. 隋置符璽郞二員, 從六品. 天后惡璽字, 改爲寶. 其受命傳國等八璽文, 並改彫寶字. 神龍初, 復爲符璽郞. 開元初, 又改爲符寶, 從璽文也. 令史二人, 書令史三人, 主寶六人, 主符三十人, 主節十八人. 符寶郞掌天子八寶及國之符節, 辨其所用. 有事則請於內, 旣事則奉而藏之. 八寶 : 一曰神寶, 所以承百王, 鎭萬國 ; 二曰受命寶, 所以修封禪, 禮神祇 ; 三曰皇帝行寶, 答疏於王公則用之 ; 四曰皇帝之寶, 勞來勳賢則用之 ; 五曰皇帝信寶, 徵召臣下則用之 ; 六曰天子行寶, 答四夷書則用之 ; 七曰天子之寶, 慰撫蠻夷則用之 ; 八曰天子信寶, 發番國兵則用之."

261) '천하동문天下同文'의 인 : 송대 眞宗이 봉선할 때에도 당현종의 봉선을 모델로 하여 석감에 옥궤를 넣어 봉인할 때 天下同文之寶를 사용하였다. 『宋會要輯稿』 「輿服」6 '寶 : 天下同文之寶'조, "眞宗大中祥符元年五月五日, 詳定所言 : 「按玉牒·玉冊用皇帝受命寶印之, 納玉匱於石

있어 그 위에 섶을 쌓았다. 황제가 망요위望燎位(요단을 바라보는 자리)에 나아가자, 불이 타올랐고 군신들이 만세를 외치니, 그 외침이 산 아래에까지 전달되어 천지를 진동하였다.

산 아래 제단의 제사는 군신群臣들이 진행하여 이미 마쳤지만 황제는 자리를 뜨지 않고 중서문하에게 명하여 다음과 같이 말하였다.

짐은 박덕한데도 불구하고 삼가 대보大寶(제위)를 이어받아 오늘 봉선 제사를 처음 거행하였는데, 운물雲物이 가상하고 복되니 이 모두가 경들이 나를 보필한 덕분이다. 임금과 신하가 서로 돕고 천심에 힘써 부응하기를 오늘과 같이 영구히 지속하여 감히 자만하고 게으르지 말 것이다.

중서령 장열이 무릎을 꿇고 다음과 같이 말하였다.

폐하께서 성심으로 정성을 다하여 산 위에서 묵으며 재계하셨습니다. 어젯밤에 바람이 잦아들면서 비를 거둬가더니 오늘 아침에는 하늘이 쾌청하고 해가 나 따뜻해졌습니다. 게다가 상서로운 바람이 음악을 돕고 길한 구름이 번료를 이끄니 신령한 행적과 성대한 행사는 천고에 들어보지 못하였습니다. 폐하께

磧, 以天下同文之印封之. 今封禪泰山, 請依舊制, 別造玉寶一枚, 方寸二分, 文同受命寶. 其封石磧用天下同文之印, 舊史元無制度. 今請用金鑄, 大小同御前之寶, 以『天下同文之寶』爲文. 所有緣寶法物, 亦請依式製造. 其寶二枚, 候封玉匱·金匱·石磧畢日, 並進內.」從之."

서 또한 처음과 같은 마음으로 끝까지 삼가하며 장구하게 만백성을 복되게 하시니, 천하가 진실로 다행입니다.

先是車駕至岳西來蘇頓, 有大風從東北來, 自午至夕, 裂幕折柱, 衆恐. 張說倡言曰:「此必是海神來迎也.」及至岳下, 天地淸晏. 玄宗登山, 日氣和煦. 至齋次日入後, 勁風偃人, 寒氣切骨. 玄宗因不食, 次前露立, 至夜半, 仰天稱:「某身有過, 請卽降罰. 若萬人無福, 亦請某爲當罪. 兵馬辛苦, 乞停風寒.」應時風止, 山氣溫暖. 時從山上布兵至于山壇, 傳呼辰刻及詔命來往, 斯須而達. 夜中燃火相屬, 山下望之, 有如連星自地屬天. 其日平明, 山上淸逈, 下望山下, 休氣四塞, 登歌奏樂, 有祥風自南而至, 絲竹之聲, 飄若天外. 及行事, 日揚火光, 慶雲紛郁, 遍滿天際. 群臣並集于社首山帷宮之次, 以候鑾駕, 遙望紫煙憧憧上達, 內外歡譟. 玄宗自山上便赴社首齋次, 辰巳間至, 日色明朗, 慶雲不散. 百辟及蕃夷爭前迎賀.

이보다 앞서 황제의 행차가 태산 서쪽 내소돈來蘇頓[262]에 이르렀

---

262) 내소돈來蘇頓: '來蘇'라는 어원은 원래 商 湯이 하나라 걸왕을 정벌하여 그가 와서 곤경에 처한 백성들을 구원해서 되살아나게 해주었다는 데에서 유래하였다. 출처는 『尙書』「仲虺之誥」에 "徯予后, 后來其蘇"이며, 이후 도탄에 빠진 백성을 구해내는 것을 가리키는 의미가 되었다. '屯'은 황제가 출행하였을 때 잠시 멈춰 머무는 곳을 말한다. 지명으로서 來蘇縣은 당대 夷賓을 위해 설치한 羈縻州로서 治所는 현재 북경 房山區 동북 36리의 廣陽城村에 있는데(『中國地名大辭典』), 북경과 태산은 거리가 있어 이곳은 아닌 것 같다. 한편 최근 제남박물관장 『大唐齊州臨濟縣來蘇鄕政俗里騎都尉行濮州臨濮縣尉董府君墓志銘幷序』에 개원

을 때, 대풍이 동북쪽에서 불어와 오시午時부터 저녁때까지 계속되니 천막을 찢고 기둥을 뽑아 많은 사람들이 두려워하였다. 장열이 앞에 나서 말하기를, "이는 필시 해신海神이 와서 환영하는 것입니다"라고 하였다. 태산 아래에 당도하자 천지가 쾌청하며 평온해졌다. 현종이 태산에 오르자 날씨가 화창하고 기온이 따뜻해졌다. 재차齋次(치재하는 임시 거처, 장막)263)에 당도하고 나서 해가 진 뒤 거센 바람이 사람을 쓰러뜨리고 한기가 뼛속까지 스며들었다. 현종이 이 때문에 끼니를 거른 채 재차 앞 바깥에 서서 한밤중에 이르자 하늘을 우러러 말하기를, "저[某身]에게 허물이 있다면 청컨대 곧바

연간 때 사람인 董神寶의 일을 기록한(『全唐文新編』第6冊, 3742쪽) 것을 근거로 여기에서 말한 '臨濟縣來蘇鄉'이 바로 來蘇頓으로 추정하는 이도 있다. 당대 齊州 臨濟縣의 치소는 현재 山東省 章丘 臨濟村이며, 현종이 잠시 행렬을 멈추었던 곳은 이 부분일 가능성이 크다.(周郢讀泰山的博客,「來蘇頓考」, 2019.05.22)

263) 재차齋次 : 次는 황제가 제사 등을 위해 출궁했을 때 잠시 머물며 쉬기 위해 설치한 장소 또는 휘장을 친 장막이다. 행사 전에 머무는 곳을 '大次', 행례 후에 물러나서 다음 행례를 대기하는 곳을 '小次'라고 한다. 『周禮』「天官·掌次」에 "(춘분에) 朝日의 예를 행하거나 오제에 제사를 올릴 때, (장차는) 대차와 소차를 펼쳐놓는다.朝日, 祀五帝則, 張大次小次."고 하였다. 정현은 이에 대해 "차는 악렬이다. 대악은 처음 멈추어 머무르는 곳이고, 소악은 제사를 지낸 후에 물러나 일을 기다리는 곳이다.次謂幄也, 大幄, 初往所止居也, 小幄, 既接祭退俟之處."라고 하였다.

次(『三禮圖』)

로 벌을 내리소서. 만약 만백성에게 복이 없다면 또한 제가 죄를 받기를 청합니다. 병사와 말들이 고생이 심하니 바람과 추위를 멈추어 주소서"라고 하였다. 그때 바람이 멈추고 산의 기온이 따뜻해졌다. 이때 산 위에서부터 병사들을 늘어 세워 그 행렬이 태산 제단까지 이르렀는데, 소리를 쳐서 시각과 조령을 전달하여 오고 감이 순식간에 이루어졌다. 한밤중에 피워 올린 횃불이 서로 이어져 산 아래에서 쳐다보면 마치 이어져 빛나는 별들이 지면에서부터 하늘에 닿아 있는 것처럼 보였다.

그 날 날이 밝자 산 위는 쾌청하고 해가 빛났고 산 아래를 내려다보니 상서로운 기운이 사방을 가득 채웠으며, 등가악登歌樂을 연주하자 상서로운 바람이 남쪽에서 불어와 거문고와 피리 소리가 하늘 바깥에서 휘날리듯 하였다. 제사를 거행할 즈음에 태양은 빛을 뿌리고 경사로운 구름은 어지러이 자욱하여 하늘가에 두루 가득찼다. 군신들은 모두 사수산社首山 유궁帷宮[264]이 있는 처소에 모여 어가를 기다렸는데, 자줏빛 연기가 뭉개 뭉개 위에 이르는 것을 멀리서 바라보면서 내외 모두 환호성을 질렀다. 현종이 산 위에서 곧바로 사수산 재차로 갔는데, 진시辰時(오전7시~9시 사이)와 사시巳時(9시~10시 사이) 사이에 도착하니, 햇빛이 밝고 맑았으며 경사로운 구름도 흩어지지 않았다. 백관과 번이들이 앞 다투어 나와 황제를 맞이하며 축하하였다.

---

264) 유궁帷宮 : 황제가 출행하여 잠시 머물며 유막을 설치한 행궁을 말한다. 『周禮』「天官·掌次」에서 말한 대차에 해당한다.

辛卯, 享皇地祇于社首之泰折壇, 睿宗大聖貞皇帝配祀. 五色雲
見, 日重輪. 藏玉策於石礆, 如封壇之儀.

신묘辛卯일, 황지기皇地祇를 사수산의 태절단泰折壇[265)에서 제사
하며 예종대성정황제睿宗大聖貞皇帝[266)를 배사하였다. 오색구름이
나타나고 해에 중륜重輪[267)이 나타났다. 옥책[268)을 석감에 넣고 봉

---

265) 태절단泰折壇: 皇地祇에게 제사지내는 제단을 말한다. 『禮記』「祭法」
에 "태단에서 번시를 하는 것은 천에 제사지내는 것이요, 태절에서 희생
을 묻는 것은 지에 제사지내는 것이다.燔柴於泰壇, 祭天也 ; 瘞埋於泰
折, 祭地也."라고 하였다. 鄭玄의 注에 "단과 절은 흙을 쌓아 제사지내
는 곳을 말한다.壇·折, 封土爲祭處也."라고 하였고 孔穎達의 疏는
"'瘞埋於泰折祭地也'라고 한 것은 희생과 폐물을 묻어 북교에서 신주지
기에 제사지내는 것을 말한다.'瘞埋於泰折祭地也'者, 謂瘞繒埋牲, 祭
神州地祇於北郊也."라고 하여 공영달 자신의 시대인 당대의 제사에 비
교하여 설명하였다.

266) 예종대성정황제睿宗大聖貞皇帝: 출토된 唐玄宗 社首 禪제사 玉策에
는 '睿宗大聖貞皇帝'가 '睿宗大聖眞皇帝'로 되어 있다. 『新唐書』에는
'睿宗大聖眞皇帝'로, 『舊唐書』「玄宗本紀」,「禮儀志」3,「音樂志」1 등
여러 곳에는 '睿宗大聖貞皇帝'로 되어 있다. 「禮儀志」5와「音樂志」4에
도 '睿宗大聖眞皇帝'로 되어 있다. 출토된 옥책에 따르면 '睿宗大聖眞
皇帝'가 정확함을 알 수 있다.

267) 중륜重輪: 보통은 해의 경우 重光, 달의 경우 重輪으로 표현하는데, 해
와 달의 가장자리에 나타나는 밝은 빛을 말하며, 제왕의 덕을 상징하는
상서로 여겼다.

268) 옥책: 唐玄宗禪社首玉策은 1931년 출토되었다. 미백색의 옥으로 총 15간
이며 1간의 크기는 길이 29.5㎜ 내외 너비 1㎜ 정도 두께 1㎜정도이다.
옥책에는 135개의 글자가 예서체로 쓰여 있고 말미에 '隆基' 두 글자가
적혀 있다. 간의 위 아래 끝에는 구멍이 있어 각 간들을 연결하고 있다.

단에서의 의식대로 행하였다.

壬辰, 玄宗御朝覲之帳殿, 大備陳布. 文武百僚, 二王後, 孔子後, 諸方朝集使, 岳牧擧賢良及儒生·文士上賦頌者, 戎狄夷蠻羌胡朝獻之國, 突厥頡利發, 契丹·奚等王, 大食·謝䫻·五天十姓, 崑崙·日本·新羅·靺鞨之侍子及使, 內臣之番, 高麗朝鮮王, 百濟帶方王[三〇],269) 十姓摩阿史那興昔可汗, 三十姓左右賢王, 日南·西竺[三一]270)·鑿齒·雕題·牂柯·烏滸之酋長, 咸在位. 制曰:

임진壬辰일, 현종은 조근朝覲의 장전帳殿(장막으로 만든 前殿)에 나아가 대대적으로 진열을 갖추었다. 문무백관과 이왕후二王後,271)

이 옥책의 출토 사정은 이렇다. 玄宗의 封禪 옥책, 엄밀히 말하면 태산 봉 제사 뒤 사수산에서 皇地祇에 지낸 선 제사 때 사용한 옥책이다. 이 것을 宋代 眞宗이 얻게 되었는데, 진종 또한 봉선을 행하게 되면서 현종 의 옥책에 따라 새로운 옥책을 제작해서 이 두 건의 옥책을 함께 묻었다. 명대 이 두 건의 옥책이 출토되었는데 주원장은 이것을 다시 땅에 묻었 다. 그러다가 1931년 당시 군벌 馬鴻逵가 획득하였고 1971년 마홍규가 죽자 대만국민정부에 귀속되면서 현재 臺北 故宮博物院에 수장되게 되 었다. 실물 사진은 앞의 주 참조.

269) [교감기 30] "百濟帶方王"의 '百'자는 여러 판본에는 원래 '伯'으로 되 어 있는데, 『唐會要』 권8에 의거하여 수정하였다.

270) [교감기 31] "西竺"은 여러 판본에는 원래 '西二'로 되어 있으나 『唐會 要』 권8에 의거하여 수정하였다.

271) 이왕후二王後 : 고대 새로 건국한 왕조가 이전의 왕조의 후손을 존중하 여 관작을 내려 우대한 것을 말한다. 이 외에도 三恪이라 하여 전대 세 왕조의 후손에게 관작을 내려 예우하는 경우도 있다. 『左傳』「襄公 25 년」 "而封諸陳以備三恪"의 杜預注에, "주가 천하를 얻자 하은 이왕의

공자의 후손, 여러 지방의 조집사朝集使, 악목岳牧[272)이 추천한 현량
賢良 및 유생, 문사文士 중 부송賦頌을 바친 자들, 융적戎狄 만이夷蠻
강호羌胡이면서 조공을 바친 나라들인 돌궐突厥 힐리발頡利發,[273)
거란契丹과 해奚 등의 왕, 대식大食·사율謝䫻[274)·오천(축) 십성五天

후예를 봉건하였다. 또 순의 후예를 봉하여 각이라 하였고 이왕후와 함
께 일국을 다스리도록 했다. 예우는 한 등급 내려 존경을 표할 뿐이므로
삼이라 하였던 것이다.周得天下, 封夏殷二王後. 又封舜後謂之恪, 并
二王後爲一國, 其禮轉降示敬而巳, 故曰三."

272) 악목岳牧: 四岳12牧의 줄임말로, 순임금 때 사방 제후들을 분봉하여 천
하를 함께 다스린다는 의미이다. 내제후를 사악, 외제후를 주목으로 구
분하였다. 출처는 『尙書』 「周官」 "曰唐虞稽古, 建官惟百, 內有百揆四
岳, 外有州牧侯伯"이다. 여기에서는 州郡 장관을 가리킨다.

273) 돌궐突厥 힐리발頡利發: 돌궐의 수장을 가리키는 관직명이다. 『新唐
書』 권215上下 「突厥列傳」에는 현종이 봉선을 앞두고 돌궐의 침략에
대비하기 위해 홍려경 원진을 보내 돌궐의 대신을 숙위로 보낼 것을 요
구하였다. 이때 돌궐의 왕인 묵극련이 보낸 대신이 阿史德 頡利發이다.
阿史德氏族의 酋長으로 추정된다.

274) 사율謝䫻: 서역에 있는 왕국으로 자블리스탄, 가즈니국을 말한다. 혜초
가 거쳐 간 왕국 중 하나로 『왕오천축국전』에 나온다. 『新唐書』 권221下
「西域列傳」下에 "사율은 토화라의 서남쪽에 있고 본디 漕矩咤 혹은 漕
矩라고 하였다. 현경 연간에는 訶達羅支라고 했는데 武后가 지금의 명
칭으로 바꾸었다. 그 동쪽에는 罽賓이, 동북쪽에는 帆延이 있는데 모두
400리 떨어져 있다. 남쪽에는 파라문, 서쪽에는 파사, 북쪽에는 護時健
이 있다. 그 왕의 거처는 鶴悉那城이고, 땅은 7천 리이다. 阿娑你城을
도읍으로 삼기도 한다. 鬱金·瞿草가 많다. 샘물로 밭을 관개한다. 나라
안에는 돌궐·계빈·토화라 종족의 사람들이 섞여서 살며, 계빈은 그 자
제들을 취하여 무기를 소지케 함으로써 大食을 방어한다. 景雲 초에 사
신을 보내 조공을 바쳤고, 후에는 마침내 계빈에 신속하였다. 開元 8년

十姓,275) 곤륜崑崙276)·일본日本·신라新羅·말갈靺鞨의 시자(侍子·277)

(720) 천자가 葛達羅支頡利發誓屈爾를 왕으로 책봉했다. 天寶 연간에 이르기까지 자주 조공을 바쳤다.謝颺居吐火羅西南, 本曰漕矩吒, 或曰漕矩, 顯慶時謂訶達羅支, 武后改今號. 東距罽賓, 東北帆延, 皆四百里. 南婆羅門, 西波斯, 北護時健. 其王居鶴悉那城, 地七千里, 亦治阿婆你城. 多鬱金·瞿草. 漢泉灌田. 國中有突厥·罽賓·吐火羅種人雜居, 罽賓取其子弟持兵以禦大食. 景雲初, 遣使朝貢, 後遂臣罽賓. 開元八年, 天子冊葛達羅支頡利發誓屈爾爲王. 至天寶中數朝獻."라고 하였다.

275) 오천(축) 십성五天十姓 : 五天竺을 줄여 말한 것이다. 오천축에 속한 나라는 수십개 국으로 '五天十姓'이라 함은 오천국에 속한 대표적인 10개 나라를 뜻한다. 『舊唐書』권198「西戎列傳」'天竺'조에 "五天竺所屬之國數十, 風俗物產略同"이라고 하였다. 五天竺은 즉 中天竺, 東天竺, 西天竺, 南天竺, 北天竺이다. 현재 인도, 파키스탄 일대이다. 『舊唐書』「西戎列傳」에 "땅의 넓이는 각각 수천 리였으며, 성읍은 수백이었다. 남천축은 大海로 경계로 삼고, 북천축은 雪山까지 도달하고, 주변 사방에는 산이 있어 벽으로 삼고, 남쪽으로는 하나의 골짜기가 있어 나라로 통하는 문으로 삼았다. 동천축국은 동으로 큰 바다를 경계로 삼고 扶南, 林邑과 인접하였다. 서천축국은 罽賓, 波斯와 서로 접하였다. 중천축국은 사천축국의 정치와 경제의 중심으로, 도성은 주위의 둘레가 70여 리였으며, 북으로 禪連河에 임해 있었다.地各數千里, 城邑數百. 南天竺際大海; 北天竺拒雪山, 四周有山爲壁, 南面一谷, 通爲國門; 東天竺東際大海, 與扶南·林邑鄰接; 西天竺與罽賓·波斯相接; 中天竺據四天竺之會." 五天竺은 당과 긴밀한 관계를 유지하였으며 무덕 연간에 중천축에 병합되었다. 貞觀 10년(636)에 현장이 불법을 배우러 갔다. 정관 17년에 왕현책 등 사람을 파견하여 摩揭陀國使者와 함께 천축을 내방하도록 하였는데, 그 뒤에도 왕래가 끊이지 않았다.

276) 곤륜崑崙 : 崑崙은 일반적으로 신화에 등장하는 서방의 '崑崙山'과 동남아 해상일대의 '崑崙' 등 두 가지 용례로 분류할 수 있지만, 동남아 일대

및 사절, 내신內臣인 번국[番]278) 고려조선왕高麗朝鮮王,279) 백제대

를 지칭하는 곤륜도 워낙 다양하게 사용되어 어원과 지리적 위치를 정확하게 판단하기가 쉽지 않다. 동남아 일대를 지칭하는 '곤륜'의 어원에 대해서는 말레이어에서 '산'이라는 의미를 지니고 있는 'Gunung(화산은 Gunung Api)'에서 유래했거나, 크메르어로 '왕'을 의미하는 Kurun에서 연원했을 것으로 추정하고 있다. 楊博文은 외국전에서 언급하고 있는 '곤륜'이 분명하게 자바섬 동편을 가리키고 있다는 점과 Gabriel Ferrand 가 "두 가지 색깔의 정향이 모두 굴륜국에서 생산된다.兩色丁香, 咸出 堀倫國."는 義淨『南海寄歸內法傳』의 기사에 착목하여 곤륜을 정향생산지 '굴륜국'으로 파악하고 있다는 점을 참조하여『諸蕃志』나『宋史』에서 언급하는 곤륜은 정향의 산지이자 향료군도로 불리는 Maluku군도일 것으로 추정하고 있다.『諸蕃志校釋』, 2000 : 57~58 참조(동북아역사재단편『중국정사외국전 :『宋史』권489「外國傳」'闍婆國'조 각주 2에서 재인용)『舊唐書』권197「西南蠻列傳」'林邑'조에는 "임읍으로부터 남쪽은 모두 곱슬머리에 피부가 검은데 이들을 통칭하여 '곤륜'이라 한 다(自林邑以南, 皆卷髮黑身, 通號爲崑崙)"라고 하여 인종적 특징을 설명하고 있다.

277) 시자侍子 : 고대 속국의 왕 혹은 제후가 자식을 보내 입조하여 천자의 시중을 들게 하고 천자의 나라 문화를 학습하게 한 제도를 말한다.

278) 내신인 번국內臣之番 : 일본학자 栗原朋信에 의하면, 漢代 天下는 內臣, 外臣, 外客臣, 絶域의 朝貢國으로 구성되어 있다. 이러한 구분은 이들에게 하사하는 '印'·'章'의 구분과 문자에 의해서도 이루어진다. 일반 外臣에게 사여하는 印章에는 '漢', '新' 등 중국왕조의 이름이 앞에 나오고 끝에 '印', '章' 등의 문자를 넣는다. 王莽이 '新匈奴單于章'이라 적힌 印章을 사여한 것은 흉노의 지위를 外客臣에서 外臣으로 조정하려 했다고 말할 수 있다. 이외 중국을 중심으로 그 주변국과의 관계를 칭하는 용어로 宗主과 藩國의 개념인 '宗藩'을 들 수 있는데, '내신의 번'이라 함은 중국과 번속관계에 있는 내신이라는 의미로 사용한 듯하다. 이 표현은『舊唐書』「禮儀志」3에만 등장한다. 일반적으로 당의 번속

방왕百濟帶方王, 십성마하사나흥석가한十姓摩阿史那興昔可汗,[280] 삼
십성좌우현왕三十姓左右賢王,[281] (그리고) 일남日南[282]·서축西

체제는 1) 藩臣(책봉) 2) 舅甥(화친) 3) 不臣敵國(외국) 관계(李大龍,
『漢唐蕃屬體制研究』, 中國社會科學出版社, 2006)로 구분할 수 있다.
1) 藩臣은 다시 '內蕃'과 '外蕃'으로 구분되는데, '내번'은 일반적으로
국내의 번속 관계를 말하고 '외번'은 국외의 번속관계를 뜻한다. 여기에
서 말한 '내신의 번'은 말 그대로 첫 번째 번신체제에 속하는데, 본문에
서 언급한 고구려와 백제의 경우 현종기에는 이미 멸망하고 안동도호부
체제로 관할하던 곳으로 이들은 '不臣敵國'에서 '內臣의 蕃'으로 인식
되었음을 알 수 있다. 乾封 元年 高句麗太子가 外臣으로서 封禪大典
에 참여한 것과는 대조적이라 할 수 있다.

279) 고려조선왕高麗朝鮮王 : 현종 때 고려 조선왕에 해당되는 인물은 이곳
외에는 기록이 없어 누구인지 알 수 없으나 멸망한 고구려의 왕족 또는
후손일 가능성이 크다.

280) 십성마아사나흥석가한十姓摩阿史那興昔可汗 : 서돌궐은 657년 서돌궐
가한인 阿史那賀魯가 포로로 잡히면서 망하였다. 이듬해인 658년에 이
지역에 기미도호부를 설치하였고 일찍이 당에 투항한 서돌궐 귀족 室点
密可汗의 5대손인 阿史那彌射를 昆陵都護에 임명하고 興昔亡可汗이
라는 작을 하사하였다. 또한 十姓可汗은 고대 투르크어로 '온 오크 카간
(On oq qaghan)'의 음사이다. 儀鳳 2년(677)에 반란을 일으킨 阿史那都
支가 西突厥의 大可汗을 칭하지 않고 十姓可汗이라고 한 것은 그 자신
이 비록 阿史那氏이었지만 西突厥의 정통 可汗 집안 출신이 아니라
處木昆 부락의 추장으로 당시 匐延都督을 맡고 있었기 때문이라고 추
정된다. 즉 이미 붕괴한 西突厥의 부활이 아니라 현존하는 十姓(十箭)
의 대표라는 의미에서 十姓可汗이라고 칭한 것으로 본다. 또한 아사나
는 돌궐의 왕족의 성씨에 해당되어 阿史那獻 등과 같이 아사나 … 라고
표기한다. 그러므로 '십성마아사나흥석(망)가한'은 망한 서돌궐 수장에
게 부여한 칭호라고 할 수 있다.

281) 삼십성좌우현왕三十姓左右賢王 : 三十姓은 사료에 '三十姓達靼'이 보

쓸283) · 착치鑿齒284) · 조제雕題285) · 장가牂柯286) · 오호烏滸287)의　추장

인다. 達靼은 韃靼 · 達怛 · 達旦 · 達達 · 塔塔爾 · 塔坦 등으로 지칭되는 靺鞨족이다. 唐代부터 기록이 보이는데 '三十姓達靼', '九姓達靼'으로 되어 있다. 그런데 左右賢王은 匈奴의 관제이며, 당대에는 투항한 돌궐 귀족에게 左右賢王의 관직을 임명한 기사가 나온다. 다만 달단으로 지칭되는 말갈족에게도 이 관직을 수여했는지는 기록에 없어 알 수가 없다. 정황상 三十姓左右賢王은 30성 달단족의 좌우현왕으로 보아야 할 것이다. 이하 左右骨都侯까지 24인을 二十四長이라 칭하였다.

282) 일남日南：『舊唐書』 권9「玄宗本紀」 開元 29년조에는, "十二月丁酉, 吐蕃入寇, 陷廓州達化縣及振武軍石堡城, 節度使蓋嘉運不能守. 女國 王趙曳夫及佛逝國王 · 日南國王遣其子來朝獻"라고 하여 일남국왕이 조헌하러 왔다고 되어 있다. 여기에서는 국왕이라고 하였다. 日南은 원래 秦始皇 33년(전214) 陸梁의 땅을 공략하여 이곳에 南海, 桂林, 象郡을 설치하면서부터 있었다고 하는데, 또「地理志」에는 武帝 때 日南郡으로 개명하였다고 전한다. 그 治所가 어디에 있었는가에 대해서는 첫째, 漢代 日南郡이 곧 秦代 象郡이라는 설과 둘째, 秦代 설치된 후 前漢 昭帝 元鳳 5년 가을에 폐지하고 그 땅에 郁林, 柯 두 郡을 설치했다는 郁林설(「地理志」)이 있다(李龍章,「秦漢象郡辨析」,『秦俑秦文化硏究』, 陝西人民出版社, 2000). 郡 치소는 臨塵(현재 廣西省 崇左)이었으며, 일설에는 象林(현재 越南 維州南茶轎) 또는 盧容(현재 越南 順化東北)이었다고 한다.

283) 서축西竺：[교감기 31]에 의하면 원래 '西二'로 되어 있다고 한다. 일반적으로 '서축'이라 함은 서쪽의 천축국을 가리키는데, 이미 앞에서 오천축 10성국이 나왔으므로, 여기에서는 서쪽 천축국이라는 일반적인 용법으로 사용된 것 같지 않다. 왜냐하면 천축국의 왕을 추장이라고 한 것은 이해하기 어렵기 때문이다.

284) 착치鑿齒：중국 신화 속에 后羿가 처치했다는 반인반수의 동물이다. 입에 끌처럼 1미터 이상 되는 큰 어금니가 특징이다. 착치는 유년 시절 성년식의 일환으로 이빨에 구멍을 내어 보석류를 박아 넣은 풍속이 있는

남방 민족인 백월족을 가리킬 때 사용한다. 『新唐書』권222하 「南蠻」하에는 "그밖의 만족은 종류가 많이 일일이 다 기록할 수 없다. 黑齒, 金齒, 銀齒의 세 종이 있다. 다른 사람을 만날 때는 칠하거나 금은을 새겨서 치아를 장식한다. 자거나 먹을 때는 제거한다. 바로 정수리 위에 상투를 틀고, 푸른 베로 通袴를 만들어 입는다.羣蠻種類, 多不可記. 有黑齒·金齒·銀齒三種, 見人以漆及鏤金銀飾齒, 寢食則去之. 直頂爲髻, 青布爲通袴."라고 하였는데, 혹이 이 3종족을 일컬어 鑿齒라고 한 것은 아닌지 모르겠다.

285) 조제雕題 : 이마에 문신을 새기는 남방 민족을 가리킨다. 『禮記』「王制」에 "남방을 만이라고 하며 이마에 문신을 새기고 (남녀가) 다리를 서로 엉켜 자는 곳南方曰蠻, 雕題交阯"에 나온다. 『後漢書』李賢注에서는 "題란 이마를 뜻한다. 이것을 새긴다는 것은 그 살갗에 붉고 푸른 물을 들여 새기는 것을 말한다. 題, 額也. 雕之, 謂刻其肌以丹靑涅也."라고 하였다. 『新唐書』권222下 「南蠻」下에 "조제종이 있는데, 몸과 얼굴에 눈썹먹으로 검은 물을 들인다.有雕題種, 身面涅黛."라고 하였다.

286) 장가牂柯 : 西南夷 장가국을 말한다. 『新唐書』권222하 「南蠻」下에 "開元 연간에 장가의 추장 謝元齊가 죽자, 손자인 嘉藝가 그 뒤를 이어 봉작을 받았는데, 얼마 후 이에 趙氏를 추장으로 삼았다.開元中, 牂柯酋長元齊死, 孫嘉藝襲官, 封其後, 乃以趙氏爲酋長."라고 하였다. 개원 13년에 행해진 봉선례에는 사원제의 손자 가예가 참여한 것인지 아니면 조씨가 참여한 것인지 알 수 없으나 『舊唐書』권197 「西南夷」 '牂柯蠻' 조에는 開元 25년(737)에는 "대추장 조군이 내조하고 또 공물을 바쳤다.大酋長趙君道來朝, 且獻方物."라고 하여 조씨가 내조하였다고 되어 있다.

287) 오호烏滸 : 『後漢書』권116 「南蠻傳」에 "(교지) 서쪽에 담인국이 있는데 아들을 낳으면 배를 갈라 먹는다, 이를 의제라고 한다. 맛이 좋으면 임금에게 보내는데 임금이 기뻐하며 그 아비에게 상을 내린다. 아름다운 아내를 취하면 그 형에게 양보한다. 현재의 오호인이다.其西有噉人國, 生首子輒解而食之, 謂之宜弟. 味旨, 則以遺其君, 君喜而賞其父.

酋長이 모두 함께 자리하였다.[288) 현종이 제서를 내려 말하였다.

朕聞天監唯后, 后克奉天, 旣合德以受命, 亦推功而復始.
厥初作者七十二君, 道洽跡著, 時至符出, 皆用事于介丘,
升中於上帝. 人神之望, 蓋有以塞之, 皇王之序, 可得而言.

取妻美, 則讓其兄. 今烏滸人是也."라는 구절에 나온다. 李賢注에서는
萬震의『南州異物志』를 인용하여 '烏滸'는 지명으로 廣州의 남쪽 交
州의 북쪽에 위치하고 있다. 항상 다니는 길가에 염탐하는 자를 배치하
였다가 (지나는 사람이 있으면) 갑자기 공격하여 사람을 잡아먹는데 재
화는 탐하지 않았다. 그 인육은 젓을 담고 두개골은 깨트려 이를 이용해
술을 마시며, 사람의 손과 발가락으로는 진기한 음식을 만들어 이를 장
로들에게 먹게 한다.萬震南州異物志曰 : "烏滸, 地名也. 在廣州之南,
交州之北. 恆出道閒伺候行旅, 輒出擊之. 利得人食之, 不貪其財貨,
並以其肉爲肴葅, 又取其髑髏破之以飲酒. 以人掌趾爲珍異, 以食長
老."라고 되어 있다. 史書의 기록으로는『後漢書』권8「靈帝紀」, 建寧
3년(170) 鬱林의 烏滸民이 내속하였다는 기록이 처음 나타나고 唐代까
지 그 종족의 존재가 확인된다. 劍南道 貴州 鬱平縣(현재 廣西狀族自
治區 貴港市)에 자식을 잡아먹고 남녀가 혼거하는 풍속을 가진 烏滸人
이 거주하고 있음을 설명하고 있다.『舊唐書』권41「地理志」4 "鬱平
漢廣鬱縣地, 屬鬱林郡. 古西甌·駱越所居. 後漢谷永爲鬱林太守, 降
烏滸人十萬, 開七縣, 即此也. 烏滸之俗 : 男女同川而浴 ; 生首子食
之 ; 云宜弟, 娶妻美讓兄 ; 相習以鼻飲. 秦平天下, 始招慰之, 置桂林
郡. 漢改爲鬱林郡. 地在廣州西南安南府之地, 邕州所管郡縣是也. 隋
分鬱平縣. 鬱江, 在州東也". 그 이후에는 이에 관한 기록이 나타나지
않는다.
288) 봉선에 참여한 문무 대신 이하 내외 빈객은 원회 의례의 조회 때 참여한
나라들과 일치한다. 크게 1) 책봉을 받아 조공을 하는 나라들, 2) 내신의
번국, 3) 추장으로 서열화되어 있다.

朕接統千歲, 承光五葉, 惟祖宗之德在人, 惟天地之靈作主.
往者內難, 幽贊而集大勳; 間無外虞, 守成而纘舊服. 未嘗
不乾乾終日, 思與公卿大夫上下協心, 聿求至理, 以弘我烈
聖, 其庶乎馨香. 今九有大寧, 群氓樂業, 時必敬授而不奪,
物亦順成而無夭. 懋建皇極, 幸致太和. 洎乃幽遐, 率由感
被. 戎狄不至, 唯文告而來庭; 麟鳳已臻, 將覺情而在藪.
以故凡百執事, 亟言大封. 顧惟不德, 切欲勿議. 伏以先聖
儲祉, 與天同功, 荷傳符以在今, 敢侑神而無報. 大篇斯在,
朕何讓焉. 遂奉遵高宗之舊章, 憲乾封之令典, 時邁東土,
柴告岱岳. 精意上達, 肸蠁來應, 信宿行事, 雲物呈祥. 登降
之禮斯畢, 嚴配之誠獲展. 百神群望, 莫不懷柔, 四方諸侯,
莫不來慶, 斯是天下之介福, 邦家之耿光也. 無窮之休祉,
豈獨在予; 非常之惠澤, 亦宜逮下. 可大赦天下. 封泰山神
爲天齊王, 禮秩加三公一等. 仍令所管崇飾祠廟, 環山十里,
禁其樵採. 給近山二十戶復, 以奉祠神.

짐이 듣기로, 하늘은 오직 제왕을 보살피고 제왕은 능히 하
늘을 받들며, (제왕의) 덕이 하늘에 부합하여 천명을 받고 또한
그 공적을 높여 (천기가) 다시 시작한다. 처음에 흥기한 72군
왕[289]은 (모두) 덕이 두텁고 공적이 뛰어나 때에 이르러 부서
가 출현하니, 모두 개구介丘(태산)에서 제사하고 산에 올라 상
제上帝에게 제사하였다. 사람과 신들의 기대가 모두 채워졌으
니 황제의 차서를 말할 수 있다. 짐은 천년의 대통을 잇고 오대

---

289) 『史記』 권8 「封禪書」에 管仲의 입을 빌어 역대 태산에 봉선을 행한 국
    군이 72가라고 한 것을 말한다. "古者封泰山禪梁父者七十二家."

조 선조의 위대한 광영을 계승하였으니, 조종의 덕은 사람(백성)에 있고 천지의 신령은 (신)주로 세운다. 지난날 국내 변란에 천우신조로 큰 공을 모을 수 있었고 그 사이 외환도 없어 수성守成하여 선조가 행했던 일을 이었다.[290]

하루도 쉼 없이 힘쓰며 생각하였으니, 공경대부를 비롯하여 상하가 마음을 합하여 마침내 지극한 정치[至理]를 이루어서 우리 당 나라를 세우신 선조(의 업적)를 발양하고 그 아름다운 자취, 영원하기를 바랐다.[291] 이제 천하가 안녕하고 백성들은 편안히 생업에 힘쓰며, 사계절의 노동을 반드시 삼가 천도에 맞게 하여 그 때를 잃지 않도록 하니,[292] 만사만물 또한 순리대로 이루어져 요절함이 없다.[293] 힘써 황극(대중의 도)을 세

---

290) 선조가 행했던 일을 이었다 : 출처는 『尙書』「君牙」 "纘乃舊服, 無忝祖考." 그 孔傳에, "繼汝先祖故所服忠勤, 無辱累祖考之道"라고 하였다.

291) 출처는 『尙書』「君陳」에 "지극한 정치를 하면 향기로워서 신명에게도 감응이 되는 법이니, 서직과 같은 곡식의 제물이 향기로운 것이 아니라 밝은 덕의 제물이 향기로운 것이다.至治馨香, 感于神明. 黍稷非馨, 明德惟馨."라는 말이다. 앞 구절의 至理는 至治를 달리 표현한 것이니, '至治馨香'이란 『상서』의 구절을 인용하여 매일 자강불식하여 공경대부 및 만백성과 더불어 태평지치를 이루고자 노력하였다는 표현이다.

292) 『尙書』「堯典」의 "이에 羲氏와 和氏에게 명하여 昊天의 명을 경건하게 따르고 日月과 星辰의 운행하는 법상을 책력으로 만들어서 농민이 경작하는 농사철을 경건하게 알려주도록 하셨다.乃命羲和, 欽若昊天, 曆象日月星辰, 敬授人時."의 '敬授人時'를 인용한 말이다.

293) 『史記』 권26 「曆書」에, "堯復遂重黎之後, 不忘舊者, 使復典之, 而立羲和之官. 明時正度, 則陰陽調, 風雨節, 茂氣至, 民無夭疫"이라고 하여, 요임금이 희화관을 설치한 뒤 음양이 조화를 이루어 화기가 이루니

우니,294) 다행스럽게도 음양의 기운이 천지간에 화합하기에 이
르렀다[太和].295) (태평의 화기가) 먼 곳까지 이르니, 모두 그
감화에 따랐다. 오랑캐는 침범해오지 않으니, 다만 문덕으로
효유하여 조공하러 오고[來庭],296) 기린과 봉황이 거듭 이르니,
(때가 도래하였음을) 깨닫는 뜻을 가지고 모였다.297)

　이런 까닭에 만백관이 극구 봉선을 행할 것을 권하였다. 짐
은 부덕함을 고려하여 끊고 더 이상 논의하지 못하게 하려 하
였다. 생각해보니 선조께서 만들어놓은 덕업이 하늘과 공이 같
고 수명의 부서를 받아 지금에까지 이르렀으니, 배사하여 보답
함이 어찌 없을 수 있겠는가?298) 장문의 상서문[大篇]299)이 이

백성들이 요절하거나 병에 시달리는 일이 없었다는 표현이 나온다.

294) 황극皇極 : 출처는 『尙書』 「洪範」의 "次五曰建用皇極"이다. 그 孔傳에
　　"皇, 大. 極, 中也. 凡立事當用大中之道"라고 하였다.

295) 태화太和 : 출처는 『易』 「乾」卦, "保合大和, 乃利貞." 朱熹 本義 : "太
　　和, 陰陽會合沖和之氣也."

296) 문덕으로 효유하여 … : 『詩經』 「大雅 · 常武」 "四方旣平, 徐方來庭." 그
　　孔傳에 "來王庭也."

297) 이 구절은 전체적으로 『禮記』 「禮運」 "故天不愛其道, 地不愛其寶, 人
　　不愛其情. 故天降膏露, 地出醴泉, 山出器車, 河出馬圖, 鳳皇麒麟皆在
　　郊棷, 龜龍在宮沼, 其餘鳥獸之卵胎, 皆可俯而闚也. 則是無故, 先王能
　　修禮以達義, 體信以達順, 故此順之實也"을 요약하였다. 예를 잘 닦으
　　면 하늘에서 감로와 지상에서 봉황, 기린, 거북, 용과 같은 신령한 동물이
　　나타난다는 말로, 태평성대를 상징하는 성어로 '麒麟在郊藪'라고 하고
　　있다. "人不愛其情"에 대해서 정현의 주는 "인정이 지극하다(人情至
　　也)"라고 하였고, 공영달의 소는 "皆盡孝悌及越常至也"라고 하여 효제
　　와 같은 인간의 도리를 다하면 월상씨가 흰꿩을 바치러 오는 것과 같은
　　일이 생긴다는 의미로 해석하였다.

에 있으니 짐이 어찌 사양할 수가 있겠는가?

　　마침내 고종 때 전례에 따라 건봉 연간의 제도를 모범으로
하여 때맞춰 동방에 도달하여 대악岱岳(태산)에 번시燔柴하여
상제에 고하며 제사를 지냈다. 정성스러운 뜻이 상천에 도달하
니 상서로운 기운이 (하늘에서) 내려와 호응하고[盼蠁來應]300)
이틀간 머물며 제사지내는 동안 하늘에서 상서로운 구름으로
답하였다. 산에 올라 봉封 제사하고 내려와 선禪 제사하는 예
를 모두 행하여 엄배嚴配의 정성을 펼쳤다. 산천[群望] 등 모든
신들이 와서 기꺼워하지 않음이 없었고301) 사방의 제후들이
와서 축하하지 않는 이가 없었으니, 이는 천하의 큰 복이요
(당)나라의 영광이다. 무궁한 경사가 어찌 나 혼자만의 것이겠

---

298) "侑神作主"(『舊唐書』「禮儀志」3 앞 문장에 나온다)를 말한다. 신에 짝
　　하여 배위 신주를 세운다는 말이다. '以祖配天'의 다른 표현으로 보아도
　　무방할 듯하다. 『宋史』나 『宋會要輯稿』에서 郊祀에서 선조를 배사하는
　　것을 가리킬 때 사용하는 상투어이다.

299) 대편大篇 : 원래 편장이 길고 웅장한 시문을 뜻하나 여기에서는 봉선을
　　행할 것을 청원하는 상소문으로 보았다.

300) 상서로운 기운이 … (盼蠁來應) : 상서로운 기운이 소리가 울려 퍼지는
　　것처럼 사방에 퍼져 있는 것을 말한다. 司馬相如의 「上林賦」에 묘사된
　　이래 천 제사를 지낸 뒤 정성에 감동한 하늘이 보여주는 상서로운 현상
　　을 묘사할 때 사용하는 상투어이다. 唐 杜甫의 「朝獻太淸宮賦」에 "若
　　肸蠁之有憑, 蕭風飇而乍起"라고 하였고 晉 左思의 『蜀都賦』에 "天帝
　　運期而會昌, 景福盼蠁而興作"라고 하였다.

301) 본문의 '百神群望, 莫不懷柔'는 『詩經』「周頌 · 時邁」 "懷柔百神, 及河
　　喬嶽"에서 인용한 것이다. 毛傳에 "懷, 來 ; 柔, 安"라고 하였고 鄭玄의
　　箋에는 "來安羣神, 望於山川, 皆以尊卑祭之"라고 하였다.

는가? 이 대단한 은혜와 덕택은 마땅히 아래에까지 이르러야 마땅하다.

그러니 천하에 대사면을 내릴 만하다. 태산신泰山神을 천제왕天齊王에 봉하고302) 질록은 삼공과 같게 하여 예우한다. 또한 관련 부서에 명하여 (태산의) 사묘를 받들어 장식하고 태산 10리 주위에는 땔나무 채취를 금하도록 한다. 태산 근처에 있는 20호에게 요역을 면제[復]303)하여 제사를 받들도록 한다.

玄宗製紀太山銘, 御書勒于山頂石壁之上. 其辭曰 :

현종은 「기태산명紀太山銘」을 제작하고 친필로 산 정상 석벽 위에 새겨 넣었다. 비에는 다음과 같이 적혀 있다.

朕宅帝位, 十有四載[三二],304) 顧惟不德, 憎于至道, 任

---

302) 태산신을 천제왕으로 봉한 이유는 『史記』 권8 「封禪書」에 "於是始皇遂東遊海上, 行禮祠名山大川及八神, 求僊人羨門之屬. 八神將自古而有之, 或曰太公以來作之. 齊所以爲齊, 以天齊也. 其祀絶莫知起時. 八神 : 一曰天主, 祠天齊"라고 하여 제나라가 국명을 '제'라고 하는 이유는 하늘 가운데[天齊]로 여겼기 때문이다. 이 齊 지방에서는 대대로 8신 제사가 있었는데, 그 첫 번째가 天主이다. 천주는 천제에 지내는 제사를 말한다고 하였다. 그러므로 태산신을 천제왕이라고 칭했던 것이다.

303) 복復 : 요역과 부세를 면제해주는 것을 말한다. 봉선과 같은 대전에 뒤따르는 대사면령와 함께 해당 지역의 요역 면제(복)은 정해진 수순이다.

304) [교감기 32] "朕宅帝位十有四載"는 여러 판본에는 '帝'자가 원래 없고

夫難任, 安夫難安. 茲朕未知獲戾于上下, 心之浩盪, 若涉
大川. 賴上帝垂休, 先后儲慶, 宰相庶尹, 交修皇極, 四海會
同, 五典敷暢, 歲云嘉熟, 人用大和. 百辟僉謀, 唱余封禪,
謂孝莫大於嚴父, 禮莫盛于告天, 天符旣至, 人望旣積, 固
請不已, 固辭不獲. 肆余與夫二三臣, 稽虞典, 繹漢制, 張皇
六師, 震讋九宇. 旌旗有列, 士馬無譁, 肅肅邕邕, 翼翼溶
溶, 以至岱宗, 順也.

짐이 황제의 자리에 오른 지 14년이 흘렀다. 돌아보면 덕이
부족하고 지극한 도리(최선의 정치)에 불민함에도 감당하기
어려운 임무를 맡아 평안하기 어려운 시국을 안정시켜왔다.
이 때문에 짐이 위아래로 죄를 짓는 것은 아닌지 몰라 마음속
은 안절부절 마치 큰 강을 건너는 듯 조심스러웠다.[305] 상제가
내려준 복과 선대왕께서 쌓아놓으신 경사 덕분에 재상과 백관
들이 서로 황극皇極(정치의 근본이 되는 도덕)을 닦고 사해가
회동하며 오전五典[306]이 널리 펼쳐지고 해마다 풍년을 알리며
백성들은 크게 화목하였다.

백관들이 모두 의논하여 봉선을 행할 것을 주장하며 효도는

'十有四載'는 원래 '有十載'으로 되어 있는데, 『唐文粹』 권19下와 『全
唐文』 권41에 의거하여 수정하였다.

305) 『尙書』 「商書·湯誥」의 "茲朕未知獲戾于上下. 慄慄危懼. 若將隕于深
淵"의 구절 중 "慄慄危懼 …" 이하를 바꾸어 인용하면서 成湯이 폭군
桀을 방벌한 것에 자신의 쿠데타를 비유하여 정당화하고 있다.

306) 오전五典 : 다섯 가지 윤리 도덕, 즉 五常을 말한다. 출처는 『尙書』 「舜
典」 "慎徽五典, 五典克從." 孔傳에, "五典, 五常之敎. 父義·母慈·兄
友·弟恭·子孝."

부모를 공경하는 것보다 큰 것이 없고 예는 하늘에 고하는 것보다 성대한 것이 없다고 말하였다. 하늘의 부서가 이미 나타났고 백성들의 바람이 쌓여가 (봉선) 요청이 끊이지 않아 고사해도 들어주지 않았다. 이에 나는 여러 대신들과 함께 (상서)「순전舜典」을 참조하고[307] 한나라 제도를 궁구하였으며, 육사의 군대를 대대적으로 사열하여[張皇六師][308] 말발굽 소리로천하를 진동시켰다. 깃발들은 줄을 이루고 병사와 말들은 일사불란하게 엄숙하면서도 화목하고 경건하면서도 활기차게대종에 이르렀으니, 모든 일이 순리에 맞았다.

爾雅曰:「泰山爲東岳.」 周官曰:「兗州之鎭山.」 實萬物之始[三三],[309] 故稱岱焉 ; 其位居五岳之伯, 故稱宗焉. 自昔王者受命易姓, 於是乎啓天地, 薦成功, 序圖錄, 紀氏號. 朕統承先王, 玆率厥典, 實欲報玄天之眷命, 爲蒼生而祈福,

---

307) 중역본과 일역본(竹村則行,「唐玄宗の「紀泰山銘」について」,『九州大學學術情報リポジトリ』, 2007) 모두 舜임금의 전례를 참고한 것으로 해석하였으나, 말 그대로『尙書』「虞典(순전)」의 내용을 바탕으로 봉선 의례를 재구성했다고 보아도 무방할 듯하다. 이는 司馬遷이「封禪書」를『尙書』「虞典」의 순수례로 서문을 장식한 뜻과 크게 달라 보이지 않는다.

308) 육사의 군대를 대대적으로 사열하여[張皇六師] : 출처는『商書』「周書·康王之誥」의 “張皇六師, 無壞我高祖寡命”이다.

309) [교감기 33] “實萬物之始”는『冊府元龜』권36·『唐文粹』권19下·『全唐文』권41에는 ‘實’ 자 뒤에 “惟天帝之孫, 群靈之府其方處” 12자가더 있다.

豈敢高視千古, 自比九皇哉! 故設壇場於山下, 受群方之助祭; 躬封燎於山上, 冀一獻之通神. 斯亦因高崇天, 就廣增地之義也.

『이아爾雅』에 "태산泰山은 동악東岳이다"라고 하였고,[310] 『주관周官』에 "연주의 진산이다兗州之鎭山"라고 하였다.[311] 실은 (동방이) 만물의 시작이니, 그러므로 대岱라고 칭한 것이며, 그 지위가 오악의 으뜸이니, 그러므로 종宗이라고 칭한 것이다. 옛날 왕이 된 자가 수명受命하고 역성易姓하면, 이에 천지를 열고 공을 이루었음을 천신께 고하며 도록圖錄을 펴서 씨족의 명호를 기록하였다. 짐은 선왕의 대통을 계승하여 이에 이 (봉선) 예전을 거행하니 실로 하늘이 보우하심에 보답하고 백성을 위해 복을 기원하고자 함일 뿐이다. 어찌 감히 천고의 (예전을) 오만하게 바라보고 스스로를 구황九皇에 비교하겠는가?[312] 그러므로 산 아래에 제장과 제단을 세워 각 지방 (제후, 혹은 제후가 보낸 조집사 등)이 도와 제사를 지냈으며, 나는 직접 산 위에서 번시燔柴하여 봉제사를 지내고 일헌一獻으로 신에 닿기를 바랐다. 이 또한 높은 곳에 올라 천을 숭상하고 넓은 곳에 나아가 땅을 북돋우는 취지이다![313]

---

310) 『이아爾雅』에 … : 『爾雅』「釋山」이며, '東岳'은 '東嶽'으로 되어 있다.
311) 『周禮』「夏官·職方氏」에, "河東曰兗州. 其山鎭曰岱山"로 되어 있다.
312) 漢武帝를 염두에 두고 한 말이다. 『史記』 권28 「封禪書」에 "高世比德於九皇, 而頗采儒術以文之"라고 하였다. 九皇은 三皇 이전 머리가 9개인 人皇 또는 9명의 人皇을 말한다. 『史記集解』 "張晏曰 : 三皇之前有人皇, 九首. 韋昭曰 : 上古人皇者九人也."

乃仲冬庚寅, 有事東岳, 類于上帝, 配我高祖. 在天之神, 罔不畢降. 粤翌日, 禪於社首, 佑我聖考, 祀於皇祇. 在地之神, 罔不咸擧.

이에 중동仲冬 경인庚寅일314)에 동악에 제사하고 상제에 유제類祭를 지내며 우리 고조를 배사하였다. 하늘에 계신 신들 중 강림하지 않은 신이 없었다. 다음날 사수산에 선 제사를 지내며 우리 성고聖考를 배향하여[佑我聖考]315) 황지기皇地祇에 제사하였다. 지상의 신들 중 나오지 않은 자가 없었다.

曁壬辰, 觀群后, 上公進曰: 天子膺天符, 納介福. 群臣拜稽首, 呼萬歲. 慶合歡同, 乃陳誠以德. 大渾協度, 彝倫攸敍, 三事百揆, 時乃之功. 萬物由庚, 兆人允植, 列牧衆宰, 時乃之功. 一二兄弟, 篤行孝友, 錫類萬國, 時唯休哉! 我儒制禮, 我史作樂, 天地擾順, 時唯休哉! 蠻夷戎狄, 重譯來貢, 累聖之化, 朕何慕焉. 五靈百寶, 日來月集, 會昌之運,

---

313) 이 구절은 태산과 같이 높은 곳에 올라 지극히 높은 天에 제사하고 광활한 곳에 나아가 地에 禪 제사한다는 의미이다. 封天과 禪地를 풀이한 뜻으로 보인다. 경전적 근거는 『周易』 「繫辭」 上의 "崇效天, 卑法地" 구절의 주에 "極知之崇象天高而統物, 備禮之用, 象地廣而載物也"이다.

314) 開元 13년(725) 음력 11월 10일이다.

315) 泰山 현지에 있는 비문에는 '佑我聖考'의 '佑'가 '侑'로 되어 있다.(竹村則行, 「唐玄宗의「紀泰山銘」について」, 앞의 논문) 즉 配侑(배향)의 의미로 볼 때에는 侑가 맞다. 여기에서 聖考는 玄宗의 아버지인 睿宗 李旦을 말한다. 현종은 고종 때 皇地祇 제사에 先后를 배사한 전례를 따르지 않고 자신의 아버지인 睿宗을 배사한 것이다.

朕何惑焉. 凡今而後, 儆乃在位, 一王度, 齊象法, 權舊章,
補缺政, 存易簡, 去煩苛. 思立人極, 乃見天則.

　　임진壬辰일316)이 되자, 여러 제후들의 조회를 받았으며, 상
공上公이 나서서 말하기를, "천자께서 하늘의 부서에 응하시어
큰 복을 받으셨습니다." 이에 군신들은 머리를 조아려 절하며
만세를 불렀다. 모두 경축하며 기쁨으로 회동하니 이에 덕으로
훈계하였다.317) 천기의 운행이 조화롭고[大渾協度], 떳떳한 윤
리가 이에 펼쳐지니[彝倫攸敘], 삼공[三事]318)과 백관[百揆]들
이여, 이는 너희의 공로이다. 만물이 도로 말미암아 마땅함을
얻고[萬物由庚],319) 만백성은 기뻐하며 농사지으니[兆人允植],
여러 주목과 현관들이여, 이는 너희의 공이다. 우리 형제들이
우애를 돈독히 하고 효도를 행하여 만국에 모범을 보여주니[錫
類萬國],320) 이것이 아름답지 않은가![時唯休哉!]

　　우리 유자들이 (봉선의) 예를 제정하고, 우리 태사가 (봉선
의) 악을 지어, 천지가 요순하니[天地擾順],321) 이것이 아름답

---

316) 開元 13년(725) 음력 11월 12일이다.
317) 『尙書』「商書 · 咸有一德」에 "伊尹旣復政厥辟. 將告歸. 乃陳戒于德."
318) 삼공[三事] : 주대 司徒 · 司馬 · 司空을 말한다.
319) 만물이 … 얻고[萬物由庚] : 由庚은 『詩經』「小雅」의 편명이다. 『毛詩』
　　序에 의하면, "萬物得由其道也"로 풀이된다. 편명만 남고 내용은 없다.
320) 우리 형제들이 … [錫類萬國] : '錫類'는 『詩經』「大雅 · 旣醉」에 "효자의
　　효도 다함이 없는지라 영원히 복을 받으리孝子不匱, 永錫爾類"의 '永
　　錫爾類'를 줄인 말이다.
321) 천지가 요순하니[天地擾順] : '擾順'은 『尙書』「虞書 · 皐陶謨」에 고요
　　가 우임금에게 말한 아홉 가지 덕 중에 "온순하면서도 강건한擾而毅"이

지 않은가! 만이와 융적이 중역하여 조공하러 오니 위대한 선조의 왕화가 쌓인 결과를 짐이 어찌 경모하지 않을 수 있겠는가? 오령五靈(기린 봉황 등 길상한 동물)[322]과 백보百寶(영지, 감로 등 상서로운 물건들)가 날마다 달마다 나타나 운집하니, 융성할 때를 만난 기운을 짐이 어찌 의심할 수 있겠는가?

지금 이후부터 경계하노니 너는 삼가 황제의 자리에 있으면서 왕법[王度]을 통일하고 상법象法[323]을 가지런히 하며 옛 전장제도를 저울질하여 모자란 정치를 보충하고 간이簡易한 것은 그대로 두고[324] 번거롭고 가혹한 법은 제거하여 인극人極(인도의 지극한 표준)을 세우고자 힘써 생각하면 곧 천도[天則][325]를 볼 것이다.

라는 항목이 있다. 그 주에 "擾, 順也"라고 되어 있다.

322) 오령五靈 : 麟·鳳·龜·龍·白虎를 가리켜 보통 민간에서 5가지 상서로운 동물이라고 한다. 杜預의 『春秋左氏傳·序』에, "麒鳳五靈, 王者之嘉瑞也"라고 하였으니, 기린과 봉황 등은 제왕의 출현을 상징하는 상서라고 하였다.

323) 상법象法 : 象魏를 말한다. 古代 天子나 諸侯는 宮門 밖의 '闕' 혹은 '觀'이라 부르는 높은 건물에 법령을 걸어두는 장소로 삼았다. 『周禮』 「天官·太宰」의 "正月之吉, 始和, 布治於邦國都鄙, 乃縣治象之灋於象魏, 使萬民觀治象, 挾日而斂之." 鄭玄注에 인용된 鄭司農은 "象魏, 闕也"라고 하였다. 賈公彦의 疏에 "鄭司農云 : '象魏, 闕也'者, 周公謂之象魏, 雉門之外, 兩觀闕高魏魏然, 孔子謂之觀."

324) 간이簡易한 것은 그대로 두고 : 『易』 「繫辭」上에, "쉬우면 쉽게 알 수 있고 간이하면 쉽게 따를 수 있다.易則易知, 簡則易從."라는 구절을 줄여 '易簡'이라 한 것이다.

325) 천도[天則] : 『易』 「乾」괘사에, "건원이 9를 쓰면 천의 법칙을 보게 될

於戲! 天生蒸人, 惟后時乂, 能以美利利天下, 事天明矣. 地德載物, 惟后時相, 能以厚生生萬人, 事地察矣. 天地明察, 鬼神著矣. 惟我藝祖父考, 精爽在天, 其曰「懿爾幼孫, 克享上帝. 惟帝時若, 馨香其下」, 丕乃曰「有唐氏文武之曾孫隆基, 誕錫新命, 纘我舊業, 永保天祿, 子孫其承之」. 余小子敢對揚上帝之休命, 則亦與百執事尙綏兆人, 將多于前功, 而毖彼後患. 一夫不獲, 萬方其罪予. 一心有終, 上天其知我. 朕惟實行三德, 曰慈·儉·謙. 慈者, 覆無疆之言; 儉者, 崇將來之訓; 自滿者人損, 自謙者天益. 苟如是, 則軌跡易循, 基構易守. 磨石璧, 刻金石, 冀後人之聽辭而見心, 觀末而知本. 銘曰:

　아아! 하늘이 뭇백성을 낳으시매[326] 오직 제왕이 이를 잘 다스려[惟后時乂][327] 능히 미덕으로 천하를 이롭게 하여서[328] 하늘을 섬기는 바 (도리가) 밝게 된다. 대지는 덕으로 만물을 실으니 제왕이 이를 도와 능히 후생으로 만민을 생육하여서 대지를 섬기는 바 (도리가) 분명히 드러난다.[329] 천지(의 도리)가

것. 乾元用九, 乃見天則."라고 하였는데, 그 傳에 "用九之道, 天之則也, 天之法則, 謂天道也"라고 하여 天道라고 하였다.

326) 하늘이 뭇백성을 낳으시매 … : 『詩經』「大雅·蒸民」에 "天生蒸民"이라 하였다. 여기에서 '民'은 당태종 李世民을 휘하여 '人'으로 고친 것이다.

327) 오직 제왕이 이를 잘 다스려[惟后時乂] : '惟后時乂'는 『尙書』「仲虺之誥」에, "惟天生聰明時乂"를 달리 표현한 말이다.

328) 『易』「乾」괘 〈文言〉에, "乾始, 能以美利利天下"를 인용한 것이다.

329) 『孝經』「應感章」에, "子曰, 昔者明王事父孝, 故事天明, 事母孝, 故事地察"의 '事天明', '事地察'를 인용한 것이다.

밝아지고 드러나면 귀신이 (복을) 분명하게 나타낸다. 우리 예조藝祖이신 고조(이연)330)와 부고父考이신 예종(이단)은 그 혼이 하늘에 있으면서 말하기를, "아아, 너 어린 자손(현종 이융기)이여! 상제께 제사를 잘 지내는구나. 천제께서 이에 응하시니[惟帝時若],331) 아름다운 향기[馨香] 그 뒤로도 계속되리라"라고 하셨다. 그리고 이에[丕乃]332) 말하기를, "유당씨有唐氏 문무文武의 증손曾孫 융기隆基야! 새롭게 천명을 내리니 너는 이전 대업을 이어 영원토록 하늘의 복을 보존하여 자손 대대로 이어나갈 지언저"라고 하셨다.333)

---

330) 우리 예조藝祖이신 고조:『尙書』「舜典」에 "十有一月朔巡守 … 至於北嶽, 如西禮. 歸, 格於藝祖, 用特"라고 하여 11월 순수를 마치고 돌아와 예조에 고한다는 말이 있다. 孔傳에, "巡守四嶽然後歸, 告至文祖之廟. 藝, 文也. 言祖則考著"라고 하였다. 여기에서는 고조 이연을 가리킨다.

331) 천제께서 이에 응하시니[惟帝時若] … :『詩經』「大雅·烝民」에 "古訓是式, 威儀是力. 天子是若, 明命使賦"의 '天子是若'에서 '是若'이 '時若'과 같은 의미로 사용되므로, 여기에서 '若'은 鄭箋에 따라 "若, 順"으로 해석하였다.

332) 이에[丕乃] : '丕乃'는 於是의 의미이다. 출처는『尙書』「盤庚」上 "汝克黜乃心, 施實德於民, 至於婚友, 丕乃敢大言, 汝有積德!"

333) 중역본은 현종 이융기 본인이 선조의 앞의 말에 대답한 것으로 해석하였지만, 일역본(「唐玄宗の「紀泰山銘」について」)은 태산의 비석문과 대조하여 선조가 한 말로 해석하였다. 이 인용문의 전체 주체는 현종이고, 현종의 서술 중에 선조의 말을 인용한 것이므로 일역본에 따라 해석하였다. 본문의 '纘我舊業'은 비문에는 '纘戎舊業'으로 되어 있으며, '戎'은 '汝'와 같으므로 이것을 근거로 선조가 계속 현종에게 한 말로 보았다.

여소자余小子334)는 감히 상제께서 내리신 천명에 답하여 칭
양하니,335) 또한 여러 관료들과 함께 백성들을 위무하여 장차
이전보다 더 많이 공을 세우고 저 뒤에 나타날 우환을 삼가고
조심할 것이다. 한 사람이라도 제 자리를 얻지 못한다면[一夫
不獲]336) 만방이 나에게 그 죄를 물을 것이다[萬方其罪予].337)
이 한마음 끝까지 견지할 것이니, 상천께서 나를 알아주실 것
이다. 짐은 다만 세 가지 덕을 보배로 여겨 실천하리니, 자애
[慈]·검약[儉]·겸손[謙]이다. 자애로운[慈] 것은 무궁함에 미
치는 말이요[覆無疆之言],338) 검약하는 것[儉者]은 장래를 숭상
하는 교훈이다. 스스로 만족하여 자만하면 백성들이 줄어들게
하고 스스로 겸손하면 하늘이 돕는다.339) 진실로 이와 같이 하

---

334) 여소자余小子 : 고대 제왕의 겸칭. 『尙書』 「太甲」에는 "予小子不明於
德"라고 하여, '予小子'로 되어 있다. 같은 의미이다.

335) 상제께서 내리신 천명에 답하여 칭양하니 : 『尙書』 「說命」下, "敢對揚
天子之休命." 그 孔傳에, "對, 答也. 答受美命而稱揚之"라고 하였다.

336) 한 사람이라도 제 자리를 얻지 못한다면[一夫不獲] : 『尙書』 「說命」下
의 "一夫不獲, 則曰時予之辜"라고 이윤이 한 사람이라도 적재적소에
있지 못한다면 나의 죄라고 한 말을 인용한 것이다.

337) 만방이 나에게 그 죄를 물을 것이다[萬方其罪予] : 『尙書』 「湯誥」에 "其
爾萬方有罪, 在予一人. 予一人有罪, 無以爾萬方."

338) 자애로운[慈] 것은 무궁함에 미치는 말이요[覆無疆之言] : 『尙書』 「周
書·呂刑」에 "哲人惟刑, 無疆之辭, 屬於五極, 咸中有慶" '무궁한 칭찬
[無疆之辭]'이란 의미의 표현이 보인다. 覆에는 回報, 즉 보답하다는 의
미가 있다.

339) 스스로 만족하여 자만하면 백성들이 줄어들게 하고 스스로 겸손하면 하
늘이 돕는다 : 본문의 "自滿者人損, 自謙者天益"은 『尙書』 「大禹謨」의

면 앞사람의 발자취를 쉽게 따를 수 있고 (나라의) 기초는 쉽게 지킬 수 있다. 석벽을 갈아 금석으로 글을 새기노니 후대 사람들이 이 말을 듣고 나의 마음을 보며, 그 말단을 보고 그 근본까지 알게 되기를 기대하노라. 석비에 다음과 같이 새겨 넣었다.

> 維天生人, 立君以理, 維君受命, 奉天爲子.
> 代去不留, 人來無已, 德涼者滅, 道高斯起.
> 赫赫高祖, 明明太宗, 爰革隋政, 奄有萬邦.
> 罄天張宇, 盡地開封, 武稱有截, 文表時邕.
> 高宗稽古, 德施周溥, 茫茫九夷, 削平一鼓.
> 禮備封禪, 功齊舜禹, 巖巍岱宗, 衛我神主.
> 中宗紹運, 舊邦惟新, 睿宗繼明, 天下歸仁[三四].340)

"滿招損, 謙受益"을 인용한 것이다. 이에 대해 孔傳은 "自滿者人損之, 自謙者人益之, 是天之常道"라고 하였다. 현종의 「봉선문」은 自滿者에는 '人'을 自謙者에는 '天'을 대비하여 바꾸었다. 또한 '人損'은 『열자』에서 양주가 "백성자고는 터럭 하나로도 남을 이롭게 하지 않고 나라를 버리고 은거하여 농사지었다. 우 임금은 일신으로 자신을 이롭게 하지 않아 한쪽 다리가 말라비틀어졌다. 옛사람들은 터럭 하나를 뽑아 천하를 이롭게 할 수 있더라도 주지 않았고, 온 천하를 가져다 일신을 봉양한다 하더라도 취하지 않았다. 사람마다 터럭 하나도 뽑지 않고, 사람마다 천하를 이롭게 하지 않는다면 천하는 잘 다스려질 것이다.伯成子高不以 一毫利物, 舍國而隱耕. 大禹不以一身自利, 一體偏枯. 古之人損一毫 利天下不與也, 悉天下奉一身不取也. 人人不損一毫, 人人不利天下, 天下治矣."라고 한 말 중에 "터럭 하나를 뽑아 천하를 이롭게 하는 일"을 연상시킨다.

恭己南面, 氤氳化淳, 告成之禮, 留諸後人.
緬余小子, 重基五聖, 匪功伐高, 匪德矜盛.
欽若祀典, 丕承永命, 至誠動天, 福我萬姓.
古封太山, 七十二君, 或禪亭亭, 或禪云云.
其跡不見, 其名可聞, 祗遹文祖, 光昭舊勳.
方士虛誕, 儒書不足, 佚后求仙, 誣神檢玉.
秦災風雨, 漢汙編錄, 德未合天, 或承之辱.
道在觀政, 名非從欲, 銘心絶巖, 播告群岳.

하늘이 사람을 낳아, 임금을 세워 다스리고,[341]

임금은 천명을 받아, 하늘을 받들어 천자가 되었네.

시대는 떠나가 머물지 않고, 사람들은 끊임없이 오고가며,

덕이 엷은 자는 멸망하고, 도가 높은 자는 이에 흥기한다.[342]

---

340) [교감기 34] "睿宗繼明, 天下歸仁" 이상 8글자는 여러 판본에는 원래
없는데, 『唐文粹』권19下·『全唐文』권41에 의거하여 보충하였다. 『合
鈔』권27「禮志」의 小注에, "앞의 문장에 고조와 태종 이하 차례대로
공덕을 서술하였는데, 중종을 칭송하지 않고 반대로 예종을 전하고 있
다. 또 상하 각각 4운으로 되어 있기 때문에 이 두 구가 있어야 한다.上
文自高祖·太宗而下, 歷敍功德, 不應頌中宗而反遺睿宗. 且上下各以
四韻, 宜當有此二句."라고 하였다.

341) 『尙書』「仲虺之誥」에 "하늘이 백성을 낼 때 욕망을 주셨으니 임금이
없으면 어지러워집니다.惟天生民有欲, 無主乃亂."라고 한 구절을 인용
한 것이다.

342) 이 구절은 『左傳』「莊公 32年」조에 史囂의 말을 인용한 것으로 보인다.
神이 莘 땅에 머물자 虢公이 祝應·宋區·史囂을 보내 神에게 祭享을
올리자 사효는 괵국이 장차 망할 것을 예언하며 "내가 듣건대 나라가
장차 흥하려면 백성의 말을 듣고 장차 망하려고 하면 신의 말을 듣는다.

(공이) 혁혁한 고조, 총명하신 태종,

이에 수나라 정치를 혁파하고, 만방을 아우르셨다.[343]

하늘 끝까지 지붕을 드리우고, 땅 다한 곳까지 영토를 개척
하시니,

무위를 해외에 떨치고,[344] 문치는 태평을 드러냈다.

고종께서는 고례를 상고하시고, 덕을 사방에 두루 펼치니,

아득히 저 먼 곳의 구이까지, 북소리 한 번에 평정되었네.

예를 갖춰 봉선하니, 그 공이 순임금 우임금과 나란하고,

우뚝 솟은 저 대종,[345] 우리 신주를 지켜주네.[346]

중종께서 대운을 이어, 옛 나라가 새로워지고,[347]

吾聞之, 國將興, 聽於民. 將亡, 聽於神."라고 하면서 괵국이 장차 망할
수밖에 없는 이유를 "박덕(虢多凉德)"이라고 하였다. 『左傳』에 나오는
사효의 말의 취지는 귀신의 말이 아닌 백성의 소리를 들어야 망하지 않
는다는 것인데, 여기에서는 도가 높은 자와 덕이 엷은 자로 나라의 흥망
을 비유하고 있다.

343) 『詩經』「文王之什・皇矣」의 "受祿無喪, 奄有四方"에서 '奄有四方'을
    '奄有萬方'으로 바꾸어 표현하였다.

344) '有截'은 정제된 모양을 뜻하는데, 『詩經』「商頌・長發」의 "苞有三蘗,
    莫遂莫達, 九有有截. 韋顧既伐, 昆吾夏桀"에 대한 鄭玄箋에, "九州齊
    一截然"라고 하여 이후 구주, 해외, 천하를 뜻하는 말이 되었다.

345) 비명에는 원문의 '巖巍岱宗'이 '巖巖岱宗'으로 되어 있다. 『詩經』「魯
    頌・閟宮」에 "泰山巖巖"이라 하였다. '巖巖'은 산이 높고 험준한 모양
    을 형용한 말이다.

346) 비명에서는 원문의 '衛我神主'가 '衎我神主'로 되어 있다. '衎'은 『詩
    經』「商頌・那」에 "衎我烈祖"으로 나오는데, '기쁘게 하다'는 의미이다.
    『구당서』 원문대로 번역하였다.

예종께서 뒤를 이으셨으니,348) 천하가 그 인덕으로 귀의하네.349)

공손히 남면한 데,350) 천지(의 기운)이 화합하여 교화가 순후하니,351)

봉선의례[告成之禮]352)를 후대 사람에게 남기셨네.353)

---

347) 『詩經』「文王之什 · 文王」에 "周雖舊邦, 其命維新"이라 하였다. 周는 봉건받은 지는 오래되었지만 문왕에 이르러 비로소 천명을 받아 새롭게 시작한다는 의미이다. 당나라도 측천무후가 무주를 세워 그 명운이 끊겼다가 중종이 복위하면서 다시 시작되었음을 「文王」편을 인용하여 비유하고 있다.

348) 『周易』「離」괘 象辭에 "大人以繼明, 照於四方"이라 하여, 성명한 임금이 서로 이어지는 것을 의미한다.

349) 『論語』「顏淵」에 "克己復禮, 天下歸仁焉"이라 하였다.

350) 원문 '恭己南面'의 恭己는 『論語』「衛靈公」의 "無爲而治者, 其舜也與. 夫何爲哉, 恭己正南面而已矣"에서 인용한 것으로 원래 순임금의 모습을 형용한 것이다.

351) 『周易』「繫辭」上에 "天地絪縕, 萬物化醇."

352) 告成之禮는 봉선의례를 말한다. 『史記正義』에 의하면, "이는 태산 위에서 흙을 쌓아 단을 만들어 천에 제사를 지내 천의 功에 보답하기 때문에 封이라고 한다. 이는 태산 아래 작은 산 위에서 除地하고 땅의 功에 보답하기 때문에 禪이라고 한다. 선이라고 한 것은 그것을 신성시했기 때문이다. …『五經通義』에, "역성하여 왕이 되어 태평을 이룩하면 반드시 태산에 封하고 梁父에 禪하는 것은 왜인가? 천이 명하여 왕으로 삼아 뭇 생명을 다스리게 하니, 천에 태평을 고하여 여러 신들의 功에 보답하기 때문이다. 正義此泰山上築土爲壇以祭天, 報天之功, 故曰封. 此泰山下小山上除地, 報地之功, 故曰禪. 言禪者, 神之也. … 五經通義云: 易姓而王, 致太平, 必封泰山, 禪梁父, (苟)[何]? 天命以爲王, 使理群生, 告太平於天, 報群神之功."라고 한 것을 보면 '告成'은 '告成功'의 의미임을 알 수 있다. 이후 고성은 봉선의 의미를 상징하는 표현으로

생각하면 여소자는 오성五聖(오대 제왕)354)의 대업을 계승한 것이지,

공이 높다고 자랑하는 것이 아니고, 덕이 크다고 뽐내는 것도 아니다.

제사의 전례를 공경히 받들고, 영원히 천명을 받드니,

지극한 정성으로 하늘을 감동시켜, 우리 만백성에게 복되게 함이다.

옛날 태산에 봉선한 자가, 72왕이었는데,355)

어떤 이는 정정산亭亭山356)에 선 제사하고, 어떤 이는 운운산云云山357)에 선 제사하였도다.358)

사용되었다.

353) 예종이 봉선의 예를 행할 수도 있지만 현종 자신의 대에 이르러 봉선을 행할 수 있도록 태평시대가 될 만한 여건을 마련해주었다는 의미이다.

354) 오성五聖 : 高祖 李淵부터 太宗 이세민, 高宗 이치, 中宗 이현, 睿宗 이단을 가리킨다.

355) 『史記』 권28 「封禪書」에는 管仲의 말로 "古者封泰山禪梁父者七十二家"라고 하였다. 또 『史記』 권12 「武帝本紀」 乾元 元年조 公孫卿의 말에 "封禪七十二王"이라 하였고 그 『史記正義』에는 "河圖云 : 王者封太山, 禪梁父, 易姓登崇, 有七十二君也"이라 하여 '七十二君'이라고 하였다.

356) 『史記正義』에 인용된 『括地志』에는 "정정산은 연주 박성현 서남 30리에 있다.亭亭山在兗州博城縣西南三十里也."라고 하여 운운산과 위치가 같다. 그리하여 『史記索隱』은 應劭의 말을 인용하여 "거평 북쪽의 10여 리에 있다.在鉅平北十餘里."라고 하였다. 鉅平은 漢高祖 때 鉅平縣을 설치하였고 泰山郡의 속현이었다.

357) 『史記集解』에 인용된 李奇의 말에 의하면, "운운산은 양보 동쪽에 있다.

그 자취는 볼 수 없고, 그 이름만 들을 수 있으니,

선조의 대업을 공경히 이어, 저 옛날 공훈을 빛내고자 한다.

방사들의 허황된 소리는, 유가 경전에서 증명할 수 없었는데,

방탕한 임금은 신선이 되고자 하여, 신을 속이고 옥함을 땅

속에 묻었다.359)

진(시황)은 도중에 풍우를 만났으며, 한(무제)는 편록을 더

럽혔고,360)

云云山在梁父東."『史記索隱』에 인용된 晉灼에 의하면, "운운산은 몽
음현 고성 동북쪽에 있으며 그 아래 운운정이 있다.山在蒙陰縣故城東
北, 下有云云亭也."라고 하였다. 『史記正義』에 인용된 『括地志』에는
"운운산은 연주 박성현 서남 30리에 있다.云云山在兗州博城縣西南三
十里也."라고 하였다.

358) 『史記』 권28 「封禪書」에 관중의 말로 12명의 군왕이 ①封泰山, 禪云云
하거나 ②封泰山, 禪亭亭(黃帝), ③封泰山, 禪會稽(禹), ④封泰山, 禪
社首(周成王)하였음을 전하고 있다. "夷吾所記者十有二焉. 昔無懷氏
封泰山, 禪云云 : 虞羲封泰山, 禪云云 : 神農封泰山, 禪云云 : 炎帝封
泰山, 禪云云 : 黃帝封泰山, 禪亭亭 ; 顓頊封泰山, 禪云云 : 帝倍封泰
山, 禪云云 : 堯封泰山, 禪云云 : 舜封泰山, 禪云云 : 禹封泰山, 禪會
稽 ; 湯封泰山, 禪云云 : 周成王封泰山, 禪社首 : 皆受命然後得封禪."

359) 漢武帝가 방사의 의견에 따라 봉선 제례를 시행한 것을 말한다. 漢武帝
는 公玉帶의 『明堂圖』에 따라 태산 아래 명당을 건설하고 5年1封의 형
식으로 5년에 1번씩 봉선을 행하였다. 5년1봉은 『尚書』 「舜典」의 五年
一巡狩制에 따른 것으로, 그밖에 경전에 나와 있지 않은 제사 형식은
방사들과 齊魯지방에 전해져 내려오는 비법에 따라 봉선 례를 행하였다.

360) 後漢 광무제가 내린 조서에 나오는 말이다. 『後漢書』 권30 「祭祀志」上
에 "光武三十年二月, 羣臣上言, 即位三十年, 宜封禪泰山. 詔書曰 :
「即位三十年, 百姓怨氣滿腹, 吾誰欺, 欺天乎 ? 曾謂泰山不如林放, 何

덕이 천에 부합하지 않아, 치욕을 받기도 하였다.[361]

(봉선의) 도리는 정치를 살피는 데 있고,[362] 명분은 종심종욕이 아니니,[363]

저 깎아지른 암벽에 이 마음을 새겨, 여러 산에 두루 고한다.

於是中書令張說撰封祀壇頌·侍中源乾曜撰社首壇頌·禮部尚書蘇頲撰朝覲壇頌以紀德.

그리하여 중서령 장열張說이 「봉사단송封祀壇頌」[364]을 짓고 시중

事汙七十二代之編錄！”라고 후한 광무제는 즉위한 지 30년에 주위에서 봉선을 권하자 그 조서에서 “내가 누구를 속일 것인가? 하늘을 속이나? 어찌 72대의 기록을 더럽힐 수 있겠는가?”라고 말하였다. 즉 문맥상이 72대의 편록을 더럽힌 것은 광무제가 아닌 한무제라야 더 적합해 보인다.

361) 고종 때 측천무후와 함께 봉선례를 행하고 위황후가 행한 교사례를 말한다. 봉선 직후 아헌과 종헌을 담당한 후비와 시중드는 사람들이 비명횡사한 것을 두고 한 말이다.

362) 도리는 정치를 살피는 데 있고道在觀政 … : 여기에서 ‘觀政’은 『尙書』「商書·咸有一德」에, “嗚呼！七世之廟, 可以觀德. 萬夫之長, 可以觀政” 보인다. 조상 제사를 잘 지내는 것을 말하는데, 여기에서는 봉선 의례로 해석해도 무방할 듯하다.

363) 여기에서 말하는 道와 名은 각각 도리와 명분으로 해석, 봉선을 행하는 도리는 바로 관정, 정치를 잘하느냐의 여부에 있는 것이지, 從欲 즉 從心從欲, 신선이 되고자 하는 개인적 욕망으로 말미암은 것이 아님을 말한다.

364) 봉사단송封祀壇頌 : 『全唐文』 권0221에 「大唐封禮壇頌」이란 이름으로 실려 있다.

원건요源乾曜365)가「사수단송社首壇頌」을 지었으며 예부상서禮部尚書 소정蘇頲366)이「조근단송朝覲壇頌」을 지어 그 덕을 기렸다.

玄宗乙酉歲生, 以華岳當本命. 先天二年七月正位, 八月癸丑, 封華岳神爲金天王. 開元十年, 因幸東都, 又於華岳祠前立碑, 高五十餘尺. 又於嶽上置道士觀, 修功德. 至天寶九載, 又將封禪於華岳, 命御史大夫王鉷開鑿險路以設壇場, 會祠堂災而止.

현종은 을유생乙酉生이기 때문에 화악華岳이 본명本命367)에 해당

---

365) 원건요源乾曜(?~731) : 唐 相州 臨漳(현재 河北省 臨漳) 사람. 北魏 太尉 源賀의 후손이다. 源乾曜는 進士 출신으로 江南道巡察使 · 諫議大夫 · 梁州都督 등의 관직을 역임하였고 개원 4년(716)에 黃門侍郎 · 同平章事에 제수되고 宰相이 되었다가 얼마 되지 않아 姚崇과 함께 파면되었고 4년 후에 다시 재상에 임명되었다. 또 오래지 않아 시중에 임명되어 봉선 문제로 당시 재상인 장열과 의견이 대립되어 실권을 잃게 되었다. 봉선을 행한 지 3년 뒤인 개원 17년(729)에 시중의 직에서 파면되었다. 뒤에 太子少傅에 임명되었다가 2년 뒤 장안에서 병사하였다.

366) 소정蘇頲(670~727) : 당 京兆 武功(현재 陝西省 武功縣) 사람. 字가 廷碩이다. 進士로 급제하여 太子左司御率府冑曹 · 監察御史 · 給事中 · 中書舍人 · 太常少卿 등을 거쳐 工部侍郎에 옮겨 許國公의 작을 세습하였다. 盛唐 때 문사로 이름을 날려 宰相인 燕國公 張說과 함께 '燕許大手筆'이라 칭해졌다. 禮部尚書의 관직은 開元 8년(720)에 임명된 이래 개원 14년 봉선을 행하는 시점까지 가지고 있었고 다음해인 개원 15년(727)에 병사하였다.

367) 본명本命 : 자신이 태어난 해의 간지를 말한다. 예를 들어 本命日, 本命星처럼 자신이 태어난 날과 관련이 있는 날짜와 별자리가 있는 것처럼 자신이 태어난 해의 간지를 가지고 같은 방위의 산악을 자신과 관련짓는

한다고 생각하였다.368) 선천先天 2년(713) 7월에 즉위하여 8월 계축癸丑일에 화악신을 금천왕金天王에 봉하였다. 개원 10년(722) 동도로 행차하는 길에369) 또 화악사華岳祠 앞에 비를 세웠는데,370) 그 높이가 50여 척이나 되었다. 또한 화악 정상에 도사관道士觀을 설치하고 공덕을 기렸다. 천보天寶 9재載(750),371) 또다시 화악에 봉선을 하고자 하여 어사대부御史大夫 왕홍王鉷372)에게 험로를 뚫어 길을

것을 말한다.

368) 華嶽은 일명 西岳, 華山, 太華山이라고도 한다. 오악 중 하나이며, 규모 면에서 으뜸으로 알려져 있다. 국호 중화민국 중 華는 이 華山에서 비롯되었다고도 한다. 秦나라가 천하를 통일한 후 전국의 명산대천을 정리하였는데, 수도를 함양에 두었기 때문에 오악사독이 모두 동방에 있어 이 것을 정리하여 崤山 이동에는 名山 5, 大川 2 華山 以西에는 名山 7, 各川 4을 두고 국가에서 제사를 관리하기 시작하였다(『史記』 권28 「封禪書」). 이후 華山은 방위상 西岳으로 알려졌고, 玄宗은 자신이 乙酉生(垂拱 원년, 685)이기 때문에 酉는 음양오행설에 따르면 陰이며 金에 해당하기 때문에 서악인 화산이 태어난 해의 간지인 을유년에 상응한다고 보았다.

369) 『舊唐書』 권8 「玄宗本紀」 開元 10년에는 正月 丁巳일과 2월 戊寅일 2차례 행차한 것으로 되어 있다. 동도에 행차한 이유에 대해서는 특별한 내용이 적혀 있지 않다.

370) 현종이 직접 친필로 비문을 쓰기도 했는데, 「西岳太華山碑序」는 『全唐文』에 실려 있다.

371) 천보天寶 9재載 : 天寶 3년부터 年을 載로 고쳐 사용하기 시작하였다.

372) 왕홍王鉷(미상~752) : 唐 太原 祁(현재 山西省 祁縣) 사람. 王瑨의 庶子다. 벼슬은 鄠縣尉로 시작하여, 玄宗 天寶 초에 戶部郎中에 오르고, 京和市和糴使와 戶口色役使, 御史中丞 등을 지냈다. 현종이 이재에 밝다고 여겨 후대했다. 天寶 7년(748) 戶部侍郎으로 옮기고, 2년 뒤 京兆

열고 제단과 단장을 건설하라 하였는데, 마침 사당에 불이 나자 그만두었다.[373]

尹을 겸했다. 위세와 권력이 날마다 커져서 20여 개 직책을 겸했는데, 문서가 누적되어 胥吏가 결재를 올리면 며칠이 지나도 받기가 어려웠다. 10년(751) 太原縣公에 봉해지고, 殿中監을 겸했다. 다음 해 동생 王銲이 형재邢縡와 역모를 꾸미다가 발각되어 두 사람 모두에게 자살형이 내려졌다.

373) 태산 봉선 이후 현종은 화산에도 봉선을 행할 생각에 이 문제에 대해 의논에 부치니 많은 사람들이 상소문을 올려 이에 天寶 9년 화산 봉선을 결정하게 되었다. 화산 봉선을 적극 권장한 사람들은 많은데 杜甫, 蕭嵩, 李徹 등의 상소문이 『全唐文』에 실려 있다. 이밖에 국가 차원에서 화산 제사를 관리하였을 뿐만 아니라 화산 근처 지방관이 지냈던 제사와 개인 차원에서 화산을 방문한 대신들과 문인들의 화산 숭배 등도 절정을 이루었는데 이에 대해서는 李明敏, 「唐代華岳廟祭拜風俗敍事」, 『渭南師範學院學報』 第32卷 第11期, 2017年 6月를 참조.

禮儀四
예의 4

최진묵 역주

武德·貞觀之制, 神祇大享之外, 每歲立春之日, 祀青帝於東郊,
帝宓羲配, 勾芒·歲星·三辰·七宿從祀. 立夏, 祀赤帝於南郊, 帝
神農氏配, 祝融·熒惑·三辰·七宿從祀. 季夏土王日, 祀黃帝於南
郊, 帝軒轅配, 后土·鎮星從祀. 立秋, 祀白帝於西郊, 帝少昊配,
蓐收·太白·三辰·七宿從祀. 立冬, 祀黑帝於北郊, 帝顓頊配, 玄
冥·辰星·三辰·七宿從祀. 每郊帝及配座, 用方色犢各一, 籩·豆
各四, 簠·簋各二, 甒·俎各一. 勾芒已下五星及三辰·七宿, 每宿
牲用少牢, 每座籩·豆·簠·簋·甒·俎各一. 孟夏之月, 龍星見, 雩
五方上帝於雩壇, 五帝配於上, 五官從祀於下. 牲用方色犢十, 籩
豆已下, 如郊祭之數.

무덕(618-626), 정관(627-649)의 제도는 천신과 지신에 대해 제물
을 드리는 외에도 매년 입춘일에 동교에서 청제에게 제사지내며, 제
복희를 배사하고, 구망勾芒[1], 세성(목성), 삼신, 칠수[2] 등을 종사하
여 배향한다. 입하일에는 남교에서 적제에게 제사지내며 제 신농씨
를 배사하고 축융祝融, 형혹(화성), 삼신, 칠수를 종사하여 배향한다.
계하[3] 토왕일[4]에는 황제黃帝를 남교에서 제사지내며[5] 제 헌원軒

---

1) 구망勾芒 : 복희의 4명의 아들 중 장자 重으로 봄을 주관하는 신으로 전해
   진다. 『長沙子彈庫楚帛書』 乙篇에 구망부족에 관한 기술이 있다.
2) 삼신, 칠수 : 삼신은 『左傳』 「桓公 3年」조의 "三辰旂旗, 昭其明也"에 대한
   두예의 주석에 의거하여 해, 달, 별로 해석한다. 칠수는 28수 별자리 중에서
   각기 동서남북 사방의 일곱 별자리를 의미한다. 구체적으로 동방 칠수는
   角, 亢, 氐, 房, 心, 尾, 箕, 남방 칠수는 井, 鬼, 柳, 星, 張, 翼, 軫, 서방
   칠수는 奎, 婁, 胃, 昴, 畢, 參, 觜, 북방 칠수는 혹은 북방 현무칠수라고도
   불리며 斗, 牛(牽牛), 女(須女), 虛, 危, 室(營室), 壁(東壁)을 말한다.
3) 계하 : 일반적으로는 여름 3개월의 마지막 달을 의미하기도 하지만, 여기

에서는 계절을 오행에 배당할 때 사계절과 오행이 수리적으로 정합하지 않기 때문에 여름의 말미 18일을 떼어내어 5계절로 만들고 여기에 오행 중의 토를 배당하는 방식을 쓸 때 나타나는 이론적인 계절을 말한다. 이렇게 하면 계절의 순환이 오행상생설에 맞게 되지만, 오행 각 덕이 담당하는 기간은 목(봄), 금(가을), 수(겨울)은 각기 90일씩인데 비해, 화(여름)는 72일, 토(계하)는 18일이 되어 오행 각 덕의 시간비중이 달라진다는 문제점이 생긴다. 따라서 각 계절의 말미 18일씩을 떼어 여기에 토덕을 배당하는 방식도 고안되어 오행 각 덕이 각기 72일씩을 담당하게 하는 또 다른 방식이 등장하기도 하였지만, 이 역시 시간비중을 일정하게 하기는 했어도, 오행상생설에 어긋나는 문제점을 갖게 되었다. 오행과 계절의 배합은 전통적으로 위 두 가지 방식이 자주 사용되었다.

4) 토왕일 : 4계절에서 매 계절의 말미 18일씩을 떼어내어 일 년을 5등분하여 오행 중 토덕에 할당할 때, 토덕 역시 일 년 중 72일을 배당받게 되는데 이 72일을 土旺이라고 한다. 이 시기가 오행의 기운이 가장 왕성할 때라는 점에서 '旺'자를 붙였다. 본문에서 계하토왕일은 여름의 말미 18일을 말한다.

5) 황제黃帝를 남교에서 제사지내며 : 오행설에 따르면 토는 중앙에 해당되므로 단순하게 본다면 黃帝는 오방중 중앙에서 제사지내는 것이 타당할 것으로 보인다. 그러나 『周禮』 「春官 · 小宗伯」의 "兆五帝于四郊, 四望四類亦如之"라는 구절에 대해 鄭玄은 오제신의 명칭을 소개하면서 황제 역시 남교에서 제사지낸다고 주석하고 있다. 이것은 전국시기이래 황제의 명칭이 天神으로서의 의미와 함께 華夏族의 공통된 조상으로서의 성격 및 帝王으로서의 의미를 중첩적으로 갖고 있다는 점을 반영했기 때문으로 여겨진다. 한고조가 패에서 거병할 때 황제에 대한 제사를 추가하였고, 이후 황노학의 유행으로 황제가 더욱 중시되면서 『회남자』 등에서는 황제가 일시 오제 중의 중앙의 신으로까지 격상되었지만, 무제이후 泰一이 최고의 신격으로 자리 잡으면서 오제는 그 보좌의 신으로 한 등급 강등되었다. 무제는 감천에 泰一壇을 만들고 태일을 제사지내면서, 그 단아래 오제단을 설치했다. 漢成帝이후 雍의 5치와 甘泉泰一祀를 폐지하면서

轅[6]을 배사하고 후토后土, 진성(토성)을 종사하여 배향한다. 입추일에는 서교에서 백제에게 제사지내며 제 소호를 배사하고 욕수蓐收, 태백, 삼신, 칠수를 종사하여 배향한다. 입동일에는 북교에서 흑제에게 제사지내며 제 전욱을 배사하고 현명玄冥, 진성(수성), 삼신, 칠수를 종사하여 배향한다. 매 교사의 오제 및 배향의 자리는 (오행에 따라) 각기 방위에 맞는 색을 쓰며 송아지 한 마리, 변籩과 두豆[7] 각 네 개, 보簠, 궤簋 각 두 개, 등鐙[8], 조俎 각기 한 개를 사용한다.

....

장안에 남교를 세우고 남교에서 호천상제 외에도 오제를 제사지냈다. 후한 광무제때에는 낙양남쪽에 원구를 세우고 천지의 제사를 합칠 때 원구단의 외단에 오제단을 두었다. 이 때 황제도 당연히 여기에 포함되었고 丁未의 방위에 위치했지만, 황제의 신성이 증가하고 더 중시되면서 계하에 迎氣를 위해 전문적으로 황제제사를 거행하는 "黃郊"를 설치하기도 하였다. 위진이후 황제는 남교제천의 일환으로 남교에서 제사지내기도 했지만, 일면 明堂에서 오제를 제사지낼 때 포함되기도 했고, 전설상에 황제의 유적이 남아있다고 알려진 幸橋山 같은 곳에서 제사지내기도 했다. 이 시기 황제는 五方上帝 중의 하나라는 관념과 五人帝 중의 하나라는 또 다른 관념이 중첩되어 있는 것이다. 수당대에는 위진시기의 황제관념이 점차 더욱 제도화 규범화되었다고 볼 수 있는데, 『수서』 예의지에는 같은 남교라도 赤郊는 明德門 남쪽 바깥의 서쪽에 宮에서 8리 떨어진 곳에 설치하고, 黃郊는 安化門 바깥 서쪽에 궁에서 12리 떨어진 곳에 설치한다고 규정하고 있다.

6) 제 헌원軒轅: 전설상에 軒轅의 언덕에 산다고 알려진 黃帝의 다른 호칭이다. 여기에서 이 黃帝는 五方上帝가 아닌 五人帝 중의 하나를 의미하는 것으로, 天에 짝하여 배사한다는 것이다.

7) 변籩과 두豆: 籩은 주로 과일을 담고, 豆는 절인 음식을 담는 것으로 짝수의 다리를 갖거나 사각형의 형태로 음적 속성의 제기이다. 이에 비해 鼎과 俎는 홀수로 된 다리를 갖거나, 혹은 원형으로 고기를 담는 양적 속성의 제기로 籩豆와는 대비된다.

구망 이하 오성 및 삼신, 칠수는 매 수마다 희생으로는 (양과 돼지 한 마리를 쓰는) 소뢰少牢로써 하며, 매 배사자리에는 변, 두, 보, 궤, 등, 조 각 하나를 쓴다. 맹하월에 용성龍星9)이 나타나면 우제雩祭를 지내는 제단에서 오방상제10)에 우제를 지내는데, 오제는 위 (제단) 에 배사하고, 오관五官11)은 그 아래 (제단)에 종사한다. 희생으로는 각기 방위에 맞는 색깔의 송아지 열 마리를 사용하며, 변과 두 이하 는 교사 제사의 수와 같게 한다.12)

---

8) 등籩 : 예기의 일종으로 瓦豆(『玉篇』)나 瓦器(『廣韻』)를 말한다.

9) 용성龍星 : 28수 중 동방7수에 대한 統稱이다. 『左傳』「桓公 5年」조의 "龍見而雩"라는 구절에 대해 服虔이 龍은 角과 亢宿를 말한다고 주석하고 있다.

10) 오방상제 : 五帝, 五方帝, 五方天帝 등의 별칭이 있다. 청제, 적제, 황제, 백제, 흑제를 말한다.

11) 오관五官 :『禮記』「曲禮」下와『周禮』「春官 · 大宗伯」에서 공통으로 등장하는 "祭四方"이란 구절에 대해 정현이 "四郊에서 五官의 神에게 제사지내는 것을 말한다"고 주석한 것을 고려하면, 오관은 사방에 제사지내는 신격으로 추정된다. 구체적으로는 勾芒, 祝融, 蓐收, 玄冥, 后土를 지칭한다. 이는 당연히 천상의 五帝와는 구별된다. (王小盾,「從"五官"看 五行的起源」,『中華文史論叢』 2008-1 참조)

12) 위 단락은 오행설에 의한 시간과 방위 및 신격배당을 보여주는 전형적인 사례이다. 이를 도표화하면 아래와 같다.

시간	장소	제사대상	배사대상	종사(오관) 및 종사성
입춘일	동교	청제	복희	구망, 세성, 삼진, 칠수
입하일	남교	적제	신농	축융, 형혹, 삼진, 칠수
계하토왕일	남교	황제	헌원	후토, 진성
입추일	서교	백제	소호	욕수, 태백, 삼진, 칠수
입동일	북교	흑제	전욱	현명, 진성, 삼진, 칠수

帝嚳, 祭於頓丘[一].13) 唐堯, 契配, 祭於平陽. 虞舜, 咎繇配, 祭於河東. 夏禹, 伯益配, 祭於安邑. 殷湯, 伊尹配, 祭於偃師. 周文王, 太公配, 祭於酆. 周武王, 周公·召公配, 祭於鎬. 漢高祖, 蕭何配, 祭於長陵. 三年一祭, 以仲春之月. 牲皆用太牢. 祀官以當界州長官, 有故, 遣上佐行事.

제곡은 돈구頓丘14)에서 제사지낸다. 당요唐堯는 설契을 배사하며, 평양平陽에서 제사지낸다. 우순虞舜은 구요咎繇15)를 배사하며, 하동河東에서 제사지낸다. 하우夏禹는 백익伯益16)을 배사하며, 안읍安邑에서 제사지낸다. 은탕은 이윤을 배사하며 언사偃師에서 제사지낸다. 주문왕은 태공을 배사하며 풍酆에서 제사지낸다. 주무왕은 주공과 소공을 배사하며 호鎬에서 제사지낸다. 한고조는 소하를 배사하며 장릉長陵17)에서 제사지낸다. 3년에 한 번 제사지내는데, 중춘월

---

13) [교감기 1] 원문 "帝嚳祭於頓丘"의 '祭'자 위에 각 판본은 본래 '配'자가 있었다. 그러나 『通典』 권106에는 '配'자가 없고, 『大唐開元禮』 권50에 기재된 "祭先代帝王祝文, 堯·舜·禹·湯·文·武·漢高均有配座祝文"에도 오직 帝嚳에게만 '配'자가 없다. 『新舊唐書合鈔』 권28 「禮志」에는 '配'자를 衍文으로 보았다. 여기에서는 이에 의거하여 '配'자를 삭제하였다.

14) 돈구頓丘 : 『사기』 「오제본기」에 대한 주석에서 『사기집해』는 『黃覽』을 인용하여 "전욱의 무덤이 東郡 濮陽 돈구성문 밖의 廣陽里에 있다"고 말하고 있다. 따라서 돈구는 성문 이름이다. 한초에 縣이 되었다.

15) 구요咎繇 : 고요皐陶의 별칭이다. 舜임금이 형법을 관장하는 관리로 임명하자, 五刑과 五敎를 제정 실행했다고 알려져 있다.

16) 백익伯益 : 大費라고도 불리며 순임금이 즉위한 이후 집정관으로 임명되어 조정의 전체 일을 관장했다. 우의 치수에도 공적이 있다고 알려져 있다.

17) 장릉長陵 : 한고조 유방의 무덤으로 지금의 섬서성 함양시 동쪽 20㎞에 있다. 연구에 의하면 장릉의 중심축선은 한대 장안성 남쪽문인 安門과

에 한다. 희생으로는 소와 양 및 어린 돼지를 모두 갖춘 태뢰太牢를
쓰며 제관은 해당 지역의 주장관이 맡는다. (주장관이) 유고시에는
상좌上佐를 파견해 제사를 지낸다.

五嶽·四鎭·四海·四瀆, 年別一祭, 各以五郊迎氣日祭之. 東嶽
岱山, 祭於兗州 ; 東鎭沂山, 祭於沂州 ; 東海, 於萊州 ; 東瀆大淮,
於唐州. 南嶽衡山, 於衡州 ; 南鎭會稽, 於越州 ; 南海, 於廣州 ;
南瀆大江, 於益州. 中嶽嵩山, 於洛州. 西嶽華山, 於華州 ; 西鎭吳
山, 於隴州 ; 西海·西瀆大河, 於同州. 北岳恆山, 於定州 ; 北鎭醫
無閭山, 於營州 ; 北海·北瀆大濟, 於洛州[二]18). 其牲皆用太牢,
籩·豆各四. 祀官以當界都督刺史充.

오악, 사진四鎭,19) 사해, 사독20)은 일 년에 별도로 한 번 제사지내

도성남쪽의 子午谷을 이어져 각기 地, 人, 天을 상징하고 있는데, 이들
모두 현대의 경도좌표로 108도 52분 상에 위치한다고 알려져 있다.

18) [교감기 2] "北海北瀆大濟於洛州"에서 '洛州'는 殿本·懼盈齋本·局本
·廣本 등에서는 '洺州'로 되어 있다. 여기서는 聞本에 의거하였다. 살펴
보면, 『대당개원례』 권36에는 '河南府', 『通典』 권46에서는 '洛州', 또 권
106 에서는 '河南府', 『신당서』 권15 「禮樂志」에는 '河南'으로 되어 있다.
당연히 '洛州'가 되어야 한다.

19) 사진四鎭 : 鎭은 본래 五嶽과 마찬가지로 높은 명산을 가리킨다. 『周禮』
「春官」에는 九州에 하나씩의 山鎭이 있어 '四鎭五嶽'(『周禮』 「春官·大
司樂」)으로 칭하기도 했다. 『주례』 구주사진 중 오악에 포함되지 않은 것
은 沂山, 吳山(嶽山), 霍山, 醫無閭山, 會稽山 등이었는데, 남조 박사 明
山賓이 이들 오악 이외의 전국적인 명산을 '鎭'으로 부르면서 고정화되기
시작하였다. 隋代에 이르러 嶽鎭海瀆에 대한 국가제사제도가 만들어지면
서 이들 五鎭에 별도의 祠를 세우고 오진을 확정했다. 당대에는 『대당개

는데, 각기 오교五郊에서 기氣를 맞이하는 날에 제사한다. 동악 대산
岱山은 연주兗州에서 제사하며 동진 기산沂山은 기주에서 제사하고,
동해는 내주萊州에서, 동독 회수淮水는 당주唐州에서 제사지낸다. 남
악 형산衡山은 형주에서, 남진 회계會稽는 월주越州에서, 남해는 광주

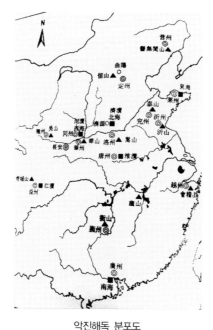

악진해독 분포도
吳麗娛 主編, 『禮與中國古代社會 (隋唐五代宋元卷)』, 참조

원례』 등에서 冀州의 霍山을 제외하고 '오악사진'을 칭하기도 하면서 오
진과 사진이 병행되기도 했지만, 후대에는 대체로 五鎭으로 정착되었다.
20) 사독 : 본래는 28수 중 井宿에 속한 4개의 별을 의미했지만, 이 별들을
지상의 네 개의 하천에 대응시키면서 점차 황하, 장강, 회수, 제수 등의
네 개의 큰 하천을 의미하게 되었다. 『晉書』 「天文志」에는 '東井 南垣의
동쪽 네 개의 별을 四瀆이라고 하며 각기 江, 河, 淮, 濟水의 정령이다.'라
고 묘사하고 있다.

에서, 남독 장강은 익주益州에서 각기 제사지낸다. 중악 숭산嵩山은 낙주洛州에서, 서악 화산華山은 화주에서, 서진 오산吳山은 농주隴州에서, 서해와 서독 황하는 동주同州에서 각기 제사지낸다. 북악 항산恆山은 정주定州에서, 북진 의무려산醫無閭山은 영주營州에서, 북해와 북독 제수濟水는 낙주에서 각기 제사지낸다. 그 희생은 모두 태뢰를 쓰며 변과 두는 각기 4개를 사용한다. 제사관은 해당 지역의 도독, 자사로 충원한다.[21]

仲春·仲秋二時戊日, 祭太社·太稷, 社以勾龍配, 稷以后稷配. 社·稷各用太牢一, 牲色並黑, 籩·豆·簠·簋各二, 鉶·俎各三. 春分, 朝日於國城之東 ; 秋分, 夕月於國城之西. 各用方色犢一, 籩·豆各四, 簠·簋·甑·俎各一. 孟春吉亥, 祭帝社於藉田, 天子親耕 ; 季春吉巳, 祭先蠶於公桑, 皇后親桑. 並用太牢, 籩·豆各九. 將蠶日, 內侍省預奉移所司所事. 諸祭祀卜日, 皆先卜上旬 ; 不吉, 次卜中旬·下旬. 筮日亦如之. 其先蠶一祭, 節氣若晚, 卽於節氣後取日. 立春後丑, 祀風師於國城東北 ; 立夏後申, 祀雨師於國城西南 ; 立秋後辰, 祀靈星於國城東南 ; 立冬後亥, 祀司中·司命·司人·司祿於國城西北. 各用羊一, 籩·豆各二, 簠·簋各一. 季

---

21) 오악, 사진, 사해, 사독과 그 지역의 대응관계를 도표로 정리하면 다음과 같다.

명칭	동	남	중앙	서	북
오악	대산(연주)	형산(형주)	숭산(낙주)	화산(화주)	항산(정주)
사진	기산(기주)	회계(월주)		오산(농주)	의무려산(영주)
사해	동해(래주)	남해(광주)		서해(동주)	북해(낙주)
사독	淮水(당주)	大江(익주)		河(동주)	濟水(낙주)

冬睸, 堂贈儺, 磔牲於宮門及城四門, 各用雄雞一. 仲春, 祭馬
祖 ; 仲夏, 祭先牧 ; 仲秋, 祭馬社 ; 仲冬, 祭馬步. 並於大澤, 用剛
日. 牲各用羊一, 籩·豆各二, 簠·簋各一. 季冬藏冰, 仲春開冰, 並
用黑牡·秬黍, 祭司寒之神於冰室, 籩·豆各二, 簠·簋·俎各一.
其開冰, 加以桃弧棘矢, 設於神座.

중춘, 중추 두 계절의 무일戊日[22]에는 태사와 태직에 제사를 지내
고, 사社에는 구룡勾龍을 배사하고, 직稷에는 후직后稷을 배사한다.
사와 직에는 각기 태뢰 하나씩을 쓰며 희생의 색깔은 흑색으로 하
며, 변, 두, 보, 궤는 각기 두 개씩 쓰며, 형鉶[23]과 조는 각기 세 개씩
쓴다. 춘분일에는 도성의 동쪽에서 해에게 제사지내며[朝日], 추분일
에는 도성의 서쪽에서 달에게 제사지낸다[夕月].[24] 각기 (오행에 의
해) 방위에 맞는 색의 송아지 한 마리, 변과 두 각기 4개, 보와 궤,
등과 조는 각기 하나씩 쓴다. 맹춘 정월의 길한 해일亥日에[25] 적전

---

22) 무일戊日 : 육십갑자 중 戊子, 戊寅, 戊辰, 戊午, 戊申, 戊戌 등 6일을
말한다.
23) 형鉶 : 鼎모양의 덮개가 있는 제기로 국 등을 담는 데 쓰인다.
24) 朝日夕月 : 周代 이래 日月에 제사지내는 것은 일월을 나눠 지내는 分의
경우와 일월을 합하여 제사하는 合의 경우로 분류하여 네 가지 경우가
있다. ① 각 계절의 첫날 迎氣를 위해 東郊에서는 해를, 西郊에서는 달을
제사지낸다. ② 본문에서처럼 춘분과 추분에 각기 해와 달에게 제사를 지
낸다. ③ 교사제에서 해는 천신 중에 가장 존귀하고 뭇 신을 주관하므로
해에 제사 지내면서 달을 짝하여 제사 지낸다. (『禮記』「郊特牲」) ④ 月
令에 의해 10월에 天宗에 제사지낼 때 日月을 합제한다. 여기에서 ①,
②는 分의 경우이고, ③, ④는 合을 말한다.
25) 길한 해일[吉亥] : 古禮에 음력 정월 亥日에 천자가 직접 농사의 시범을
보이는데, 이때 점을 쳐서 吉을 얻는다. 만약 첫 번째 해일에 불길이 나오

이 있는 제사帝社26)에서 제사 지낸다. (이 때) 천자는 친히 경작한다.(경작의 시범을 보인다) 계춘 (삼월) 길한 사일巳日에 천자의 뽕나무밭[公桑]27)이 있는 선잠단에서 제사지낸다. (이 때) 황후는 친히 양잠 의식에 참여한다. 아울러 태뢰를 쓰며 변과 두는 각기 9개를 쓴다. 장차 잠일28)에는 내시성29)이 미리 담당 부서의 맡은 바 일들을 옮겨 놓는다. 모든 제사에서는 (거북을 이용하여) 날짜를 점치는데[卜日], 먼저 상순에 점을 쳐서 불길이라고 나오면, 다음에는 중순과 하순에 점을 친다. (시초점)으로 날짜를 정할 때도[筮日] 이와 똑같이 한다. 다만 선잠 제사만은 절기가 약간 늦더라도 절기 후에 날짜를 얻는다. 입춘 후 축일丑日에 도성 동북쪽에서 풍사風師30)에게 제사지내며, 입하 후 신일申日에는 도성 서남쪽에서 우사雨師31)에게

면, 두 번째 혹은 세 번째 해일에 다시 점을 치기 때문에 吉亥라고 불렀다.

26) 제사帝社 : 王社, 藉田壇, 先農壇 등의 다른 이름으로도 불리는 토지신에게 제사 지내는 제단이다.

27) 천자의 뽕나무밭[公桑] : 『禮記』「祭義」에는 고대 천자나 제후는 반드시 公桑과 蠶室을 갖는다고 말하고 있다.

28) 잠일 : 정월 초 8일에 누에를 키우는 농가는 잠신에게 제사하여 일 년간 누에 일이 잘되길 기원한다.

29) 내시성 : 혹은 內寺監, 司宮臺라고도 한다. 북제 시에 中侍中省과 長秋寺를 처음 설치하였고, 수대 내시성이 되었다가 長秋監으로 바뀌었다가 당대 다시 내시성으로 불렀다. 황제 조서의 전달, 황제의 음식과 기거 등의 사무, 궁문수비, 궁내 창고의 출납, 궁내의 청소 등을 담당한다.

30) 풍백 : 風師라고도 한다. 八風을 주관하며, 28수 중 동방 7수의 마지막에 해당되는 箕星을 말한다.

31) 우사 : 28수 중 남방7수의 마지막 별 畢宿를 말한다. 『수서』「천문지」에는 "달이 필수에 들어가면 큰 비가 내린다"는 기사가 있고, 이것이 필수와 雨

제사지낸다. 입추 후 진일辰日에는 도성의 동남쪽에서 영성靈星[32])에 제사지낸다. 입동 후 해일에는 도성 서북쪽에서 사중司中[33)), 사명司

師가 연관되는 증거이다. 필수의 형상이 고대 새를 잡는 도구와 유사하여 점성술에서 필수는 종종 수렵 및 변방에서의 전쟁 등의 상징으로 여겨졌다.

32) 영성靈星 : 『詩經』「周頌」에 "繹賓尸也. 高子曰, 靈星之尸也"라는 구절로 처음 등장하며, 『사기정의』에 의하면 龍星으로도 불리며, 28수 중 동방7수 각수에 속한 한 별자리이다. 용성의 左角을 天田이라고도 하기 때문에 天田星이라고도 한다. 王先謙은 『후한서집해』에서 后稷의 代稱이라고 하였다. 따라서 주로 농사를 주관하는 신격으로 풍년을 기원하기 위해 제사지낸다. 역사적으로 한고조 5년 처음으로 靈星祠를 설치하여 후직에서 제사지냈지만, 북제시에는 명목만 남고 남교례와 같이 시행하다가, 수대 개황초에 文帝가 도성 동남쪽 7리 延興門 남쪽에 영성단을 설치하고 입추 후 辰日에 제사를 거행한 이후 당은 수의 제도를 답습하여 장안과 낙양 두 곳에서 영성에 대한 제사를 지냈다. 『후한서』에서는 고구려의 제사를 말하면서 '零星'으로 표기하기도 했는데, 조선시기 정조가 일관들이 零星으로 표기한 것을 갖고 질책했다는 기록이 남아 있다. 이별이 농사제사에 중요하기는 했지만, 실제 천문관측에서는 별로 주목받지 못했던 것으로 지적된다.

33) 사중司中 : 『周禮』「春官 · 大宗伯」에 "以禋祀祀昊天上帝, 以實柴祀日月星辰, 以槱祀司中, 司命, 風師, 雨師, 血祭祭社稷, 五祀, 五嶽, 以貍沈祭山林川澤, 以疈辜祭四方百物"에서 처음 출현한다. 이 구절에서 사중이 사명, 풍사, 우사와 병렬로 등장한 것은 이들 신이 같은 계열의 신으로 인식되었음을 알려주는 것이며, 또한 (나무 등을 쌓아놓고) 불을 질러 제사지내는 방법은 이들이 모두 일종의 天神이었음을 알려준다. 동시에 『주례주소』의 주석에서 후한 鄭衆이 사중은 "三能三階也"라고 규정했는데, 『武陵太守星傳』에서는 "三臺는 일명 天柱라고도 하며 上臺는 司命으로 太尉가 되고, 中臺는 司中으로 司徒가 되며, 下臺는 司祿으로 司空이 된다"고 하였다. 또한 "(여섯 개의 별로 이루어진) 文昌宮星의 네 번째 별이 司命이고, 다섯 번째 별은 司中이며, 여섯 번째 별은 司祿이다"

命, 사인司人[34], 사록司祿(곡식담당)의 신에게 제사지낸다. (이 때) 각각 양 한 마리를 쓰며, 변과 두는 각기 두 개씩, 보와 궤는 각기 하나씩 쓴다. 계동의 그믐날에는 나儺라는 (역귀를 내쫓는) 의식을 시행함에 궁문 및 성의 네 개의 문에서 희생을 찢어죽일 때, 수탉 한 마리를 쓴다. 중춘에 마조馬祖에 제사지낸다. 중하에는 선목先牧에 제사지낸다. 중추에는 마사馬社에 제사지낸다. 중동에는 마보馬步에 제사지낸다.[35] 아울러 대택大澤(제사)에서는 강일剛日[36]을 쓰

라고도 하였다. 이러한 자료를 통해 보면 일목요연하지는 않더라도 대체로 사중은 사명, 사록과 함께 星官에 근원을 둔 어떤 天神의 명칭으로 추정된다. 다만 여기에서도 사중이 구체적으로 어떤 일을 하는 것인지 분명하지는 않다. 『周書』「明訓解」의 "天生民而成大命, 立司德正之以禍福"을 인용하여 여기의 司德이 司中인 것으로 보아 사중의 역할은 민의 善惡 행위 등 품성을 살피는 것으로 추정하는 의견도 있고(呂思勉, 『秦漢史』), 혹은 三臺와 三能이 점성술에서 종종 三公과 상관되어 삼공의 임면과 복록 및 명운을 예측하는 일과 관련된다는 사실을 주목하여 사중을 이와 연결시키기도 하지만, 곡식과 농사와는 어떠한 관련이 있는지 명확하지 않고, 왜 곡식제사에 司中이 司命과 함께 등장하는지는 명확하지 않다. 한편 『사기』「천관서」 및 이후의 『정사』「천문지」에서는 사중, 사명, 사록을 각기 문창성의 4-6번 째 별이라고 지적하고 있다.

34) 사인司人 : 『신당서』「예의지」2에서도 출현한다. 본래 명칭은 '司民'인데 당태종 李世民의 民字를 피휘하여 사인으로 되었다는 설이 유력하다. 『大唐郊祀錄』에는 정현의 주석을 인용하여 軒轅角星이라고도 하였다. 『周禮』「春官·天府」에는 "司民과 司祿에 제사지낼 때 民數와 穀數를 바친다"고 되어 있는데, 祿이 穀을 의미하고 사록이 곡식을 관장한다면, 사인은 곧 민을 관장하는 신격이 된다. 실제로 『수서』「천문지」에도 "헌원17성은 북두칠성의 북쪽에 있으며 …… 左一星은 小民으로 少后宗이고, 右一星은 大民으로 太后宗이다"라고 말하고 있다.

고 희생으로 양 한 마리, 변과 두 각기 두 개, 보와 궤는 각기 하나
씩을 쓴다. 계동에는 얼음을 저장하고 중춘에 얼음을 꺼낸다. 아울
러 검은 수소 한 마리, 찰기장[秬黍]을37) 사용하고 빙실氷室에서 사
한司寒38)의 신에게 제사하는데, 변과 두는 각기 두 개, 보와 궤, 조
는 각기 한 개를 사용한다. 얼음을 꺼낼 때에는 복숭아나무로 만든
활과 가시나무로 만든 화살을39) 더하여 신좌에 배설한다.

---

35) 마조馬祖, 선목先牧, 마사馬社, 마보馬步 : 『주례』「夏官·司馬」에 보면
   "(말에 대한) 春祭를 마조, 夏祭를 선목, 秋祭를 마사, 冬祭를 마보"라고
   하였다. 여기에서 마조는 말의 시조, 선목은 처음으로 말을 길들인 사람,
   마사는 처음으로 말을 탄 사람이라는 의미이다. 말은 생산, 운수, 군사용
   으로 긴요하였기 때문에 일찍부터 제사대상으로 편입된 것 같다.

36) 강일剛日 : 『주역』에서는 天의 道를 陰陽으로, 地의 道를 剛柔로 규정하
   였다. 여기서 剛은 陽에 해당되는 것으로 天干 중 甲, 丙, 戊, 庚, 壬日을
   의미한다.

37) 찰기장[秬黍] : 羊頭山(현재 山西省 長治市)에서 주로 생산되던 품종으
   로 唐代에 도량형의 기준이 되었던 곡식이다. 武德 8년(625) 규정에 북방
   에서 나는 크기가 중간되는 거서 하나의 너비를 1分으로 하고 10분을 1촌
   으로 하며, 이것이 1200개 들어가는 용기를 龠이라고 하고, 2약을 合, 10
   합을 升이라고 하였다. 또한 이 거서 100개의 무게를 銖라고 하고 24수를
   兩, 16량을 斤으로 하였다.

38) 사한司寒 : 『左傳』「昭公 4年」의 "其藏之也, 黑牡、秬黍以享司寒"에 대
   한 杜預의 주에서 "사한은 玄冥이며 북방의 신이다"라고 하였다. 겨울을
   주재하는 신이므로 북방에 해당되고, 흑색을 배당한다.

39) 복숭아나무로 만든 활과 가시(멧대추)나무로 만든 화살 : 복숭아나무와 가
   시나무로 만든 활과 화살이 재앙을 제거하고 흉사를 피하게 한다는 일종
   의 辟邪의 의미를 담고 있다.

季冬寅日, 蜡祭百神於南郊. 大明·夜明, 用犢二, 籩·豆各四,
簋·簠·甒·俎各一. 神農氏及伊耆氏, 各用少牢一, 籩·豆各四,
簋·簠·甒·俎各一. 后稷及五方·十二次·五官·五方田畯·五嶽·
四鎮·四海·四瀆以下, 方別各用少牢一, 當方不熟者則闕之. 其
日祭井泉於川澤之下, 用羊一. 卯日祭社稷於社宮〔三〕40), 辰日臘
享於太廟, 用牲皆準時祭. 井泉用羊二〔四〕41). 二十八宿, 五方之
山林·川澤, 五方之丘陵·墳衍·原隰, 五方之鱗·羽·贏·毛·介,
五方之水墉·坊·郵表畷, 五方之貓·於菟及龍·麟·朱鳥·白虎·
玄武, 方別各用少牢一, 各座籩·豆·簋·簠·俎各一. 蜡祭凡一百
八十七座. 當方年穀不登, 則闕其祀. 蜡祭之日, 祭五方井泉於山
澤之下, 用羊一, 籩·豆各二, 簋·簠及俎各一. 蜡之明日, 又祭社
稷于社宮, 如春秋二仲之禮.

계동 인일寅日에 남교에서 백신百神에게 납제를 지낸다. 대명大
明42), 야명夜明43)(제사)에는 송아지 두 마리, 변과 두 각기 네 개, 보
·궤·등·조 각기 하나를 쓴다. 신농씨 및 이기씨伊耆氏44)(에 대한

---

40) [교감기 3] "當方不熟者則闕之 其日祭井泉於川澤之下 用羊一 卯日祭
社稷於社宮". 이 몇 구절은 아래 문장에서 다시 나타나는데 착오인 것으
로 의심된다. 『신구당서합초』 권28 禮志에서는 이를 삭제하고, '籩豆各二
簋簠及俎各一'을 보충하였다.

41) [교감기 4] "辰日臘享於太廟 用牲皆準時祭 井泉用羊二"는 『신구당서
합초』 권28 「禮志」에서는 '井泉用羊二' 구절을 삭제하고, 또 '辰日'二句
를 아래 '如春秋二仲之禮'의 구절 아래로 옮겼다.

42) 대명大明 : 『주역』 乾卦 "雲行雨施, 品物流行, 大明終始, 六位時成"에
대한 李鼎祚의 集解에서 주석한대로 해를 지칭한다.

43) 야명夜明 : 달에 제사지내는 것을 말한다. (『禮記』「祭法」 ; 夜明, 祭月也)

제사)는 각기 소뢰 하나씩을 쓰고 변과 두는 각기 네 개, 보 궤 등
조는 각기 하나씩을 쓴다. 후직 및 오방, 12차, 오관, 오방의 전준田
畯45), 오악, 사진, 사해, 사독 이하(의 제사)는 방위별로 각기 소뢰
하나씩을 쓴다. 해당 방위가 풍년이 들지 않았다면 (양과 돼지를) 빼
놓는다. 그 날 하천과 연못의 아래에서 우물과 샘에 제사지내며 양
한 마리를 쓴다. 묘일에는 사궁社宮에서 사직에 제사지낸다. 진일에
는 태묘에서 납향을 드리고 희생은 모두 시제時祭에 준하여 쓴다.
우물과 샘(의 제사)에는 양 두 마리를 쓴다. 28수, 오방의 산림, 하천
과 연못, 오방의 구릉, 분연[墳衍, 물가와 낮은 평지], 원습[原隰, 평
원과 습지], 오방의 어류 조류 털있는 짐승 갑각류, 오방의 수용[水
墉 제방], 둑[坊, 뚝], (전준의) 우사郵舍[郵表畷],46) 오방의 고양이,
토끼 및 용 기린 주작 백호 현무는 방위별로 각기 소뢰 하나를 쓰고
각기 변 두 보 궤 조를 하나를 사용한다. 납제는 무릇 187 신좌이다.
해당 방위의 곡식이 풍년들지 않았으면 그 제사는 빼놓는다. 납제일
에 산택山澤 아래에서 오방의 우물과 샘에 제사지낼 때는 양 한 마
리, 변과 두는 각기 두 개씩 쓰며, 보 궤 및 조는 각기 하나씩 쓴다.
또한, 납제의 다음 날에는 사궁에서 사직에 제사지내는데 중춘과 중

---

44) 이기씨伊耆氏 : 일설에는 帝堯를 칭한다고 보기도 하지만, 실은 神農氏
를 의미하는 다른 명칭이다. 신농씨가 본래 羌水유역 이기씨 부락의 수령
으로 전해진다. 역대 주석가들은 고대 천자의 칭호로 해설하기도 했다.
45) 전준田畯 :『시경』빈풍 7월조에 나오는 농사를 감독하는 大夫이다.
46) (홍수를 막는) 제방, 뚝, 우표철 :『예기』에 의하면 천자가 납제를 지내는
8신에 포함된다. 납제 8신은 이외에도 先嗇, 司嗇, 農, 貓虎, 곤충 등이
있다.

추의 예와 같게 한다.

顯慶中, 更定籩·豆之數, 始一例. 大祀籩·豆各十二, 中祀各十, 小祀各八.

현경(656-661) 연간에 다시 변과 두의 숫자를 정하여 비로소 체례를 통일했다. 대사에서는 변과 두가 각기 열두 개, 중사에서는 각기 열 개, 소사에서는 각기 여덟 개씩으로 하였다.

京師孟夏以後旱, 則祈雨, 審理冤獄, 賑恤窮乏, 掩骼埋胔. 先祈嶽鎭·海瀆及諸山川能出雲雨, 皆於北郊望而告之. 又祈社稷, 又祈宗廟, 每七日皆一祈. 不雨, 還從嶽瀆. 旱甚, 則大雩, 秋分後不雩. 初祈後一旬不雨[五][47], 卽徙市, 禁屠殺, 斷繖扇, 造土龍. 雨足, 則報祀. 祈用酒醢, 報準常祀, 皆有司行事. 已齊未祈而雨, 及所經祈者, 皆報祀. 若霖雨不已, 禜京城諸門, 門別三日, 每日一禜. 不止, 乃祈山川·嶽鎭·海瀆；三日不止, 祈社稷·宗廟. 其州縣, 禜城門；不止, 祈界內山川及社稷[六][48]. 三禜·一祈, 皆準京式, 並用酒脯醢. 國城門報用少牢, 州縣城門用一特牲.

경사京師가 맹하 이후 가물면 기우제를 지내고 억울한 옥사를 심

---

47) [교감기 5] "旱甚則大雩秋分後不雩初祈後一旬不雨" 이 구절에서 '旱甚'에서 '初祈'까지의 12자는 원래 각 판본에서는 없는 글자이다. 『通典』 권43에 의해 보충한 것이다.

48) [교감기 6] "不止祈界內山川及社稷" 이 구절에서 '不止祈'는 각 판본에서는 원래 '其'자가 없으나, 『通典』 권108에 의거하여 고쳤다.

리하고 궁핍한 자를 진휼하고, 널려있는 시체를 거두어 매장하였다. 먼저 오악과 사진, 사해와 사독 및 여러 산천에서 능히 구름과 비를 내릴 수 있는 곳에 제사 지내는데, 모두 북교에서 바라보며 고하고, 또한 사직에 제사하고, 또 종묘에 제사하였는데 매 칠일마다 모두 한번 제사하였다. 비가 오지 않으면 다시 오악과 사독부터 (제사하였다). 가뭄이 심하면 대규모로 기우제를 지내는데 추분 후에는 기우제를 지내지 않았다. 처음 기우제를 지낸 후 열흘 후가 되어도 비가 오지 않으면, 즉 시市를 옮기고[徙市],49) 도살을 금지하며 산선 [繖扇, 우산과 부채 모양의 해 가리개]을 잘라 없애고, 토룡50)을 만든다. 비가 충분하면 다시 제사로 보답한다. 기우제는 술과 젓갈을 사용하고, 보답하는 제사는 일반 제사에 준하여 지내며, 모두 담당 관리가 행사를 맡는다. 이미 재계는 했으나 아직 기우제를 지내지 않았는데 비가 오거나 제사를 거쳐 비가 내린 경우 모두 보답하는 제사를 지낸다. 만약 장마가 그치지 않으면 경성의 여러 문에서 영제禜祭를 지내는데 성문마다 별도로 3일 동안 제사하고 매일 한 차례 영제를 지낸다. 비가 그치지 않으면 산천 악진 해독에 제사 지낸

---

49) 시市를 옮기고[徙市]: 천자와 제후의 喪에 서민들은 잠시 상업활동을 중단하고 집에 머물면서 상에 대한 슬픔을 나타낸다. 천자의 상에는 7일, 제후의 상에는 3일을 집에 머문다. 이 기간에 시장을 민가의 거리로 옮겨 생필품을 공급하였는데, 이것을 사시라고 한다. 『禮記』「檀弓」下를 참고하라.

50) 토룡: 흙으로 용을 만들어 기우제에 사용한다. 상대 복사 중에 이미 용을 활용하여 求雨한 기록 등이 있지만, 『회남자』의 "土龍致雨"나 『春秋繁露』「求雨」篇의 일단 기사들은 용을 활용한 기우풍속이 매우 오래되었다는 점을 알려준다.

다. 삼일이 지나도 그치지 않으면, 사직과 종묘에 제사한다. 그 주현은 성문에 영제를 지낸다. 그래도 그치지 않으면 그 경계 내 산천과 사직에 제사 지낸다. 세 번 영제[三禜]51)를 지내고 한번 기제를 지내는 것은 모두 경사의 방식에 준하여 행하며, 아울러 술과 마른 고기 및 젓갈을 사용한다. 국도의 성문에서는 보답하는 제사에 소뢰를 사용하고, 주현의 성문에서는 희생 한 마리를 쓴다.

太宗貞觀三年正月, 親祭先農, 躬御耒耜, 藉於千畝之甸. 初, 晋時南遷, 後魏來自雲·朔, 中原分裂, 又雜以獯戎, 代歷周·隋, 此禮久廢, 而今始行之, 觀者莫不駭躍. 於是秘書郎岑文本獻藉田頌以美之. 初, 議藉田方面所在, 給事中孔穎達曰:「禮, 天子藉田於南郊, 諸侯於東郊. 晋武帝猶於東南. 今於城東置壇, 不合古禮.」太宗曰:「禮緣人情, 亦何常之有. 且虞書云『平秩東作』, 則是堯·舜敬授人時, 已在東矣. 又乘青輅·推黛耜者, 所以順於春氣, 故知合在東方. 且朕見居少陽之地, 田於東郊, 蓋其宜矣.」於是遂定. 自後每歲常令有司行事.

태종 정관 3년(629) 정월에 선농에게 친히 제사 드리고, 몸소 쟁기를 끌고 천무千畝의 밭에서 경작의 시범을 보였다. 초기에 진대晋代에 남으로 천도하고, 후위後魏가 운雲, 삭朔으로부터 와서 중원이

---

51) 세 번 영제[三禜] : 홍수와 가뭄의 신에게 지내는 제사를 말한다. 『예기』 제법에는 '宗'으로 되어 있으나 정현의 주석에 의해 禜의 잘못으로 본다. 그러므로 영제는 재액을 물리치는 제사로 홍수 역병 기상이변 등 각종 재액을 당하였을 때 지낸다. 『周禮』 「地官·黨正」과 『춘추좌씨전』 昭公 元年條에 관련 내용이 보인다.

분열되었고, 또 오랑캐들이 섞여 주周에서 수隋로 대대로 이어오면서 이 예의는 폐지된 지 오래되었다가, 이제 비로소 시행하니 보는 사람들이 놀라고 기뻐하지 않는 이가 없었다. 이에 비서랑 잠문본岑文本(595-645)[52]이 〈적전송藉田頌〉을 지어 바치며 칭송하였다. 처음에 적전 방위 위치를 의론할 때 급사중 공영달孔穎達(574-648)이 말하기를 "예에 천자의 적전은 남교에서, 제후는 동교에서 한다고 하였습니다.[53] 진무제는 그래도 동남쪽에서 행하였습니다. 지금은 도성의 동쪽에 단을 설치하니 고례에 합치되지 않습니다."고 하였다. 태종이 말하기를 "예는 인정에 연유하는 것이니 어찌 항상 같을 수 있는가? 또한 『우서虞書』[54]에서 이르기를 '해의 출몰과 운행을 분별하여 동쪽에서 경작한다'라고 한 즉, (이것은) 요순이 백성의 농사짓는 때를 공경히 알려준 것이고, 이미 동쪽에서 하였던 것이다. 또 청색의 수레를 타고 청색의 쟁기를 끄는 것은 봄의 기운에 순응하기 위함이니 응당 동쪽에서 행함을 아는 것이다. 또 짐은 소양少陽[55]의

---

52) 잠문본岑文本 : 唐初 재상으로 중서령까지 올랐으며, 문학가로 더 잘 알려져 있다. 〈藉田頌〉 이외 당태종이 군신들을 모아 놓고 연회를 베풀 때 지은 〈三元頌〉도 문장이 화려하고 아름다운 것으로 유명하지만, 지금은 이 둘 모두 전해지지 않는다.

53) 예에 … 하였습니다 : 『禮記』 「祭統」에 "天子藉田于南郊, 諸侯于東郊"란 구절을 인용한 것이다. 「祭統」편은 적전을 할 때 천자와 제후의 신분에 따른 차이가 존재한다고 지적한다. 방위뿐만 아니라, 예컨대 적전의 畝數도 차이가 나는데, 천자는 千畝, 제후는 百畝이다.

54) 우서虞書 : 『상서』의 한 편명으로 夏王朝 이전의 역사를 기록한 것으로 알려져 있다. 현재 「堯典」, 「舜典」, 「大禹謨」, 「皐陶謨」, 「益稷」 5편으로 되어 있다.

땅에 거처하고 있으니 동교에서 적전을 행하는 것은 대체로 합당함이 있는 것이다.”라고 하였다. 이에 드디어 (의론이) 정해졌다. 이후로 매년 항상 유사로 하여금 행사를 치르도록 하였다.

則天時, 改藉田壇爲先農. 神龍元年, 禮部尚書祝欽明與禮官等奏曰 :「謹按經典, 無先農之文. 禮記祭法云 :『王自爲立社, 曰王社.』先儒以爲社在藉田, 詩之載芟篇序云『春藉田而祈社稷』是也. 永徽年中猶名藉田, 垂拱已後刪定, 改爲先農. 先農與社, 本是一神, 頻有改張, 以惑人聽. 其先農壇請改爲帝社壇, 以應禮經王社之義. 其祭先農旣改爲帝社壇, 仍準令用孟春吉亥祠后土, 以勾龍氏配.」制從之. 於是改先農爲帝社壇, 於壇西立帝稷壇, 禮同太社·太稷, 其壇不備方色, 所以異於太社也.

측천무후 시기에 적전단을 고쳐 선농으로 하였다. 신룡 원년(705) 예부상서 축흠명祝欽明(656-728)이 예관 등과 더불어 상주하여 말하기를 “삼가 경전을 살피니 선농에 관한 글은 없습니다. 『예기』 「제법」에서 이르기를 ‘왕이 자신을 위해서 사를 세우는 것을 왕사王社라 한다’고 하였습니다. 선대의 유학자들은 사社가 적전에 있다고 생각하여 『시경』 「재삼載芟」편 서에 이르기를 ‘봄에 적전례를 행하고 사직에 제사한다’고 하였는데 이것이 바로 그 증거입니다. 영휘永徽(650~655) 연간에도 여전히 적전이라고 불렸으나, 수공(垂拱, 685~688) 이후 삭제하고 고쳐서 선농으로 개정하였습니다. 선농과

---

55) 소양少陽 : 四象에 의해 계절과 방위를 구분할 때 소양은 봄, 동쪽, 청룡을 의미한다. 노양은 주작(남쪽), 소음은 백호(서쪽), 노음은 현무(북쪽)이다.

사는 본래 하나의 신인데, 자주 고쳐서 사람을 미혹하게 하는 것입니다. 청컨대 그 선농단은 고쳐서 제사단帝社壇으로 하고, 『예기』왕사의 의미에 맞춰야 할 것입니다. 그 선농에 대한 제사는 고쳐서 제사단에서 행하는 것으로 삼은 이상, 영令에 준하여 맹춘 길한 해 일에 후토에 제사하고 구룡씨를 배사해야 합니다.”라고 하였다. (황제가) 조서를 내려 따랐다. 이에 선농을 고쳐 제사단으로 하고, 제단의 서쪽에 제직단을 세웠는데, 예는 태사 태직과 같게 하였고, 그 단은 (오방의) 방위에 따른 색을 쓰지 않았다. 태사와 구별하기 위한 것이다.

睿宗太極元年, 親祀先農, 躬耕帝藉. 禮畢, 大赦, 改元.

예종은 태극 원년(712)에 친히 선농에 제사하고 몸소 적전[제적帝藉]56)에서 경작하였다. 예를 마치자, 대사면령을 내리고 연호를 고쳤다.

玄宗開元二十二年冬, 禮部員外郎王仲丘又上疏請行藉田之禮. 二十三年正月[七]57), 親祀神農於東郊, 以勾芒配. 禮畢, 躬御耒耜于千畝之甸. 時有司進儀注:「天子三推, 公卿九推, 庶人終畝.」玄宗欲重勸耕藉, 遂進耕五十餘步, 盡壟乃止. 禮畢, 輦還齋宮, 大赦. 侍耕·執牛官皆等級賜帛. 玄宗開元二十六年, 又親往

---

56) 제적帝藉 : 藉田의 다른 명칭이다. 이 밖에 耕藉, 東耕, 親耕, 王藉 등의 명칭이 사용되기도 하며, 『漢官儀』에서는 '千畝'라고 칭하기도 했다.

57) [교감기 7] "23년 정월"에서 '정월'은 각 판본에서는 원래 '2월'로 되어 있다. 『구당서』권8 「현종기」와 『자치통감』권214에 의해 고쳤다.

東郊迎氣, 祀靑帝, 以勾芒配, 歲星及三辰七宿從祀. 其壇本在春
明門外, 玄宗以祀所隘狹, 始移於滻水之東面, 而値望春宮. 其壇
一成, 壇上及四面皆靑色. 勾芒壇在東南. 歲星已下各爲一小壇,
在靑帝壇之北. 親祀之時, 有瑞雪, 壇下侍臣及百僚拜賀稱慶.

현종 개원 22년(734) 겨울에 예부원외랑 왕중구王仲丘는 또 상소
하여 적전의 예를 행할 것을 청하였다. 23년(735) 정월 (황제는) 친
히 동교에서 신농에 제사지내고 구망을 배사하였다. 예를 마치고 몸
소 천무의 적전에서 쟁기질하였다. 이 때 유사가 의주를 진상하며
"천자는 (쟁기를) 세 번 밀며, 공경은 아홉 번 밀고, 서인은 전체 밭
을 다 경작한다."[58]고 하였다. 현종은 경작을 거듭 권장하려고 하여
결국은 50여 보까지 나아갔고 밭둑이 끝나서야 그만 두었다. 예를
마치고 연(가마)을 타고 재궁으로 돌아와 대사령을 내렸다. 시경侍
耕과 집우관執牛官 등에게는 모두 등급에 따라 비단을 내렸다. 현종
개원 26년(738)에 또 친히 동교에 나가 영기迎氣하고 청제에게 제사
지내면서, 구망을 배사하고, 세성(歲星, 목성) 및 삼신(三辰, 해, 달,
북두칠성)과 칠수[59]를 종사하였다. 그 제단은 본래 춘명문 밖에 있
었으나, 현종이 제사 장소로는 협소하다고 생각하여 처음으로 산수
滻水의 동쪽으로 옮겨 망춘궁과 대치하게 하였다. 제단이 완성되자
단상과 사면을 모두 청색으로 하였다. 구망단은 동남쪽에 두었다.
세성 이하는 각각 작은 제단을 만들고 청제단靑帝壇의 북쪽에 두었

---

58) 천자는 (쟁기를) 세 번 밀며 : 『예기』 월령에 나오는 말이며, 이곳에는 "卿
諸侯九推"라는 구절이 추가되어 있다.
59) 칠수 : 봄에 동교에서 제사하기 때문에, 28수 중의 동방칠수를 말하는 것
으로 보인다. 동방칠수는 角, 亢, 氐, 房, 心, 尾, 箕 등이다.

다. 친제를 할 때에 서설이 내려 단하에 있던 시종 드는 신하와 백관들이 모두 절하며 축하하고 경사라고 칭송하였다.

蕭宗乾元二年春正月丁丑〔八〕60), 將有事於九宮之神, 兼行藉田禮. 自明鳳門出, 至通化門, 釋較而入壇, 行宿齋於宮. 戊寅, 禮畢, 將耕藉, 先至於先農之壇. 因閱耒耜, 有彫刻文飾, 謂左右曰 「田器, 農人執之, 在於朴素, 豈文飾乎?」 乃命徹之. 下詔曰 :「古之帝王, 臨御天下, 莫不務農敦本, 保儉爲先, 蓋用勤身率下也. 屬東耕啓候, 爰事藉田, 將欲勸彼蒸人, 所以執玆耒耜. 如聞有司所造農器, 妄加雕飾, 殊匪典章〔九〕61). 況紺轅縹軏, 固前王有制, 崇奢尚靡, 諒爲政所疵. 靜言思之, 良用歎息, 豈朕法堯舜·重茅茨之意耶! 其所造彫飾者宜停. 仍令有司依農用常式, 卽別改造, 庶萬方黎庶, 知朕意焉.」翌日己卯, 致祭神農氏, 以后稷配享. 蕭宗冕而朱紘, 躬秉耒耜而九推焉. 禮官奏陛下合三推, 今過禮. 蕭宗曰 :「朕以身率下, 自當過之, 恨不能終於千畝耳.」旣而佇立久之, 觀公卿·諸侯·王公已下耕畢.

숙종 건원 2년(759) 춘정월 정축일에 구궁의 신에게 제사를 지내며 아울러 적전례를 행했다. 명봉문62)으로부터 나와서 통화문63)에

---

60) [교감기 8] "건원 2년"에서 '2년'은 각 판본에서는 원래 '3년'으로 되어 있다. 『구당서』 권10 「숙종기」와 『신당서』 권14 「예악지」에 의해 고쳤다.
61) [교감기 9] "爰事藉田 … 殊匪典章" 뒤에 '藉田' 두 글자가 있다.
62) 명봉문: 원래 大明宮의 남쪽문인 丹鳳門을 숙종 지덕 2년(757)에 개칭한 것이다. 그러나 이후 다시 단봉문으로 환원되었다. 이 문은 황제가 赦免을 내리는 고정적인 장소로 유명하다.

이르기까지 길의 신에게 제사하고 단에 올랐으며 제사 전날 하루 궁에서 재계하였다. 무인일에 예가 끝나자, 장차 경적의 례를 하기 위해 먼저 선농단에 이르렀다. 이어 쟁기를 둘러보니 조각과 문양이 새겨져 있어 좌우에게 일러 말하기를 "밭의 농기구는 농민이 잡는 것이니 소박함에 (의미가) 있는 것인데 어찌 문양이 들어갔는가?"라고 하였다. 이에 명령하여 문식을 가한 쟁기들을 치우게 하였다. 조서를 내려 말하기를 "옛날의 제왕들은 통치에 임하여 농사에 힘써 근본을 두텁게 하고, 검약을 우선으로 삼지 않음이 없었다. 대개 자신을 근검하게 함으로써 아랫사람을 통솔한 것이다. 동교에서 행하는 적전의 예에 의탁해 제후를 일깨우니, 이에 적전을 실행하는 것이요 장차 백성들에게 권하고자 하여 이 쟁기를 잡는 것이다. 듣기에 유사가 농기구를 제작하는데, 쓸데없이 조각과 문양을 더했으니 전장 제도가 아니다. 하물며 (멍에의) 끌채와 쐐기에 청색과 옥색으로 장식을 할 수가 있는가? 본래 전왕께서 제도를 제정함에, 사치를 숭상하는 것은 정치의 병폐가 된다. 조용히 생각해보고 탄식하노니 이것이 어찌 요순(성왕)을 본받아 검소함을 중시하는 짐의 뜻이겠는가?[64] 제작한 제도에 문양과 조각을 넣는 것은 중지하는 것이 마땅하다. 이에 유사有司에게 농가에서 사용하는 일상적인 형식에 의해 따로 개조하도록 명하여, 무릇 만방의 백성들이 짐의 뜻을 알게 하라." 하였다. 다음날 기묘일에 신농씨에 제사드리고 후직을 배향하

---

63) 통화문 : 당대 장안 외곽성의 동쪽문 중 가장 북쪽에 위치한 문.

64) 법요순法堯舜, 중모자重茅茨 : 『墨子』「三辨」에는 "옛날에 요순이 모자(띠로 이은 집)에 있었던 것은 (이것을) 예로 여기고 또한 즐거움으로 여겼기 때문이다.昔者堯舜有茅茨者, 且以爲禮, 且以爲樂."는 구절이 있다.

였다. 숙종은 면류관을 쓰고 붉은 색 인끈[朱紘]으로 매고 몸소 쟁기를 잡고 아홉 번 땅을 갈았다. 예관이 폐하에게 (쟁기를) 세 번 가는 것이 합당하고 지금은 과례라고 아뢰었다. 숙종이 말하기를 "짐이 아래 사람들에게 솔선하는 것이니 당연히 더 하는 것이다. 천무의 (땅을) 다 마치지 못하는 것이 오히려 한이 되는구나." 하였다. 이후 오랫동안 서서, 공경 제후 왕공 이하가 경작하는 것을 마칠 때까지 바라보았다.

太宗貞觀十四年春正月庚子, 命有司讀春令, 詔百官之長, 升太極殿列坐而聽之. 開元二十六年, 玄宗命太常卿韋縚每月進月令一篇. 是後每孟月視日, 玄宗御宣政殿, 側置一榻, 東面置案, 命韋縚坐而讀之. 諸司官長, 亦升殿列座而聽焉. 歲餘, 罷之. 乾元元年十二月丙寅立春, 肅宗御宣政殿, 命太常卿于休烈讀春令. 常參官五品已上正員, 並升殿預坐而聽之.

태종 정관 14년(640) 춘정월 경자일에 유사에게 명하여 춘령春令을 읽도록 하고, 백관의 장들에게 조서를 내려 태극전에 올라 열을 지어 앉아서 듣도록 했다. 개원 26년(738), 현종은 태상경 위도韋縚에게 명하여 매월 월령 한 편을 바치게 했다.[65] 이후 매 계절의 첫

---

65) 매월 … 읽도록 했다 : 월령의 내용은 전래문헌 중에서는 『大戴禮記』 「夏小正」, 『管子』 「幼官」, 「四時」, 「輕重己」 등 몇 편, 『呂氏春秋』 「十二紀」, 『淮南子』 「時則訓」, 『禮記』 「月令」, 『사민월령』 등의 문헌에 전해지고 있고, 출토문헌 중에서는 『敦煌縣泉置四時月令五十一條詔』가 대표적이다. 고대 제왕들은 매년 말에 제후를 불러 12개월의 월령을 반포하는데, 제후들은 매월 초하루[朔日]에 이를 祖廟에 고한 후에 실행하게 된다.

달 시일視日66)에 현종은 선정전宣政殿에 나와서 옆에 궤안을 설치하고, 동쪽으로 문서를 두어 위도에게 명하여 앉아서 읽도록 했다. 여러 담당 관청의 장관들도 모두 전 앞에 올라 열을 지어 앉아서 들었다. 일 년 남짓 시행하고 끝났다. 건원 원년(758) 12월 병인일 입춘에 숙종은 명하여 선정전에서 태상경 우휴열于休烈(692~772)에게 춘령을 읽도록 하였다. 상참관常參官 5품 이상 관원들은 함께 선정전에 올라 미리 앉아 있다가 들었다.

舊儀, 嶽瀆已下, 祝版御署訖, 北面再拜. 證聖元年, 有司上言曰:
「伏以天子父天而母地, 兄日而姊月, 於禮應敬, 故有再拜之儀. 謹

이 의식을 視朔, 告朔(곡삭), 聽朔 등으로 달리 불리는데, 군주가 들어와 의식을 참관하는 것을 시삭이라고 하고, 담당관리가 월령을 읽는 것을 곡삭, 나머지 참가자들이 듣는 것을 청삭이라고 한다. 또한 이 월령은 明堂에서 반포하므로 '명당월령'이라고도 하며, 실제 역사상에는 後漢 明帝 영평 2년(59), 魏 明帝 경초 원년(237) 등에서 월령반포의 사실이 확인된다. 漢의 제도에서도 太史가 매년 역을 올리고, 24절기 중의 四立과 大暑 때 항상 五時令을 읽었다고 전해진다. 이 때 황제는 五時에 맞는 복색의 옷을 입으며, 황제가 어좌에 앉으면 상서령 이하 관리들은 자리에 앉아, 책상에 놓인 월령을 엎드려 읽는다. 읽기가 끝나면 (황제는) 한 잔의 술을 내린다. 이러한 月令읽기 의식은 唐代에 매우 성행했음이 본문과 『신당서』「예의」9를 통해 알 수 있지만, 당대에도 장안 4년(704)에 讀時令을 중단하는 조서가 내려지고, 송대에도 靖康 원년(1126) 이후 頒朔의식이 폐지되기도 했다. 아마도 명당에서 월령을 강독하는 의식은 이후 사라진 것으로 보인다.

66) 시일視日 : 길흉을 점쳐 날짜를 선택하는 일을 말한다. 따라서 고정된 날짜가 아닌 유동적으로 날짜를 선택했다고 여겨진다. 그러나 視事日(정사를 처리하는 날)의 다른 표현으로 볼 수도 있다.

按五嶽視三公, 四瀆視諸侯, 天子無拜公侯之禮, 臣愚以爲失尊卑
之序. 其日月已下, 請依舊儀. 五嶽已下, 署而不拜.」制可, 從之
[一〇][67].

옛 의례에서는 오악과 사독 이하의 (제사)는 (축문을 써놓은) 축판에 황제가 서명을 마친 뒤 북면하여 두 번 절하였다. 증성證聖 원년(695, 측천무후의 연호)에 유사가 상서하여 말하기를 "(신이) 엎드려 생각하옵건대 천자는 하늘을 아버지로 하고 땅을 어머니로 하며, 해를 형으로 달을 누이로 하니 예에 당연히 공경해야 합니다. 그러므로 두 번 절하는 의식을 하는 것입니다.[68] 삼가 살피건대 오악은 삼공에 비견되고, 사독은 제후에 비견됩니다.[69] 천자는 삼공과 제후에게 절하는 예의가 없습니다. 신이 삼가 생각하기에 존비의 질서를 잃은 것입니다. 그 일월 이하는 청컨대 옛 의례에 의하도록 하시되, 오독 이하는 서명만 하고 절을 하지 마십시오."라고 하였다. 제制를 내려 옳다고 하고, 그대로 시행했다.

貞觀之禮, 無祭先代帝王之文. 顯慶二年六月, 禮部尚書許敬宗

---

67) [교감기 10] "制可從之"는 『당회요』 권22에는 '制可'로, 『합초』 권28 「예지」에서는 '制從之'로 되어 있어, 이곳이 아마도 연문인 것으로 생각된다.

68) (신이) 엎드려 생각하옵건대 : 『구당서』 「李訓傳」의 "臣伏以天子之尊, 除祭天地宗廟之外, 無合稱臣者. 王者父天母地, 兄日姊月. 而貴神以九宮爲目, 是宜分方而守其位."에 의해 보충 설명하였다.

69) 五嶽視三公, 四瀆視諸侯 : 『禮記』 「王制」편에 처음 출현하는 구절이다. 산천제사의 등급에서 오악은 삼공에 상당하고(혹은 비견되고), 사독은 제후에 상당하다는 의미이다.

等奏曰：「謹案禮記祭法云：『聖王之制祀也，法施於人則祀之，以死勤事則祀之，以勞定國則祀之，能禦大災則祀之，能捍大患則祀之』又『堯・舜・禹・湯・文・武，有功烈於人，及日月星辰，人所瞻仰；非此族也，不在祀典』準此，帝王合與日月同例，常加祭享，義在報功. 爰及隋代，並遵斯典. 漢高祖祭法無文，但以前代迄今，多行秦・漢故事. 始皇無道，所以棄之. 漢祖典章，法垂於後. 自隋已下，亦在祠例. 伏惟大唐稽古垂化，網羅前典，唯此一禮，咸秩未申. 今請聿遵故事，三年一祭. 以仲春之月，祭唐堯于平陽，以契配；祭虞舜于河東，以咎繇配；祭夏禹于安邑，以伯益配；祭殷湯于偃師，以伊尹配；祭周文王于酆，以太公配；祭武王於鎬，以周公・召公配；祭漢高祖于長陵，以蕭何配[一一][70].」

「정관례」에 선대 제왕을 제사지내는 명문은 없다. 현경 2년(657) 6월 예부상서 허경종許敬宗(592~672) 등이 상소하여 말하기를 "삼가 『예기』 「제법」을 살펴보니 '성왕의 제사하는 원칙은 (다음과 같다.) 민에게 양법을 시행한 자에게 제사하고, 죽음을 무릅쓰고 (나랏일에) 힘쓴 자에게 제사하고, 공로로써 나라를 안정시킨 자에게 제사한다. 큰 재해를 막은 자에게 제사하고, 큰 환란을 물리친 자에게 제사한다.'라고 하였습니다. 또 '요, 순, 우, 탕, 문, 무왕은 백성들에게 공덕이 큰 자들이다. 또한 일월성신은 백성들이 숭배하는 대상이기에 (제사하는 것으로), 이러한 부류가 아니라면 제사를 기록하는 전적에 실리지 않는 것이다'라고 하였습니다. 이에 근거하여 제왕이 일월과 동렬로 합하고 항상 제사와 흠향을 드리는 것은 그 의미가

---

70) [교감기 11] "以蕭何配" 구절 이하에 『唐會要』 권22에는 '詔可'라는 두 글자가 있다.

공덕에 있기 때문입니다. 수대에 이르러 이 예전禮典을 준행하였습니다. 한 고조에 대한 제사에는 명문이 없습니다. 다만 전대에서 지금까지 대부분 진한대의 고사대로 행하였습니다. 진시황은 무도하였기에 포함시키지 않았습니다. 한 고조의 전장제도는 후대에까지 법도로 이어졌습니다. 수대로부터 그 이하도 제사의 사례들이 있습니다. 엎드려 생각하니 오직 대당大唐만이 고대의 사적을 고찰하고 교화를 받아들이고 전대의 전적을 망라했으나, 오직 이 의례만 행사의 순서에 의해서 아뢰지 않았습니다. 청컨대 이제 고사에 따라 삼년에 한 번 제사를 지내는데, 중춘월에는 당요唐堯를 평양에서 제사하고 설契을 배사하고, 우순虞舜을 하동에서 제사하고 구요咎繇를 배사하고, 하우를 안읍에서 제사하고 백익伯益을 배사하고, 은탕殷湯을 언사에서 제사하고 이윤伊尹을 배사하고, 주문왕을 풍에서 제사하고 태공太公을 배사하고, 무왕武王을 호에서 배사하고 주공과 소공을 배사하고, 한 고조를 장릉에서 제사하고 소하蕭何를 배사하기를 청합니다."라고 하였다.71)

---

71) 이 단락에 언급된 제사대상과 장소 및 배사되는 인물을 도표로 정리하면 다음과 같다.

제사 대상	제사 장소	배사되는 인물
唐堯	平陽	契
虞舜	河東	咎繇
夏禹	安邑	伯益
殷湯	偃師	伊尹
周文王	鄷	太公
周武王	鎬	周公, 召公
漢高祖	長陵(고조의 능묘)	蕭何

玄宗開元二十二年正月, 詔曰:「古聖帝明王·嶽瀆海鎮, 用牲牢, 餘並以酒脯充奠祀.」二十三年正月, 詔:「自今已後, 明衣絹布, 並祀前五日預給.」丁酉, 詔:「自今已後, 有大祭, 宜差丞相·特進·開府·少保·少傅·尚書·御史大夫攝行事.」天寶六載正月, 詔:「三皇·五帝, 於京城置令·丞.」七載五月, 詔:「三皇已前帝王, 宜於京城共置廟官. 歷代帝王肇跡之處, 德業可稱者, 忠臣義士·孝婦烈女, 所在亦置一祠宇. 晉陽眞人等並追贈, 得道昇仙處, 度道士永修香火.」九載九月, 處士崔昌上大唐五行應運曆, 以王者五十代而一千年, 請國家承周·漢, 以周·隋爲閏. 十一月, 敕:「唐承漢後, 其周武王·漢高祖同置一廟幷官吏.」十二載九月, 以魏·周·隋依舊爲二王後, 封韓公·介·鄺公等, 依舊五廟[一二]72).

현종 개원 22년(734) 정월에 조서를 내려 말했다. "고대 성제와 명왕들은 오악과 사독, 사해와 사진의 제사에서 희생을 쓰고, 나머지는 술과 마른 고기로 제사를 받들라". 조에서 말하기를 "지금 이후로는 명의明衣73)와 견포絹布는 제사 5일 전에 미리 배포하라"라고 하였다. 정유일에 (다시) 조서를 내렸다. "지금 이후로는 대제大祭를 할 때는 승상·특진·개부·소보·소부·상서·어사대부를 차출하여 행사를 대신 주관하도록 하라."라고 하였다. 천보 6년[載]74)

---

72) [교감기 12] "以魏周隋依舊爲二王後封韓公介鄺公等依舊五廟". 이 곳의 문자는 아마도 탈루가 의심된다. '五'자는 '立'자의 오류가 아닌가 의심스럽다. 『唐會要』 권24에는 '魏·周·隋依舊爲三恪及二王後, 復封韓·介·鄺等公. 其周·漢·魏·晉·齊·梁帝王廟, 依舊制.'라고 되어 있다.
73) 명의明衣: 재계할 때 몸을 씻고 나서 안에 입는 옷을 말한다.
74) 6년: 년의 원문은 載이다. 천보 3년에 '年'자를 '載'자로 바꾼다.

(747) 정월에 조서를 내려 말했다. "삼황오제의 (제사는) 경성에 영과 승을 둔다"라고 하였다. 7년(748) 5월에 조를 내렸다. "삼황 이전의 제왕들은 마땅히 경성에 모두 묘관廟官을 둔다. 역대 제왕의 자취가 처음 시작되었던 곳, 덕업으로 칭송될 만한 자, 충신의사 및 효부열녀 등이 나왔던 곳에 사우祠宇 하나를 설치한다. 진양진인晉陽眞人 등을 아울러 추중하고, 득도하여 선인이 되어 올라간 곳에 도사度道士에게 영원히 향불을 피우도록 하라."고 하였다. (천보) 9년 9월에 처사 최창崔昌이 『대당오행응운력大唐五行應運曆』을 올렸다.[75] 왕조를 개창한 자를 50대 1천 년으로 하여 국가는 주한周漢을 잇고, 북주와 수를 윤통閏統[76]으로 하였다. 11월에 칙을 내렸다. "당이 한을 계승한 이후 그 주 무왕과 한 고조는 하나의 묘에 같이 두며 아울러 관리도 (배치한다)". (천보) 12년 9월에 "위, 주, 수를 옛날과 같이 이왕후二王後[77]로 삼고 한공韓公·개공介公·휴공酅公[78]

---

75) 『대당오행응운력大唐五行應運曆』: 『新唐書』「文藝傳上·王勃傳」에도 최창이 五行應運曆을 올렸다는 기록이 있다. 본문 기사 외에 구체적 내용은 알 수 없지만, 왕발이 만든 唐家千歲曆과 유사한 것으로 추정된다.

76) 윤통閏統 : 왕조의 교체를 정통론으로 설명하면서, 남북조시대같이 여러 왕조가 난립하여 정통을 어느 왕조로 정할지 불분명할 경우에 적용하는 관념이다. 시간의 흐름에서 윤달이 있는 것과 같이 왕조의 교체에서도 윤통이 나타난다고 본 것이다.

77) 이왕후二王後 : 『左傳』「襄公 25年」조의 杜預注에 의하면 "周가 천하를 얻은 후에 夏와 殷 두 왕조의 후예를 봉했고, 또 舜의 후예를 봉해 이를 모두 三恪이라고 한다"라고 하였다. 앞선 두 왕조의 후예를 봉하고 작위로서 왕을 지위를 주는 것은 존중함을 표현한 것이다. 한편, 공영달의 소에서는 "주 무왕이 황제의 후손을 薊에, 요의 후손을 祝에, 순의 후손을 陳에 봉한 것을 '삼각'이라고 하고, 하후씨의 후손을 杞에, 은의 후손을 宋에

등으로 봉하여 예전대로 5묘로 한다"라고 하였다.

天寶六載正月, 詔大祭祀騂犢, 量減其數. 肅宗上元元年閏四月, 改元, 制以歲儉, 停中小祠享祭. 至其年仲秋, 復祠文宣於太學. 永泰二年, 春夏累月亢旱, 詔大臣裴冕等十餘人, 分祭川瀆以祈雨. 禮儀使右常侍于休烈請依舊祠風伯·雨師於國門舊壇, 復爲中祠, 從之.

천보 6년(747) 정월에 대제사에 성독騂犢[제사에 쓰이는 적색의 소]의 수량을 감소시키는 조詔를 내렸다. 숙종 상원 원년(760) 윤사월에 연호를 바꾸고 그 해의 수확이 적어 중소사 향제享祭를 중지하는 제制를 내렸다. 그해의 중추에 태학에서 문선왕文宣王79)에 대한 제사를 부활시켰다. 영태 2년(766) 봄과 여름 몇 개월간 오랫동안 가물어서 대신 배면裴冕(703-770) 등 10여 인에게 나눠서 하천과 사

보낸 것을 '이왕후'라고 하여 삼각과 이왕후를 별개의 것으로 보았다.

78) 한공韓公·개공介公·휴공酅公 : 한공은 위의 후손, 개공은 북주의 후손, 휴공은 隋恭帝를 말한다.

79) 문선왕文宣王 : 당 개원 27년 처음 붙여진 공자의 封號이다. 이후 元聖文宣王, 至聖文宣王, 大成至聖文宣王 등으로도 불리었다. 공자는 이 외에도 성인의 지극함에 이르렀다는 '至聖'(『예기』, 『사기』 「공자세가」), 모든 사람의 앞선 선생이란 의미의 '先師', 혹은 '大成先師', 만세의 모범적인 선생이란 의미의 '萬世師表', 현실에서 왕은 아니지만, 왕의 자격이 있다고 보는 '素王' 등의 칭호가 있다. 명대 이후 중국에서는 문묘에서의 공자의 위패를 '대성선사'로 바꾸게 되는데, 조선에서는 여전히 唐代 이후의 '문선왕'을 지속하여 명대 사신들의 지적을 받고, 오랜 논쟁을 지속하지만 관료들이 합의를 이루지 못해 여전히 '문선왕'을 사용하게 된다.

독에 기우제를 지내도록 조를 내렸다. 예의사 우상시 우휴열于休烈 (692-772)이 예전처럼 풍백과 우사를 국성문의 옛 제단에서 제사지내고 중사中祠를 부활하도록 청하였기에 그대로 따랐다.

高祖武德二年, 國子立周公·孔子廟. 七年二月己酉, 詔:「諸州有明一經已上未被升擢者, 本屬擧送, 具以名聞, 有司試策, 皆加敍用. 其吏民子弟, 有識性明敏, 志希學藝, 亦具名申送, 量其差品, 並卽配學. 州縣及鄕, 並令置學.」丁酉, 幸國子學, 親臨釋奠. 引道士·沙門有學業者, 與博士雜相駁難, 久之乃罷.

고조 무덕 2년(619)에 국자학에 주공과 공자묘를 세웠다. 7년 (624) 2월 기유일에 조를 내렸다.[80] "여러 주에서 1경 이상에 정통했으나 아직 발탁되지 않은 자가 있어 본래 속한 곳에서 추천하여 보내면, 명단을 갖춰 보고하고 유사가 책을 시험하고 모두 임용하도록 하라. (또한) 하급관리와 민의 자제 중 유식하고 성품이 명민하며 학예에 뜻이 있다면, 역시 이름을 갖춰 보내어 그 등급을 헤아려 학교에 배치하라. 주현과 향에도 아울러 학교를 설치하라". 정유일에 (황제는) 국자학에 친행하여 친히 석전釋奠에 임했다. 도사와 사문沙門 중에 학업이 있는 자를 끌어들여 박사들과 잡다하게 서로 논쟁시켰고, (시간이) 오래되어 끝냈다.

貞觀十四年三月丁丑, 太宗幸國子學, 親觀釋奠. 祭酒孔穎達講

---

80) 조:공식 명칭은 '令諸州擧送明經詔'이다.

孝經, 太宗問穎達曰:「夫子門人, 曾·閔俱稱大孝, 而今獨爲曾說,
不爲閔說, 何耶?」對曰:「曾孝而全, 獨爲曾能達也.」制旨駁之曰:
「朕聞家語云: 曾晳使曾參鋤瓜, 而誤斷其本, 晳怒, 援大杖以擊
其背, 手仆地[一三]81), 絶而復蘇. 孔子聞之, 告門人曰:『參來勿
內.』旣而曾子請焉, 孔子曰:『舜之事父母也, 使之, 常在側;欲殺
之, 乃不得. 小箠則受, 大仗則走. 今參於父, 委身以待暴怒, 陷父
於不義, 不孝莫大焉.』由斯而言, 孰愈於閔子騫也?」穎達不能對.
太宗又謂侍臣:「諸儒各生異意, 皆非聖人論孝之本旨也. 孝者,
善事父母, 自家刑國, 忠於其君, 戰陳勇, 朋友信, 揚名顯親, 此之
謂孝. 具在經典, 而論者多離其文, 迥出事外, 以此爲教, 勞而非
法, 何謂孝之道耶!」

정관 14년(640) 3월 정축일에 태종은 국자학에 친행하여 친히 석
전을 참관하였다. 좨주 공영달이 『효경』을 강의하기에 태종이 공영
달에게 물어 가로되 "공자의 문인 중에 증삼曾參과 민자건閔子騫이
모두 대효라고 칭해지는데, 지금 오직 증자만을 말하고 민자를 말하
지 않는 것은 어찌된 일인가?" (공영달이) 대답하여 가로되 "증자의
효는 온전하여 오직 증자만 통달하였습니다." 황제가 반박하여 말하
기를 "짐이 듣기에 『공자가어』에서 말하기를 '증석曾晳이 증삼曾參
으로 하여금 오이밭을 가꾸라 하였는데, 잘못하여 그 줄기를 잘랐다.
증석이 노하여 큰 막대를 가지고 증삼의 등을 때리는 중 (증삼이)
땅에 넘어져, (기절했다가) 다시 소생했다. 공자가 듣고 문인에게 일

---

81) [교감기 13] "手仆地" 이 구절의 문자는 아마도 오류가 있는 것 같다.
『冊府元龜』 권40에는 '應手仆地'로 되어 있고, 『신구당서합초』 권28 「예
지」에는 '身仆地'로 되어 있다.

러 가로되, '증삼이 오면 안에 들이지 마라'하였다. (그러나) 이미 증삼이 와있자, 공자가 말하기를 '순이 부모를 섬길 때는 부리려고 할 때면 항상 옆에 있었고, 죽이려고 하면 잡히지 않았다. 작은 매는 맞았지만, 큰 매는 달아났다. 지금 증삼은 아버지에 대해 몸을 맡겨 분노함을 일으키고 아버지를 불의에 빠뜨렸으니 그 불효가 막대하다.'라고 하였다. 이로 미루어 말하건대 누가 민자건보다 나은가?"라고 하였다. 공영달이 대답하지 못하자, 황제는 또 옆에 있는 신하들에게 말하기를 "여러 유생들이 뜻이 다르지만, 모두 성인이 말한 효의 본지는 아니다. 효라는 것은 부모를 섬기기를 잘하고, 집에서부터 (시작하여) 나라까지 다스리며, 그 군주에 충성하고 전쟁에서는 용감하며 친구 간에는 신의가 있어 이름을 날려 부모를 드러내는 것이니,[82] 이것이 바로 효인 것이다. 경전에 갖추어져 있으나 논자들이 대부분 그 문장에서 떨어져 멀리 밖으로 나가서 이로써 가르침을 삼으니 수고하지만 본받을 것은 아니다. 어찌 효의 도라고 말할 수 있겠는가?"라고 하였다.

二十一年, 詔曰:「左丘明·卜子夏·公羊高·穀梁赤·伏勝·高堂生·戴聖·毛萇·孔安國·劉向·鄭衆·杜子春·馬融·盧植·鄭

---

82) 효라는 것은 … 부모를 드러내는 것이니 : 『대대례기』효에 관한 증자4편 중 「大孝」편의 논리를 인용하고 있다. 「曾子事父母」는 자신의 부모에게 순종하는 것으로 효로 보고 전쟁에 나가서는 소극적으로 싸워야 한다는 주장을 하여 원초적인 효 관념을 보이고 있지만, 「대효」편에서는 전쟁에 나가 용감하게 싸워 국가에 대한 충성을 다하는 것이 효라고 하여 효 관념을 확대하고 있다.

玄·服虔·何休·王肅·王弼·杜預·范甯·賈逵總二十二座, 春秋
二仲, 行釋奠之禮.」初, 以儒官自爲祭主, 直云博士姓名, 昭告于
先聖. 又州縣釋奠, 亦以博士爲主. 敬宗等又奏曰:

(정관) 21년(647) 조를 내려 말하기를 "좌구명左丘明, 복자하卜子
夏, 공양고公羊高, 곡량적穀梁赤, 복승伏勝, 고당생高堂生, 대성戴聖,
모장毛萇, 공안국孔安國, 유향劉向, 정중鄭衆, 두자춘杜子春, 마융馬
融, 노식盧植, 정현鄭玄, 복건服虔, 하휴何休, 왕숙王肅, 왕필王弼, 두
예杜預, 범녕范甯, 가규賈逵 등 총 22인은 춘추 두 계절의 가운데 달
에 석전의 예를 행하라"라고 하였다. (따라서) 비로소 유관이 스스
로 좨주가 됨으로써 곧바로 박사의 성명을 말하고 선성에 고하였다.
또 주현의 석전도 박사를 위주로 하였다. 허경종 등이 또 상주하여
다음과 같이 말했다.

按禮記文王世子:「凡學, 春官釋奠於其先師[一四][83].」
鄭注云:「官, 謂詩·書·禮·樂之官也.」彼謂四時之學, 將
習其道, 故儒官釋奠, 各於其師. 旣非國學行禮, 所以不及
先聖. 至於春·秋二時合樂之日, 則天子視學, 命有司典秩,
卽總祭先聖·先師焉. 秦·漢釋奠, 無文可檢. 至於魏武, 則
使太常行事. 自晉·宋已降, 時有親行, 而學官主祭, 全無典
實. 且名稱國學, 樂用軒懸, 樽俎威儀, 蓋皆官備, 在於臣
下, 理不合專. 況凡在小神, 猶皆遣使行禮, 釋奠旣準中祀,
據理必須稟命. 今請國學釋奠, 令國子祭酒爲初獻, 祝辭稱

---

83) [교감기 14] "凡學春官釋奠於其先師"에서 '春官'은 각 판본에서는 원래
'官春'으로 되어 있다. 『禮記』「文王世子」의 원문에 의해 고쳤다.

「皇帝謹遣」, 仍令司業爲亞獻, 國子博士爲終獻. 其州學,
刺史爲初獻, 上佐爲亞獻, 博士爲終獻. 縣學, 令爲初獻, 丞
爲亞獻, 博士旣無品秩, 請主簿及尉通爲終獻. 若有闕, 並
以次差攝. 州縣釋奠, 旣請各刺史‧縣令親獻主祭, 望準祭
社, 同給明衣. 修附禮令, 以爲永則.

『예기』「문왕세가」 등을 살펴보면 "무릇 태학에서는 봄에
주관자가 선사에게 석전한다"라고 하였습니다. 정현의 주에 보
면 "관은 시서예악의 관이다"라고 합니다. 이것은 사계절의 태
학에서 장차 그 도를 배운다는 것을 말한 것이니, 유관의 석전
은 각기 그 선사에게 하는 것입니다. 이미 국학의 행례가 아니
면 선성先聖에 미치지 않기 때문입니다. 봄과 가을 두 계절의
합악合樂의 날짜에 이르러 천자가 태학을 돌아볼 때 유사에게
상도常道대로 할 것을 명하니 선성과 선사를 모두 제사하였습
니다. 진한시대의 석전에 관해서는 검증할 만한 문장이 없습니
다. 위 무제에 이르러 태상太常에게 그 일을 주관하게 했습니
다. 진晉과 송宋 이후로부터 때로는 친행을 하여 학관이 제사
를 주관했습니다만 전적에는 전혀 기록된 사실이 없습니다. 또
한 명칭은 국학이지만, 음악은 헌현軒懸을 쓰고 준조樽俎[84]의

---

84) 준조樽俎 : 尊俎와 같은 뜻이다. 고대 제사시 樽은 술을 담는 제기이고
俎는 고기를 담는 그릇인데, 합칭하여 제사나 연회를 의미하는 말로 통용
되기도 한다. 『莊子』「逍遙游」에 "요리사가 요리를 못한다고 해도 제사
담당자가 준조를 가지고 이를 대신할 수 없다"라는 구절이 이 단어의 첫
出典이다.

위의는 대개 관에서 갖추게 되니 신하에게 있어서는 도리에 오로지 합하는 것이 아닙니다. 하물며 무릇 작은 신神들에게 있어서도 유사를 파견하여 예를 행하는데, 석전은 이미 중사中祀에 준하는 것이니 도리에 따라 반드시 명을 받들어야 합니다. 지금 청컨대 태학의 석전은 국자좨주에게 명하여 초헌을 하고 '황제가 파견하였다'라고 하는 축사를 한 후, 사업司業[국자감의 한 관원]에 명하여 아헌을 하고, 국자박사가 종헌을 합니다. 주의 학교에서는 자사刺史가 초헌을 하고, 상좌가 아헌을 하며, 박사가 종헌을 합니다. 현의 학교에서는 영이 초헌을 하고 승이 아헌을 하며 박사 품질이 없으면 주부나 위를 불러 종헌을 합니다. 만약 궐위가 있으면 순서에 의해 대리하도록 합니다. 주현의 석전은 이 각 주의 자사나 현의 현령을 청하여 친헌하고 제사를 주관하니, 바라건대 사제社祭에 준하여 똑같이 명의明衣를 지급합니다. 예령禮令에 손질해 붙여 영원한 준칙으로 삼으십시오.

高宗顯慶二年七月, 禮部尙書許敬宗等議 : 「依令, 周公爲先聖, 孔子爲先師. 又禮記云 : 『始立學, 釋奠於先聖.』 鄭玄注云 『若周公·孔子也.』 且周公踐極, 功比帝王, 請配武王. 以孔子爲先聖.」二年[一五][85]), 廢書·算·律學. 龍朔二年正月, 東都置國子監丞·主簿·錄事各一員, 四門助敎博士·四門生三百員, 四門俊士二百員. 二月[一六],[86]) 復置律及書·算學. 三年, 以書隷蘭臺, 算隷

---

85) [교감기 15] '二年'은 『舊唐書』 권4 「高宗紀」에는 '三年'으로 되어 있다.

秘閣局, 律隷詳刑寺. 乾封元年正月, 高宗東封還, 次鄒縣頓, 祭
宣父, 贈太師. 總章元年二月, 皇太子弘幸國學, 釋奠, 贈顔回太
子少師, 曾參太子少保. 儀鳳三年五月, 詔:「自今已後, 道德經並
爲上經, 貢擧人皆須兼通. 其餘經及論語, 任依常式.」

고종 현경顯慶 2년(657) 7월에 예부상서 허경종 등이 논의하였다.
"영에 의하면 주공은 선성先聖이 되고, 공자는 선사先師가 된다고 합
니다. 또 『예기』에서 말하기를 '처음으로 학교를 세워 선성에 석전하
였다'라고 하였습니다. 정현은 주석에서 말하기를 '주공, 공자와 같
다'라고 하였습니다. 또 주공이 즉위하여 공功은 제왕에 비견되니 청
컨대 무왕에 배사하십시오. 공자를 선성으로 삼습니다." 2년에 서書,
산算, 율학律學을 폐했다. 용삭 2년(662) 정월에 동도(낙양)에 국자감
승, 주부, 녹사 각 한 명씩, 사문조교박사와 사문생 3백 명, 사문준사
2백 명을 두었다. 2월에 다시 서書, 산算, 율학律學을 두었다. 3년에
서를 난대蘭臺[87]에, 산을 비각국秘閣局[88]에, 율을 상형시詳刑寺[89]에
예속시켰다. 건봉 원년(666) 정월에 고종이 동쪽 봉선 후 돌아오다

86) [교감기 16] '二月'은 『舊唐書』 권4 「高宗紀」에는 '五月'로 되어 있다.
87) 난대蘭臺 : 원래 漢代에는 궁중 장서를 보관하는 장소였으나, 당대에는
    고종 龍朔 연간에 秘書省을 난대로 개칭했다. 光宅 연간에 麟臺로 명칭
    이 바뀌기도 했지만, 중종 神龍 연간에 다시 비서성으로 환원되었다.
88) 비각국秘閣局 : 관청명으로 秘書閣局을 말한다. 비서성 太史局을 고종
    龍朔 2년(662)에 개칭했으나, 咸亨 원년(670)에 다시 태사국으로 환원되
    었다.
89) 상형시詳刑寺 : 刑獄을 담당하는 관청이었던 大理寺가 당 고종 龍朔 2년
    (662)에 개칭된 것이다. 咸亨 연간에 다시 대리시가 되었다가, 光宅 원년
    에는 司刑寺로 개칭되었고, 神龍 원년에 다시 대리시가 되었다.

가 추현에 머물며 선보宣父[90)](공자)에게 제사하고 태사太師를 추증하였다. 총장總章 원년(668) 2월에 황태자 홍弘이 국학에 행차하였고, 석전의 예를 올렸다. 안회에게 태자소사太子少師, 증삼에게 태자소보太子少保를 추증했다. 의봉 3년(678) 5월에 조를 내렸다. "지금 이후로부터 『도덕경』을 상경으로 하여, 공거인貢擧人들은 모두 겸통하도록 하고, 그 나머지 경과 논어는 이제까지의 격식에 따라 한다."

則天天授三年, 追封周公爲褒德王, 孔子爲隆道公. 則天長壽二年, 自製臣軌兩卷, 令貢擧人爲業, 停老子. 神龍元年, 停臣軌, 復習老子. 以鄒·魯百戶封隆道公, 諡曰文宣.

측천무후 천수天授 3년(692)에 주공을 포덕왕褒德王으로, 공자를 융도공隆道公으로 추봉하였다. 측천무후 장수 2년(693)에 직접 『신궤臣軌』 두 권을 만들었다. 공거인貢擧人들이 학업으로 하고, 『노자』(학습)을 정지하도록 하였다. 신룡神龍 원년(705) 『신궤』를 정지시키고 다시 『노자』를 학습하도록 했다. 추, 노지역의 백호 (호구)로 융도공을 봉했다. 시호를 문선文宣으로 하였다.

睿宗景雲二年八月丁巳, 皇太子釋奠于太學. 太極元年正月, 詔:「孔宣父祠廟, 令本州修飾, 取側近三十戶以供灑掃.」

---

90) 선보宣父 : 당 태종 정관 연간에 처음 출현한 공자에 대한 존칭. 정관 2년 공자를 '先聖'이라고 칭했다가, 정관 11년에 다시 '宣父'로 바꾸었다. 開元년간 만들어진 文宣王이란 호칭과 연관이 있다.

예종 경운 2년(711) 8월 정사일에 황태자가 태학에서 석전의 예를 지냈다. 태극 원년(712) 정월에 조서를 내렸다. "공선보孔宣父 사묘는 본주에서 수리 장식하도록 하고 가까이 있는 30호를 취해 정리와 청소를 하도록 하라"고 하였다.

開元七年十月戊寅, 皇太子詣國學, 行齒胄之禮. 開元十一年, 春秋二時釋奠, 諸州宜依舊用牲牢, 其屬縣用酒脯而已. 十九年正月, 春秋二時社及釋奠, 天下州縣等停牲牢, 唯用酒脯, 永爲常式. 二十四年三月, 始移貢擧, 遣禮部侍郎姚奕請進士帖左傳·禮記通五及第[一七]91). 二十五年三月, 敕:「明經自今已後, 帖十通五已上; 口問大義十條, 取通六已上; 仍答時務策三道, 取粗有文理者及第. 進士停帖小經, 宜準明經例試大經, 帖十通四, 然後試雜文及策, 訖, 封所試雜文及策, 送中書·門下詳覆.」二十六年正月, 敕:「諸州鄕貢見訖, 令引就國子監謁先師, 學官爲之開講, 質問疑義, 有司設食. 弘文·崇文兩館學生及監內得擧人, 亦聽預焉.」其日, 祀先聖已下, 如釋奠之禮. 靑宮五品已下及朝集使[一八]92), 就監觀禮. 遂爲常式, 每年行之至今.

개원 7년(719) 10월 무인일에 황태자가 국학에 가서 치주齒胄의 례93)를 행했다. 개원 11년(723)에 봄과 가을 두 계절에 석전례를 행

---

91) [교감기 17] "遣禮部侍郎姚奕請進士帖左傳禮記通五及第". 이 문장은 탈오가 있는 것으로 의심된다. 『唐會要』 권76에는 '禮部侍郎姚奕請進士帖左氏傳·周禮·儀禮, 通五與及第.'로 되어 있다.
92) [교감기 18] "靑宮五品以下"에서의 '靑宮'은 '淸官'의 오류인 것으로 의심된다.

할 때 여러 주들은 마땅히 예전대로 희생소를 쓰고, 그 속현들은 술과 마른고기만을 사용했다. 19년 정월에 봄과 가을 두 계절에 사祉제사 및 석전에서 천하의 주현들은 희생소를 금지하고 모두 술과 마른고기만을 사용하는 것이 영원히 지킬 법식으로 되었다. 24년(736) 3월에 처음으로 공거貢擧를 (예부로) 옮겨[94] 예부시랑 요혁姚奕에게 보내어 진사는 『좌씨전』, 『예기』를 첩경帖經[95]하여 5조條 이상을 통과한 자를 선발하도록 하였다. 25년(737) 3월 조칙[96]을 내려 "지금부터 명경은 10조를 첩경하여 5조 이상을 통과한 자, 구문대의口問大義[97] 10조 중 6조 이상을 통과한 자를 취하도록 하라. 또한 시무

---

93) 치주례 : 황자가 나이가 되어 학교에 입학하는 것을 말한다. 『문선』에 '齒胄'라는 단어가 처음 출현하는데, 이에 대해 李周翰은 "公卿의 자제를 胄子라고 하는데 太子가 입학할 때 연령 순서에 의하고 천자의 아들이라고 윗사람으로 대우하지 않기 때문에 齒胄라고 한다"라고 주석하였다. 취학하는 학교는 皇子의 계몽교육을 담당하는 비서성에 예속되어 있는 소학으로 현대적 의미의 소학교와 유사하다.

94) 공거貢擧를 (예부로) 옮겨 : 貢擧는 지방에서 중앙에 관료를 천거하는 일인데, 매년 上郡은 3인, 中郡은 2인, 下郡은 1인을 추천할 수 있었다. 이 일은 주로 吏部에서 담당하던 일이다. 그러나 이부의 考功員外郎은 임무는 중한 데 비해 官品이 낮아 많은 사람들을 복종시키기 어려웠다. 이에 현종은 개원 24년 禮部侍郎에게 공거를 담당하게 하였다. 『구당서』 현종기에는 "三月乙未 始移考功貢擧 遣禮部侍郎掌之"라고 기록하고 있다. 참고로 고공원외랑은 종6품 이상이며, 이부시랑은 정4품 이하이다.

95) 첩경帖經 : 과거고시 방법의 하나이다. 고시관이 경전의 한 페이지에서 앞 뒤를 가리고 한 문장을 남긴 뒤, 또 그중 일부 글자를 가리고 맞추게 하는 방식이다. 『通典』 選擧3에 설명되어 있다.

96) 이 조칙은 '條制考試明經進士詔'로 명명된 것으로, 이후 명경과는 제1 단계 帖經, 제2 단계 問大義, 제3 단계 시무책 시험 등의 3단계로 변하였다.

책 3도道에 답하는 자는 조리가 있고 문리에 통한 자를 급제시키도
록 하라. 진사는 소경小經[98]을 첩경하는 것은 중지하고, 명경이 대
경大經을 예비시험하는 것에 준하여 첩경 10조에 4조를 통과한 자
를 취하라. 그런 연후 잡문과 책론을 시험하라. 시험이 끝나면 시험
본 고시 및 책론 답안지를 잘 밀봉하여 중서성과 문하성에서 자세히
심사도록 보내라"라고 하였다. 26년(738) 정월 칙서를 내려 "각 주
향의 공거를 본 후 국자감에서 공자에게 아뢰고 학관은 그들을 위해
강의를 열고 (경전의) 의문 나는 곳과 어려운 곳에 대해 문답하라,
유관기관에서는 먹을 것을 준비하라. 홍문관弘文館과 숭문관崇文館
양 관의 학생 및 국자감 내의 거인에 이른 자까지 여기에 참여하여
청강하라"라고 하였다. 그날 선성 이하에 석전의 예처럼 제사하였
다. 청궁靑宮(청관) 5품 이하 및 조집사朝集使[99]들은 국자감에 와서

---

97) 구문대의口問大義 : 일종의 구술고사로 문자로 대의를 시험하는 이른바
墨策 대신 선택된 것이다. 이러한 구술고사를 선택하게 된 원인은 아마도
수험생들이 경전은 읽지 않고 대의만 초록하는 현실과 첩경은 정통하지
만 대의는 알지 못하는 등의 현실과 상관있는 것으로 추정한다.(彭健,「唐
代明經科口試問大義考」)
98) 소경小經 : 당대는 경전의 분량 즉 경전 글자수에 의해 경전을 대중소 3
등분하였는데,『당육전』에 의하면『禮記』,『左氏春秋』는 大經,『毛詩』,
『周禮』,『儀禮』는 中經,『周易』,『尙書』,『公羊春秋』,『穀梁春秋』는 小
經이었다.
99) 조집사朝集使 : 한대이후 每郡에서 京師로 사신을 보내 郡의 인구나 세
금 등 군정과 재정 상황을 보고하는데, 이 때 이들 사신을 上計吏라고
불렸다. 後代에 이를 朝集使로 개칭했다.『舊唐書』「太宗紀」下의 '貞觀
五年正月癸未, 朝集使請封禪'에 등장하며,『자치통감』의 胡三省注는
'여러 주에서 사신을 경사로 보내 조정에 모이기 때문에 朝集使라고 불렸

의례 행하는 데 참관하였다. 결국 이것은 항상적인 규칙이 되었고 매년 거행되어 지금에 이르렀다.

初, 開元八年, 國子司業李元瓘奏稱:「先聖孔宣父廟, 先師顔子配座, 今其像立侍, 配享合坐. 十哲弟子, 雖復列像廟堂, 不預享祀. 謹檢祠令:何休·范甯等二十二賢[一九]100), 猶霑從祀, 望請春秋釋奠, 列享在二十二賢之上. 七十子, 請準舊都監堂圖形于壁, 兼爲立贊, 庶敦勸儒風, 光崇聖烈. 曾參等道業可崇, 獨受經於夫子, 望準二十二賢預饗.」敕改顔生等十哲爲坐像, 悉預從祀. 曾參大孝, 德冠同列, 特爲塑像, 坐於十哲之次. 圖畫七十子及二十二賢於廟壁上. 以顔子亞聖, 上親爲之贊, 以書于石. 閔損已下, 令當朝文士分爲之贊.

처음에 개원 8년(720)에 국자사업國子司業 이원관李元瓘이 상주하며 말하였다. "선성 공선보孔宣父의 묘당에 선사 안자顔子(안회)가 배좌하여 그 초상이 서서 모시는 것 같습니다. 배향하여 제사할 때는 마땅히 앉아 있도록 해야 합니다. 십철十哲101)의 제자들이 묘당

다'고 해석하였다.

100) [교감기 19] "何休范甯等二十二賢". 이 구절 및 그 이하 문장인 "列享在二十二賢之上" 중의 '二十二'는 각 판본에는 원래 '二十'으로 되어 있다. 『通典』 권53, 『唐會要』 권35에 의해 '二'자를 보충했다.

101) 십철十哲 : 공자 문하의 10명의 제자를 말한다. 『논어』 「先進」篇에 있는 소위 '孔門四科之子'에서 비롯된 것으로 "덕행은 顔淵과 閔子騫, 冉伯牛, 仲弓. 언어는 宰我, 子貢. 政事는 冉有, 季路. 문학은 子游, 子夏" 등을 말한다. 이들을 공묘 중에 10철로 배향했으며, 또한 公이나 侯를 추증하였다.

의 신상으로 배열되어 있다고 할지라도 오히려 제향을 받는 데 참여하지 않는 것 같습니다. 제사령을 참고하면 하휴何休, 범녕范甯 등 22현賢은 종사從祀를 받고 있으니, 춘추 두 계절에 석전을 행할 때는 그들을 22현의 위에 배향하도록 하십시오. 70제자는 청컨대 옛 도감당都監堂의 벽에 화상을 그려둔 것에 준하여 아울러 찬문贊文을 세우고 크게 유학의 학풍을 장려하여 성현의 업적을 빛나도록 하시옵소서. 증삼曾參의 도덕 학풍은 숭상할 만하고, 더구나 그들은 직접 공부자에게서 수업을 받았으니 22현을 표준으로 하여 제사의 배향에 참여하도록 하길 희망합니다." 칙령을 내려 안회 등 십철은 좌상으로 하고 모두 종사의 제사에 참여시키도록 하라고 하였다. 증삼은 대효자이고 도덕이 그 시대 같은 동년배들의 으뜸이니 특별히 그 초상을 십철의 뒤에 앉도록 배치하였다. 70제자 및 22현은 묘당의 벽 위에 화상을 그리도록 하였다. 안연을 아성으로 삼아 주상이 직접 찬을 짓고 돌에 새기도록 하였다. 민손[민자건] 이하는 지금의 문인들이 그들을 위해 찬문을 쓰도록 명하였다.

二十七年八月, 又下制曰:

(개원) 27년(739) 8월 또 제를 내려 말하였다.

弘我王化, 在乎儒術. 孰能發揮此道, 啓迪含靈, 則生人
已來, 未有如夫子者也. 所謂自天攸縱, 將聖多能, 德配乾
坤, 身揭日月. 故能立天下之大本, 成天下之大經, 美政教,
移風俗, 君君臣臣, 父父子子, 人到于今受其賜. 不其猗歟!
於戲! 楚王莫封, 魯公不用, 俾夫大聖, 纔列陪臣, 棲遲旅

人, 固可知矣. 年祀寖遠, 光靈益彰, 雖代有襃稱, 而未爲崇
峻, 不副於實, 人其謂何?

　나를 크게 하여 왕이 되게 한 것은 유술儒術에 있도다. 누가
능히 이 도리를 발휘하고 사람으로 하여금 깨치게 할 수 있겠
는가? 사람이 태어난 이래 공부자孔夫子같은 자가 있지 않았
다. 이른바 하늘로부터 생겨나서 성스러움과 다재다능함을 지
니고 도덕은 천지와 합하니 품행은 해와 달과 같이 드높도다.
능히 천하의 큰 근본을 세워 천하의 불변적인 큰 법도를 이루
었으니 정교는 아름답게 하고 풍속을 변화시켜 군주는 군주답
고 부자는 부자다워 백성은 지금 그 은혜를 누리고 있으니 진
실로 아름답구나. 아아! 초나라 왕이 그에게 봉토를 더하지 않
았으며, 노나라 왕은 그를 쓰지 않아, 그 대성인으로 하여금 배
신陪臣의 대열에 세우고 거처 없이 떠돌게 했으니 그 사정을
가히 알만하다. 연대가 비록 멀지만 성스런 광명이 더욱 빛나
니 대대로 칭찬하는 아름다운 칭호가 있다고 하더라도 숭고하
고 위대함을 표현하기 부족하고 그 진실에 합하지 않으니 백성
들이 그를 어떻게 대했겠는가?

　朕以薄德, 祗膺寶命, 思闡文明, 廣被華夏. 時則異於今
古, 情每重於師資. 旣行其教, 合旌厥德. 爰申盛禮, 載表徽
猷. 夫子旣稱先聖, 可追諡爲文宣王. 宜令三公持節冊命,
應緣冊及祭, 所司速擇日, 幷撰儀注進. 其文宣陵幷舊宅立
廟[二〇]102), 量加人灑掃, 用展誠敬. 其後嗣可封文宣公.
至如辨方正位, 著自禮經, 苟非得所, 何以示則? 昔緣周公

南面, 夫子西坐, 今位既有殊, 坐豈如舊, 宜補其墜典, 永作成式. 自今已後, 兩京國子監, 夫子皆南面而坐, 十哲等東西列侍. 天下諸州亦准此.

짐이 덕은 부족하나 천명天命을 받아 문교의 밝음을 천명闡明하고자 하니 화하로 하여금 그 이로움을 널리 받도록 하라. 시대는 고금이 다르더라도, 정감으로는 번번히 선사의 가르침을 중시하니 이미 그 가르침이 행해지고 그 큰 덕에 합치되었도다. 이에 성대한 의례를 베풀어 그 미덕을 표창하였다. 공부자가 이미 선성으로 칭해지고 있으나 시호를 문선왕으로 하여 추증하는 것이 옳다. 마땅히 삼공으로 하여금 지절을 가지고 책명을 받게 하니 책봉하고 제사를 지내는 것이 당연하다. 유사는 신속히 택일을 하여 의주를 편찬하여 진상하도록 하라. 그 문선릉文宣陵 및 옛 저택에 사당을 세우고 정을 참작하여 청소하는 인원을 늘리도록 하여 공경을 표하도록 하라. 공부자의 후사들을 문선공에 봉하라. 그 앉은 자리를 바르게 하고 방향을 판별하는 데 이르러서는 예경禮經으로부터 취하고 만약 적당하지 않다면 어떻게 법칙을 드러내겠는가? 옛날에 주공이 남면南面하고 부자는 그 서쪽에 앉으니 지금과 같이 확연히 구별이 있었으나 앉는 자리가 어찌 능히 옛날과 같겠는가? 마땅히 그 결손된 전장제도를 보충하여 영원히 지킬 법식으로 만들어야 한다. 지금 이후로 양경의 국자감에 공부자는 모두 남쪽

---

102) [교감기 20] "其文宣陵幷舊宅立廟"에서 '立'자는 『冊府元龜』 권50에는 없다. 아마도 衍文인 것으로 의심된다.

을 향해 앉도록 하고 십철 등은 동서로 배열하여 시립하도록 하며, 천하의 각 주도 모두 이를 준칙으로 삼도록 하라.

且門人三千, 見稱十哲, 包夫衆美, 實越等夷. 暢玄聖之風規, 發人倫之耳目, 並宜褒贈, 以寵賢明. 顏子淵旣云亞聖, 須優其秩, 可贈兗公. 閔子騫可贈費侯, 冉伯牛可贈鄆侯, 冉仲弓可贈薛侯, 冉子有可贈徐侯, 仲子路可贈衛侯, 宰子我可贈齊侯, 端木子貢可贈黎侯, 言子游可贈吳侯, 卜子夏可贈魏侯. 又夫子格言, 參也稱魯, 雖居七十之數, 不載四科之目. 頃雖異於十哲, 終或殊於等倫, 允稽先旨, 俾循舊位. 庶乎禮得其序, 人焉式瞻, 宗洙泗之丕烈, 重膠庠之雅範.

하물며 (공자의) 문인 3천 명도 십철로 칭해질 만하고 중인의 찬미를 받고 있어 그 실상은 이미 동년배들을 뛰어넘는다. (이들도) 성현의 모범되는 규범을 전파시키고 인륜의 이목을 발양하였으니 아울러 추증하여 칭송해야 하는 것이다. 안자연顏子淵은 이미 아성亞聖이므로 반드시 그 지위를 우대해야 하니 연공兗公을 추증하는 것이 좋다. 민자건閔子騫은 비후費侯로 추증하는 것이 좋고, 염백우冉伯牛는 운후鄆侯로 추증할 만하며, 염중궁冉仲弓은 설후薛侯로 추증할 만하고, 염자冉子는 서후徐侯로 추증할 만하고, 중자로仲子路는 위후衛侯로 추증할 만하고, 재자아宰子我는 제후齊侯로 추증할 만하며, 단목자공端木子貢103)은 여후黎侯로 추증할 만하며, 언자유言子游는 오후吳侯로 추증할 만하며, 복자하卜子夏는 위후魏侯로 추증할

만하다. 또한 공부자孔夫子의 격언에 증삼 역시 노나라에서 도
를 이루었다고 칭해지고 비록 70제자 중에 있더라도 4과(덕행,
언어, 정사, 문학)의 제자 중에는 들어가지 않았다. 비록 십철
과는 다르더라도 최종적으로는 동년배들과는 다른 특수한 면
이 있으니 마땅히 이전의 종지에 따라 옛 지위로 돌려야 한다.
예제에서 그 지위를 얻어야 사람들이 존경하게 될 것이니, 유
가104)의 대업을 근본으로 하고, 학교105)의 풍아한 전범을 중시
해야 한다.

又贈曾參·顓孫師等六十七人皆爲伯. 於是正宣父坐於南面,
內出王者袞冕之服以衣之. 遣尙書左丞相裴耀卿就國子廟冊贈文
宣王. 冊畢, 所司奠祭, 亦如釋奠之儀, 公卿已下預觀禮. 又遣太子
少保崔琳就東都廟以行冊禮, 自是始用宮懸之樂. 春秋二仲上丁,
令三公攝行事.

또 증삼과 전손사顓孫師106) 등 67인을 추증하여 모두 백伯으로 한

---

103) 단목자공端木子貢 : 성명은 端木賜이고, 일반적으로 그의 자인 子貢으
로 불린다.

104) 유가 : 원문은 洙泗이다. 수사는 『禮記』「檀弓」에 "商 女何無罪也, 吾與
女事夫子于洙泗之間"이란 구절에 등장하는데, 鄭玄의 주석대로 본래
노나라의 물이름이다. 이 물줄기가 공자가 살았던 昌平 근처에 있었기에
洙泗는 후에 孔子나 儒家의 대칭으로 자주 사용되었다.

105) 학교 : 원문은 膠庠이다. 『禮記』「王制」편에 "周人養國老于東膠, 養庶
老于虞庠"이라는 구절에 근거하면 膠는 大學, 庠은 小學으로 이해된다.
후세 통칭하여 학교를 膠庠으로 불렸다.

106) 전손사顓孫師 : 子張으로 알려진 공자의 제자이다. 顓孫은 복성이며 이름

다. 이에 바로 공선보孔宣父는 남쪽을 향하여 앉히고 궁에서 내온 제왕의 곤면복으로 옷을 입혔다. 상서좌승상 배요경裴耀卿을 국자감 사묘祀廟에 보내 문선왕으로 책봉하였다. 책봉이 끝난 후 유사가 석전의 제사를 지냈는데, 역시 예전의 석전의례와 같이 하였고, 공경 이하는 참여하여 예를 참관했다. 또 태자소보 최림崔琳을 보내 동도 묘東都廟에서 책봉례를 행하게 하였는데, 이로부터 궁현악을 사용하도록 하였다. 봄과 가을 두 계절의 가운데 달 첫 번째 정일丁日에 삼공이 행사를 대행하도록 명했다.

天寶元年, 明經·進士習爾雅. 九載七月, 國子監置廣文館, 知進士業, 博士·助教各一人, 秩同太學博士. 十二載七月, 詔天下擧人不得充鄉貢, 皆補學生. 四門俊士停.

천보 원년(742)에 명경과와 진사과에서 『이아』를 학습하게 하였다. 9년 7월에 국자감에 광문관廣文館[107]을 두고 진사업進士業을 담당하고 박사, 조교 각 한 사람을 두었으며 녹봉은 태학박사와 같게

이 師이다. 공자 12철의 한 사람으로 분류된다. 『論語』「先進」篇에 의하면 공자는 자장에 대해 "사는 편벽되고(師也辟)"고 평한 바 있으며, 또 자공이 자장과 자하를 비교하며 묻자 "자장은 지나치고, 자하는 미치지 못한다. 지나침은 미치지 못함과 같다"라고 하며 자장을 평한 바 있다.
107) 광문관廣文館 : 당송시기에 국자감 아래에 설치한 보충학습을 하는 성격의 학교이다. 국자감에서 진사과업을 익히는 학생들이 가르쳤으며 헌종 원화초에는 서경의 광문관은 정원이 60인, 동도의 광문관은 정원이 10인이었다. 唐代 곧 폐지되었으나, 宋代 다시 설치되어 철종 연간에는 생도들이 2,400여 인에 달하기도 했지만, 紹聖 원년(1094)에 다시 폐지되었다.

했다. 12년 7월에 천하에 조를 내려 각지의 거인擧人들은 향의 천거로 충원할 수 없게 하고 모두 학생으로 보충하였다. 4문의 준사108)는 정지시켰다.

寶應二年六月, 敕令州縣每歲察秀才孝廉, 取鄕閭有孝悌廉恥之行薦焉. 委有司以禮待之, 試其所通之學, 五經之內, 精通一經, 兼能對策, 達於理體者, 並量行業授官. 其明經·進士並停. 國子學道擧, 亦宜準此. 因楊綰之請也. 詔下朝臣集議, 中書舍人賈至議, 請依綰奏. 有司奏曰:「竊以今年擧人等, 或舊業旣成, 理難速改, 或遠州所送, 身已在途, 事須收獎. 其今秋擧人中有情願舊業擧試者, 亦聽. 明年已後, 一依新敕.」後綰議竟不行.

보응 2년(763) 6월에 칙령을 내려 각 주현은 매년 수재 효렴을 찰거하고 향리에서 효도 공손함 염치 있는 행동을 한 사람의 평판을 들어 천거하도록 하였다. 유사에게 위임하여 예로써 대우하고 그가 정통한 학문을 시험하여 오경 내에 한 경전이라도 정통하고 대책을 제출할 수 있으며, 도리에 통달한 자는 아울러 품행과 학업을 헤아

---

108) 4문의 준사 : 북위이래 국자감에 사문학을 설치했는데, 여기에 충원되는 학생들은 주현의 학생으로 25세 이하로 부의 관품이 8품, 9품이거나, 서민 출신으로 21세 이하인 자로 한 개 이상의 경전에 정통하거나 그렇지 않으면 총명한 자 중에 간략한 시험을 거쳐 선발한다. 즉 주현의 성시에서 급제하지 못한 자 중 원하는 자가 입학할 수 있는 것이다. 俊士는 본래 『예기』 왕제편에 "향론에 秀士를 司徒에 올리면 이를 選士라고 하고, 사도가 選士 중에 뛰어난 자를 學에 올리면 俊士라고 한다"라는 언급이 있다. 위진 이후 귀족제 사회에서 서민사회로 변화하면서 서민 출신이 학교에 진출하여 신분 상승할 수 있는 하나의 길이었던 것으로 평가된다.

려 관직을 수여한다. 이전의 명경과와 진사과는 동시에 정지한다. 국자학國子學109)에서의 도거道擧110) 역시 마땅히 이에 준한다. 이것은 양관楊綰111)의 요청에 의한 것이었다.112) 조정 대신의 집중논의에 교부하도록 조를 내렸는데, 중서사인中書舍人 가지賈至113)가 양관의 상주에 따를 것을 청하였다. 유사들이 상주하여 다음과 같이 말하였다. "살며시 금년의 공거인들을 살펴보면 혹은 옛 수업을 이

---

109) 국자학國子學 : 한대 중앙의 최고학부는 태학이었으나, 태학은 士庶 구분없이 입학이 허용되었기 때문에, 문벌사회가 진행되면서 晉武帝 咸寧 2년(276)에 사족자제들 만 입학할 수 있는 국자학을 별도로 설립하였다. 唐代에는 3품이상 혹은 國公의 자손이 입학할 수 있었고 학생이 최대 3백 명에 달했다.

110) 도거道擧 : 당대 시행된 일종의 고시제도로 도교를 숭상했던 당왕조가 玄宗 開元 29년 반포한 조령에 근거한다. 『도덕경』, 『장자』, 『문자』 등의 도교경전을 배워 明經科처럼 고시를 시행한다. 구체적 실시정황은 天寶 元年 5월 中書門下의 상주에 자세하게 나와있다. (林西郎, 「唐代道擧 制度述略」)

111) 양관楊綰(718~777) : 당현종 때 진사로 관계에 진출한 후 中書舍人, 禮部侍郎 등의 직을 역임했고, 代宗 때에 中書侍郎, 同平章事를 지냈다. 〈條奏貢擧疏〉, 〈上貢擧條目疏〉 등의 글이 남아있다.

112) 양관의 요청에 의한 것이었다 : 양관의 상주문은 그의 전기 및 『新唐書』 「選擧志」 등에도 기술되어 있는데, 그 주장의 핵심은 자발적으로 응시하는 과거제도를 비판하고 천거위주의 효렴으로 대체하려는 것이었다. 그러나 덕종 건중 1년(780) 효렴이 없어지면서 이런 시도도 중단되었다.(하원수, 『과거제도 형성사』)

113) 가지賈至(718~772) : 예부상서 賈曾의 아들로 中書舍人은 당현종을 따라 촉으로 피신했을 때의 관직이다. 후에 예부시랑, 병부시랑, 右散騎常侍 등을 역임했다.

미 마친 경우 정리상情理上 신속히 고치기 어렵고, 혹은 먼 주에서 보내져 몸이 이미 오는 도중에 있는 경우는 반드시 그 사정을 고려하고 받아들여야 합니다. (그러므로) 이번 가을에 공거인貢擧人 중에 (여전히) 옛 거인시험을 원하는 자는 받아들여야 합니다. 다음 해이후에야 일괄적으로 새로운 칙령에 의해야 합니다." 후에 양관의 건의는 마침내 행해지지는 않았다.

自至德後, 兵革未息, 國學生不能廩食, 生徒盡散, 堂墉頹壞, 常借兵健居止. 至永泰二年正月, 國子祭酒蕭昕上言 :「崇儒尙學, 以正風敎, 乃王化之本也.」其月二十九日, 敕曰:

지덕至德(756~758)이후로부터 전란이 멈추지 않아 국학 학생들은 국가로부터 양식을 공급받지 못하였는데, 생도들은 모두 흩어지고 강당의 벽은 허물어져 늘상 사병들의 거처로 빌려주게 되었다. 영태 2년(766) 정월에 국자좨주 소흔蕭昕(702~791)이 상소하여 말하기를 "유학을 숭상하여 풍속과 교육을 바르게 하는 것이 왕화의 근본입니다."라고 하였다. 그달 29일에 다음과 같이 조칙을 내렸다.

理道同歸, 師氏爲上, 化人成俗, 必務於學. 俊造之士, 皆從此途, 國之貴遊, 罔不受業. 修文行忠信之敎, 崇祇庸孝友之德, 盡其師道, 乃謂成人. 兼復揚于王廷, 考以政事, 徵之以禮, 任之以官. 實于周行, 莫匪邦彦, 樂得賢也, 其在茲乎!

이理와 도道는 결국은 같은 곳으로 돌아가므로, 사씨師氏[114]를 윗어른으로 삼아 인민을 교화시켜 풍속을 이루며 모두 학문

에 힘쓰는 것이다. 조예가 깊은 선비들은 모두 다 이 길을 따르
니 나라의 귀족 중 관직이 없는 자제들도[115] 학업을 받지 않을
수 없다. 문장을 익히고 충성과 신의의 가르침을 행하며, 효성
과 우애의 도덕을 숭상하여 그 스승의 도리를 다하게 된다면
성인成人이 되었다고 하는 것이다. 아울러 황제의 조정에서 그
들을 선양하며 정사를 살피며 예禮로써 징험하여 관官으로 위
임하는 것이다. 큰 사업에서 그들을 활용하며 나라의 인재가
아닌 자가 없으니, 현자를 얻어서 즐거워한다는 그 도리가 바
로 여기에 있는 것이다.

　朕志求理體, 尤重儒術, 先王大敎, 敢不底行. 頃以戎狄
多難, 急於經略, 太學空設, 諸生蓋寡. 絃誦之地, 寂寥無
聲, 函丈之間, 殆將不掃. 上庠及此, 甚用憫焉. 今宇縣攸
寧, 文武兼備, 方投戈而講藝, 俾釋菜而行禮. 四科咸進, 六
藝復興, 神人以和, 風化寖美. 日用此道, 將無間然.

　짐이 치도의 본체를 구하고자 하는 데 뜻을 두고, 더욱 유술
儒術을 중시하며 선왕의 큰 가르침을 감히 진력으로 실행하지
않음이 없었다. 마침 융적戎狄들로 인해 어려움이 많았고 나라

---

114) 사씨師氏 : 『周禮』「地官」에 기록된 周代의 관명으로 왕실을 보좌하고
　　귀족자제의 교육 및 조정 의론의 득실을 담당했다. 學官이나 교사라는
　　의미로 사용되기도 한다.
115) 귀족 중 관직이 없는 자제들 : 『周禮』「地官·師氏」에 "凡國之貴遊子弟
　　學焉"이라는 구절이 있다. 이 구절에서 '遊'자는 遊閑 즉 관직이 없다는
　　의미이며, '귀유자제'는 관직을 갖지 않은 귀족자제로 해석한다.

를 다스리고 경영함에 급하였으니 태학은 비어있고, 학생들은 크게 모자랐다. 금을 타고 노래하며 낭독朗讀하는 곳에 적막하고 소리가 없으며 강당 위는 거의 청소가 되지 않았다. 대학도 이에 이르니 심히 우려스럽도다. 지금은 사방이 태평하고 문과 무가 겸비되니 창을 버리고[무기를 놓고], (경서를) 배우는 학생들은 선생의 예를 행하게 되었다. 사과四科가 모두 진전이 있으니 육예는 부흥하고 신과 인간은 조화하며 풍속의 교화는 아름답도다. 이 도리를 날로 사용하니 장차 단절됨이 없을 것이다.

諸道節度·觀察·都防禦使等, 朕之腹心, 久鎭方面. 眷其子弟, 各奉義方, 修德立身, 事資括羽[二一]116). 恐干戈之後, 學校尙微, 僻居遠方, 無所諮稟. 山東寡學, 質疑必就於馬融 ; 關西盛名, 尊儒乃稱於楊震. 負經來學, 當集京師. 幷宰相·朝官及神策六軍軍將子弟欲習業者, 自今已後, 並令補國子生. 欲其業重簨金, 器成琢玉, 日新厥德, 代不乏賢. 其中身雖有官, 欲附學讀書者, 亦聽. 其學官, 委中書·門下卽簡擇行業堪爲師範者充. 學生員數多少, 所習經業, 考試等第, 幷所供糧料, 及學館破壞, 要量事修理, 各委本司作條件聞奏. 務須詳悉, 稱朕意焉.

모든 도의 절도사 관찰사 도방어사都防禦使117) 등은 짐의 심

---

116) [교감기 21] "事資括羽"에서 '括羽' 두 글자는 『冊府元龜』 권50, 『唐大詔令集』 권105 및 『全唐文』 권46에는 모두 '藝業'으로 되어 있다.

117) 도방어사都防禦使 : 측천무후 聖曆(698~700)중 夏州에 처음 설치한 군사

복이고, 오랫동안 각 진鎭의 장관들이었다.[118] 그 자제들을 아껴 각기 옳은 방법을 선택하도록 하고 덕을 닦아 몸을 세워 성장에 도움이 되게 하라. 전쟁을 걱정하는 마음 뒤에는 학교 교육의 역량은 오히려 약해지고 멀리 외벽진 곳에서는 상의하고 자문에 따를 수 없었다. 산동지역에는 학교가 드물어, 질의하는 바가 있으면 반드시 마융馬融(79~166)에게 나아간다. 관서關西의 큰 명성은 훌륭한 유자라고 칭해지는 양진楊震(54~124)[119] 때문이다. 경서를 짊어지고 배우러 와 경성京城으로 모여들었다. 아울러 재상들과 조정의 관료 및 신책 6군의 장성과 군인의 자제 중 학업을 하고 싶어 하는 자들은 지금 이후로는 모두 국자감 학생으로 충원하도록 하라. 그들의 학업이 한 덩어리의 금보다 중요하니 옥을 깎아 그릇을 이루는 것 같이 도덕으로 일신하여 대대로 현능한 인재들이 결손되지 않도록 하라. 그중 몸은 비록 관직에 있지만, 학교에 들어가 독서하고자 하는 자는 그들의 뜻을 들어주도록 하라. 학관에 대해

관직으로, 안사의 난 기간에는 큰 郡의 군사요충지에 설치했다. 혹은 防禦守捉使라고도 한다. 각 지역의 군사방어를 담당했으며, 주의 자사가 겸임했다.

118) 오랫동안 … 장관들이었다 : 원문은 '久鎭方面'이다. 여기에서 '方面'은 한 지방의 군정요직이나 혹은 그 장관을 의미한다. 『後漢書』「馮異傳」에 '(馮異)受任方面'이란 구절에 대해 李賢은 注에서 '서방 한 쪽을 오로지 위임받은 것을 말한다'라고 주석하였다.

119) 양진楊震(54~124) : 후한대 관료로 홍농군 출신이다. 어려서부터 학문을 좋아하여 '關西孔子'라는 미칭을 얻었으며, 형주자사·사도·태위 등의 관직을 역임했다.

서는 중서성 문하성에 위임하여 품행과 학문이 가히 교사가 되고 모범이 될 만한 자로 충원하도록 하라. 학생 정원의 다소, 익히는 경서의 수업, 고시 등제登第 및 공급하는 양식 물품, 학교 관사의 파괴 등은 정황에 의해 처리하도록 하고 각기 위탁 파견된 관리들이 조문을 만들어 상주하여 보고하며 반드시 상세하게 살펴 짐의 뜻에 합치하도록 하라.

及二月朔上丁釋奠, 蕭昕又奏 : 諸宰相元載·杜鴻漸·李抱玉及常參官·六軍軍將就國子學聽講論, 賜錢五百貫. 令京兆尹黎幹造食. 集諸儒·道·僧, 質問竟日. 此禮久廢, 一朝能擧. 八月, 國子學成祠堂·論堂·六館院及官吏所居廳宇, 用錢四萬貫, 析曲江亭子瓦木助之. 四日, 釋奠, 宰相·常參官·軍將盡會於講堂, 京兆府置食, 講論. 軍容使魚朝恩說易, 又於論堂畫周易鏡圖. 自至德二載收兩京, 唯元正含元殿受朝賀, 設宮懸之樂, 雖郊廟大祭, 祇有登歌樂, 亦無文·武二舞. 其時軍容使魚朝恩知監事, 廟庭乃具宮懸之樂於講堂前, 又有敎坊樂府雜伎, 竟日而罷.

2월 초하루 (그달) 첫 번째 정일丁日에 이르러 석전의 예를 행할 즈음에 소흔이 또 상주하였다. "각 재상 원재元載, 두홍점杜鴻漸, 이포옥李抱玉 및 상참관, 육군 군장성 들은 국자감에 와서 청강 변론하도록 하고, 전錢 5백 관을 하사하며 경조윤 여간黎幹이 음식을 준비하도록 명하십시오." 유학생, 도사, 불교 승려 등을 모두 모아 하루 종일 (어려운) 질문을 하였다. 이 의례는 폐해진 지 오래되었지만, 하루아침에 쉽게 (다시) 거행되었다. 8월에 국자학에 사당, 강당, 육관원六館院[120] 및 관리의 거주 관사를 만들었는데, 비용이 4만 관이 쓰였으며, (재료로는) 곡강曲江[121] 정자의 기와와 나무를 꺾어 사용했다. 4일에 석전의 예를 행하고 재상, 상참관, 군장성 들은 모두 강당에 모였고, 경조부에서 식사를 마련하여 강론하였다. 군용사 어조은魚朝恩(722~770)[122]이 『주역』에 대해 강의했고, 또한 강당에 〈주역경도周易鏡圖〉[123]를 그렸다. 지덕 2년(757)에서부터 두 수도를 수복하니 오직 정월 원일元日에 함원전含元殿에서 조례를 받고 궁현의 악을 설치했으나 비록 교묘의 대제사라도 다만 등가악登歌樂만이 있고 역시 문과 무의 2무는 없었다. 그때 군용사 어조은이 지감사知監事를 맡았고, 강당 앞에 궁현의 악기를 설치하고 또 교방악부敎坊樂府의 잡기가 공연되어 온종일 한 다음에 파하였다.

二十五日〔二二〕[124], 詔曰:「古者設官分土, 所以崇德報功. 總

---

120) 육관원 : 國子監의 별칭으로 당대 국자감이 國子學, 太學, 四門, 律學, 書學, 算學 등을 총괄하였기에 육관으로 불리기도 했다.
121) 곡강曲江 : 당왕조의 황실원림이 있던 曲江池에서 유래한 명칭이다. 長安城의 동남부에 소재한다.
122) 어조은魚朝恩(722~770) : 천보 말년에 입궁한 환관으로 안사의 난 발생시 현종을 호송하기도 했고, 숙종을 모셔 신임을 얻어 三軍檢責使, 左監門衛將軍 등을 역임하고, 內侍省을 주관하고 神策軍을 통솔하기도 했다.
123) 〈주역경도周易鏡圖〉: 아마도 원 제목은 後蜀의 彭曉가 주석한 『周易參同契鼎器歌明鏡圖』인 것으로 추측된다. 다만, 당대 邵說이 창작한 「爲文武百僚謝示周易鏡圖表」라는 산문이 있는 것을 참고하면, 〈주역경도〉는 어조은이 스스로 만든 주역에 대한 해설을 붙인 그림일 가능성도 많다.
124) [교감기 22] "二十五日"은 張森楷의 校勘記에서는 "생각해보니 五는 당연히 三이 되어야 한다. 아래를 보면 '二十四日'이라는 말을 볼 수 있기 때문이다."라고 하였다. 이 [교감기]에 의하면 25일은 23일이 되는

內署之綱, 事密於淸禁 ; 弘上庠之敎, 德潤於鴻業. 賦開千乘, 禮
序九賓. 必資兼濟之能, 用協至公之選. 開府儀同三司·兼右監門
衛大將軍·仍知觀軍容宣慰處置使·知內侍省事·內飛龍閑廐使·
內弓箭庫使·知神策軍兵馬使·上柱國·馮翊郡開國公魚朝恩, 溫
良恭儉, 寬柔簡廉, 長才博達, 敏識高妙. 學究儒玄之秘, 謀窮遁
甲之精. 百行資身, 一心奉上. 自王室多故, 雲雷經始, 五原之北,
以先啓行 ; 三河之表, 爰整其旅. 成師必勝, 每合於韜鈐 ; 料敵無
遺, 可徵於著蔡. 關洛旣定, 幽燕復開, 海外有截, 厥功惟茂. 歷事
三聖, 始終竭力. 頃東都扈蹕, 釋位勤王, 時當綴旒, 節見披棘, 下
江助我, 甲令先書, 社稷之衛, 邦家是賴. 及邊陲罷警, 戎務解嚴,
方獎勵於易象. 才兼文武, 所謂勳賢, 亦旣任能, 斯焉命賞, 宜膺
朝典, 式副公議. 可行內侍監, 判國子監事, 充鴻臚禮賓等使, 封
鄭國公, 食邑三千戶.」

25일 조서를 내려 말했다.

> 옛날에 관직을 만들고 토지를 분봉한 것은 덕을 숭상하고
> 공에 보답하기 위한 것이다. 궁내 부서의 대강을 총괄하는 것
> 은 황궁에서 일이 은밀해지는 것이다. 학교에서의 교육을 넓히
> 는 것은 (황제의) 대업大業에 덕이 윤택해지는 것이다. 군대는
> 제후국을 열고,[125] 예의는 구빈九賓[126]을 서열 짓는다. (이 일

것이 맞다.

125) 군대는 제후국을 열고 : 원문은 '賦開千乘'인데, 『논어』「공야장」편에
   "千乘之國, 可使治其賦也, 不知其仁也"라는 구절과의 유사성을 고려하
   면, 賦는 兵賦, 군사, 군대의 일 등으로 이해하는 것이 타당하다.
126) 구빈九賓 : 9등급의 빈객을 맞이하는 의례로 가장 융중한 예절을 말한다.

을 하기 위해서는) 반드시 겸제의 능력을 자질로 하고, 지공至
公의 선택에 부합해야 한다. 개부의동삼사開府儀同三司, 겸우
감문위대장군兼右監門衛大將軍, 또한 지관군용선위처치사知觀
軍容宣慰處置使, 지내시성사知內侍省事, 내비용한구사內飛龍閑
廐使, 내궁전고사內弓箭庫使, 지신책군병마사知神策軍兵馬使, 상
주국上柱國, 풍익군개국공馮翊郡開國公 어조은은 온화 선량 공
경 절검하고 관후 유순 성실 청렴결백하여 높은 재능과 넓은
학식을 갖추고 견해는 높고 깊으며 오묘하도다. 학문은 유와
도의 신비함을 탐구하고, 계책은 둔갑遁甲 등[127] (술수術數)의
정치하고 오묘함을 다하고 있다. 각종 품행이 한 몸에 다 모여
있으니 한마음으로 황제를 공경하는 도다. 황실이 많은 어려움
을 겪은 이래로 (어조은은) 구름과 우레가 바야흐로 움직이기
시작하듯 오원五原의 북쪽은 먼저 행동을 발동하였고, 삼하三河
의 바깥쪽은 그의 군대를 정비했다. 출전하면 필승했고, 매번
병법[128]에 합하였다. 적정을 판단하는데 조금의 착오도 없었으

『史記』「廉頗藺相如列傳」에 나오는 '設九賓禮于庭'이라는 구절에 대
한 주석에서는 구빈을 『周禮』의 九儀로 이해했다. 그렇다면 구빈은 公,
侯, 伯, 子, 男과 孤, 卿, 大夫, 士를 말하게 된다. 한편 『후한서』 예의지
의 "大鴻臚設九賓 隨立殿下"라는 구절에서는 王, 侯, 公, 卿, 二千
石, 六百石아래 및 郎, 吏, 匈奴 侍子 등 9등급을 말한다.

127) 둔갑遁甲 : 六甲의 순환을 숫자로 추산하여 길흉을 예측하고 화를 피하
는 기법이다.

128) 병법 : 원문은 "韜鈐"이다. 이는 고대 병서인 『六韜』와 『玉鈐』의 병칭이다.
『육도』는 『태공육도』라고도 불리며 太公望 呂尙이 지은 것으로 알려진
병서이지만, 『열녀전』에 의하면 『옥검』 역시 呂尙이 남겼다고 전해진다.

며 복서卜筮로 점을 쳐서 증빙을 얻었다. 관낙關洛[관중과 낙양]을 평정한 후에는 또한 유幽와 연燕 지역을 개통하였고, 천하를 회복하였다. 오직 그의 공이 큰 것이다. 3대 황제를 보필한 경력을 갖고 처음부터 끝까지 진력 충성을 다하였다. 오래지 않아서는 동도에서 황제의 수레를 (보호하면서) 따라갔고, 군대를 이끌어 황제를 보필했다. 그때 조정은 위난에 직면하였고 이러한 위난 중에 절개를 드러내 하강下江에서 나를 도왔다. 법령에는 먼저 그 공을 기록하였고 사직과 국가를 보호한 공을 칭찬하였다. (따라서) 변경은 더 이상 위급을 고하지 않았고, 병전은 멈추고 계엄은 풀게 되었다. 또한 그는 『주역』의 괘상卦象을 연구하기 시작하였다. 그 재능은 문과 무를 겸비하여 공훈지신이라고 칭할 만하다. 이미 그 재능에 의지하였으니 이에 상을 더함으로써 조정의 전례에 따르고 중의에 부합시키는 것이다. 내시감內侍監, 판국자감사判國子監事, 홍려예빈등사鴻臚禮賓等使에 임명하고 정국공鄭國公으로 봉하며 식읍을 3천 호로 한다.

二十四日, 於國子監上. 詔宰相及中書門下官‧諸司常參官‧六軍軍將送上. 京兆府造食, 內教坊音樂‧竿木渾脫, 羅列於論堂前. 朝恩辭以中官不合知南衙曹務, 宰相僕射大夫皆勸之, 朝恩固辭, 乃奏之. 宰相引就食, 奏樂, 中使送酒及茶果, 賜充宴樂, 竟日而罷. 元載奏狀. 又使中使宣敕云:「朝恩旣辭不止, 但任知學生糧料.」是日, 宰相軍將已下子弟三百餘人, 皆衣紫衣, 充學生房, 設食於廊下. 貸錢一萬貫, 五分收錢, 以供監官學生之費.[二三]129) 俄又請青苗地頭取百文資課以供費同. 舊例, 兩京國子監生二千餘人, 弘文館·崇文館·崇玄館學生, 皆廩飼之. 十五載, 上都失守, 此事廢絶. 乾元元年, 以兵革未息, 又詔罷州縣學生, 以俟豐歲.

24일 국자감 앞에서 임명하였다. 재상 및 중서문하관, 각 부문의 상참관, 6군 군장성들에게 조를 내려 보냈다. 경조부에서 음식을 준비하고 교방음악을 진상하고 간목竿木 놀이를 공연하며 〈혼탈무곡渾脫舞曲〉[130]을 연주하는데, 이 모든 것을 강당 앞에 나열하였다. 어조은이 환관으로서 남아의 관직을 받기를 고사하자 재상, 복야僕射, 대부 등이 그에게 권면하고 어조은이 다시 사양하고 상주하였다. 재상이 그를 이끌고 가 식사하고 음악이 연주되니 궁중의 환관이 술 및 다과를 보내주고, 향연음악이 연주되어 온종일 한 후 파하였다. (재상) 원재元載(?~777)가 상주문을 올렸다. 또 궁중의 환관을 보내 조칙을 선포하며 "어조은이 이미 사양하기를 그치지 않으니 그를 다만 지학생량료知學生糧料에 임명한다"라고 말하였다. 이 날 재상 군장성 이하의 자제 3백여 인이 모두 자색 옷을 입고 학생방에 들어가 복도에 음식을 진열하였다. 1만 관의 돈을 빌려주면 5%의 이자를 받는데, 이를 국자감 학관과 학생의 비용으로 제공하였다. 오래

---

129) [교감기 23] "以供費同"은 「교감기」 권11에서 문의상 '同'은 당연히 '用'이 되어야 한다고 말했다.

130) 〈혼탈무곡渾脫舞曲〉: 당대 서역음악과 무용이 대량 유입되는 과정에서 〈潑寒胡劇〉이 있었는데, 서역이 풍속과 가무 유락활동을 전하는 것이었다. 원래는 로마에서 전해진 것으로 알려져 있는데, 동한기에 깃발을 펄럭이며 큰 소리를 지르고 기마복을 입거나 때로는 짐승가면을 쓰고 서로 물을 뿌리며 도망가고 쫓는 놀이였다. 〈혼탈무〉는 이 〈발한호극〉의 다른 명칭이다.

지 않아 또 청묘전青苗錢 지두전地頭錢 등의 부세 중에서 백 문의
자과資課를 취하여 비용으로 공급하도록 청했다. 옛 사례에 의하면
양경의 국가감 학생이 2천여 인이 넘는데 홍문관, 숭문관, 숭현관 등
의 학생들은 모두 관부로부터 양식을 공급받았다. 15년에 상도의 수
비가 실패하여 이 일은 중단되고 폐지되었다. 건원乾元 원년(758)에
전란이 아직 그치지 않아, 또 조를 내려 주현 학생들의 입학을 정지
시키고 풍년의 해를 기다리도록 하였다.

則天垂拱四年四月,〔二四〕[131] 雍州永安人唐同泰僞造瑞石於洛
水, 獻之. 其文曰:「聖母臨人, 永昌帝業.」 於是號其石爲「寶圖」,
賜百官宴樂, 賜物有差. 授同泰爲游擊將軍. 其年五月下制, 欲親
拜洛受「寶圖」. 先有事於南郊, 告謝昊天上帝. 令諸州都督・刺史
幷諸親, 並以拜洛前十日集神都. 於是則天加尊號爲聖母神皇. 大
赦天下. 改「寶圖」爲「天授聖圖」, 洛水爲永昌〔二五〕[132]. 封其神
爲顯聖侯, 加特進, 禁漁釣, 祭享齊於四瀆. 所出處號曰聖圖泉,
於泉側置永昌縣. 又以嵩山與洛水接近, 因改嵩山爲神嶽, 授太師
・使持節・神嶽大都督・天中王, 禁斷芻牧. 其天中王及顯聖侯, 並
爲置廟. 又先於汜水得瑞石, 因改汜水縣爲廣武縣. 至其年十二
月, 則天親拜洛受圖, 爲壇於洛水之北, 中橋之左. 皇太子皆從,

---

131) [교감기 24] "垂拱四年"의 '四年'은 각 판본에는 원래 '五年'으로 되어
　　　있다. 『舊唐書』 권6 「則天皇后紀」 및 『資治通鑑』 권204에 의해 고쳤다.
　　　살펴보면 垂拱은 겨우 4年에 불과하고 다음 해 정월에 永昌으로 개원했
　　　다. 아래 문장 盧履冰 上言中에 나오는 '垂拱五年'도 똑같이 고쳤다.
132) [교감기 25] "洛水爲永昌"의 '永昌'은 『資治通鑑』 권204에는 '永昌洛
　　　水'로 되어 있다.

內外文武百僚·蠻夷酋長, 各依方位而立. 珍禽奇獸, 並列於壇前. 文物鹵簿, 自有唐已來, 未有如此之盛者也. 禮畢, 卽日還宮. 神都父老勒碑於拜洛壇前, 號曰「天授聖圖之表」. 開元五年, 左補闕盧履冰上言曰:「則天皇后拜洛受圖壇及碑文, 云垂拱四年唐同泰得石, 文云『聖母臨人, 永昌帝業』之所建. 因改元爲永昌, 仍置永昌縣. 縣旣尋廢, 同泰亦已貶官, 唯碑壇獨立. 準天樞·頌臺之例, 不可更留.」始令所司毀之, 其顯聖侯廟亦尋毁析.

측천무후 수공垂拱 4년(688) 4월에 옹주 영안현 사람 당동태唐同泰가 낙수에서 얻은 상서로운 돌이라고 위조하여 헌상하였다. 그 문장에 말하기를 "성모聖母가 백성에 임하니 제업帝業이 영원히 융성하리라"라고 하였다. 이에 그 돌을 '보도寶圖'라고 불렀다. 백관들에게 주연을 베풀고 차등있게 하사품을 내렸다. 당동태는 유격장군에 제수했다. 그해 5월에 제를 내려 친히 낙수에 제사를 드려 '보도'를 받도록 하고자 했다. 먼저 남교에서 제사가 있어 호천상제에게 감사드렸다. 모든 주의 도독과 자사 및 여러 친왕에게 명하여 낙수에 제사하기 십일 전에 신도들에게 모이라고 하였다. 이에 측천무후에게 성모신황聖母神皇이라는 존호를 더하였다. 천하에 대사면을 하였다. '보도'를 '천수성도天授聖圖'로 이름을 바꾸고, 낙수를 영창永昌이라고 하였다. 그 신을 현성후顯聖侯로 하여 특진을 더하였으며 어렵과 낚시를 금지하고, 사독四瀆과 동급으로 제사하게 하였다. 돌이 나온 곳을 성도천聖圖泉으로 하고 그 샘의 주변에 영창현을 설치했다. 또한 숭산嵩山이 낙수와 근접하고 있기에 숭산의 이름을 바꾸어 신악神嶽이라고 하며, 태사太師, 사지절使持節 신악대도독神嶽大都督, 천중왕天中王으로 제수하였다. 또한 그 산에서 땔감을 하거나 풀을 베는 등의 일을 금지하였다. 또한 천중왕과 현성후에게 사당을 설치하였다. 앞서 사수泗水에서 상서로운 돌을 얻었기에 사수현을 개명하여 광무현廣武縣으로 고쳤다. 그 해 12월에 이르러 측천무후는 친히 낙수에 제배하고 성도를 받았다. 낙수의 북쪽, 중교中橋의 왼쪽에 제단을 쌓았다. 황태자들이 모두 따라갔고, 조정 내외의 문무백관 및 만이蠻夷의 추장 등 각각 자신들의 방위에 맞게 서게 하고, 진기한 금수들도 모두 제단 앞에 진열하였다. 전례 기물과 의장 등은 당왕조가 건립된 이래 이렇게 융성한 적이 없었다. 의례를 행한 후 당일 궁으로 돌아왔다. 신도神都의 백성들은 비를 세겨 배낙단拜洛壇 앞에 세웠다. 이름하여 '천수성도지표天授聖圖之表'라고 하였다. 개원 5년(717) 좌보궐左補闕 노이빙盧履冰이 상주하여 말하였다. "측천황후가 낙수단에서 제사하고 비문을 세운 것은 수공 4년에 당동태가 얻은 돌에 '성모임인聖母臨人 영창제업永昌帝業'이라는 문자가 새겨 있던 것을 기념한 것입니다. 연호를 바꾸어 영창이라고 하고 영창현을 설치했습니다. (그러나) 오래지 않아 현은 폐지되었고 당동태 역시 관직을 박탈당했으나, 오직 비석과 제단만이 여전히 존재했습니다. 청컨대 천추天樞나 송대頌臺의 사례에 비추어 다시는 보존할 수 없도록 하십시오". 이에 비로소 유사들에게 훼손시키라고 명하였고, 현성후 묘우廟宇는 얼마 안가서 훼손되었다.

開元二十九年正月己丑,[二六]133) 詔兩京及諸州各置玄元皇

---

133) [교감기 26] "開元二十九年"의 '九'자는 각 판본에는 원래 없었으나 『舊唐書』 권9 「玄宗紀」에 의해 보충했다.

帝廟一所, 幷置崇玄學. 其生徒令習道德經及莊子·列子·文子等, 每年準明經例擧送. 至閏四月, 玄宗夢京師城南山趾有天尊之像, 求得之於盩厔樓觀之側. 至天寶元年正月癸丑, 陳王府參軍田同秀稱於京永昌街空中見玄元皇帝, 以「天下太平, 聖壽無疆」之言傳於玄宗, 仍云桃林縣故關令尹喜宅傍有靈寶符. 發使求之, 十七日, 獻於含元殿. 於是置玄元廟於太寧坊, 東都於積善坊舊邸. 二月丁亥, 御含元殿, 加尊號爲開元天寶聖文神武皇帝. 辛卯, 親祔玄元廟. 丙申, 詔: 古今人表, 〔二七〕134) 玄元皇帝升入上聖. 莊子號南華眞人, 文子號通玄眞人, 列子號沖虛眞人, 庚桑子號洞虛眞人. 改莊子爲南華眞經, 文子爲通玄眞經, 列子爲沖虛眞經, 庚桑子爲洞虛眞經. 亳州眞源縣先天太后及玄元廟各置令一人. 兩京崇玄學各置博士·助敎, 又置學生一百員. 桃林縣改爲靈寶縣. 田同秀與五品官. 四月, 詔崇文習道德經. 七月, 隴西李氏燉煌·姑臧·絳郡·武陽四房隷於宗正寺. 九月, 兩京玄元廟改爲太上玄元廟, 天下準此. 十月, 改新豊驪山爲會昌山, 仍於秦坑儒之所立祠宇. 新作長生殿改爲集靈臺.

개원 29년 정월 기축일에 양경과 모든 주에 각기 현원황제묘玄元皇帝廟 한 곳을 두고 숭현학崇玄學을 건립하라고 조를 내렸다. 그 생도들로 하여금 『도덕경』 및 『장자』, 『열자』, 『문자文子』 등을 학습하게 하고, 매년 명경과의 사례에 준하여 공거하여 중앙으로 보냈다. 윤사월에 이르러 현종은 꿈에 경사 성남쪽 산유지에서 천존天尊135)

---

134) [교감기 27] "古今人表"는 각 판본에는 원래 '史記古今人表'로 되어 있었으나, 『唐會要』 권50에는 '史記' 두 글자를 삭제하였다.

135) 천존天尊 : 道敎의 三淸에는 元始天尊, 靈寶天尊, 道德天尊이 존재한

의 상이 있는 것을 보고 주질盩厔[136])의 누대 옆에서 찾아서 얻었다.
천보 원년 정월 계축일에 진왕부 참군 전동수田同秀는 경성 영창의
거리에 현원황제玄元皇帝가 공중에 나타나 '천하태평天下太平 성수
무강聖壽無疆'이라는 말을 현종에게 전하라고 했다고 선전하였다.
또한 도림현 옛 관령 윤희尹喜의 저택 부근에 영보부靈寶符[137])가 있
어 사자를 보내 찾아갔다는 말을 퍼뜨렸다. 17일 함원전에 바쳤다.
이로 인해 현원묘를 태녕방太寧坊에 건립하고 동도에는 적선방積善
坊의 옛 저택에 건립하도록 하였다. 2월 정해일에 황제는 함원전에
임하여 개원천보성문신무황제開元天寶聖文神武皇帝라는 존호를 더
하였다. 신묘일에 친히 현원묘에서 선조들을 합제했다. 병신일에 조
를 내렸다. "〈고금인표古今人表〉에 현원황제를 올려 상성上聖으로
한다. 장자는 남화진인南華眞人으로 호칭한다. 문자는 통현진인通玄
眞人으로, 열자는 충허진인沖虛眞人으로, 경상자庚桑子[138])는 통허진
인洞虛眞人으로 각각 호칭한다. 『장자』는 『남화진경』으로 고치고,
『문자』는 『통현진경』으로 고치며, 『열자』는 『충허진경』으로 바꾸고,

다. 여기에서 天尊이라는 용어는 최고의 신격이라는 의미이지만, 당대
景敎가 유입되면서 경교에서는 기독교의 여호와를 天尊으로 번역하였
다. 아마도 경교가 이 도교적 용어를 차용한 것으로 이해된다.
136) 주질盩厔 : 섬서성의 縣名. 산이 굽어진 것을 盩라고 하고, 물이 굽어진
것을 厔이라고 한다는 데에서 이름을 얻었다. 지금은 周至로 변했다.
137) 영보부靈寶符 : 일종의 도교의 부적, 주술, 처방 등을 담은 것으로 주로
영보 5부로 칭해진다.
138) 경상자庚桑子 : 전설상으로 『장자』의 우언에 등장하는 인물로, 亢倉子
혹은 亢桑子 등으로도 불리는 춘추시기 陳國人으로 알려져 있다. 경상
은 성이고, 이름은 楚이다.

『경상자』는 『통허진경』으로 바꾼다. 또한 박주 진원현의 선천태후先天太后 및 현원묘는 각각 묘령 1인을 두도록 한다. 양경의 숭현학에는 각각 박사와 조교를 배치하고, 또 학생 1백 명을 배치한다. 도림현을 영보현으로 개칭한다. 전동수에게 오품관을 사여한다. 4월에 조를 내려 숭문학에서 『도덕경』을 학습하게 하였다. 7월에 농서 이씨 돈황, 고장, 강군, 무양 4방을 종정시에 예속시켰다. 9월에 양경의 현원묘를 태상현원묘로 바꾸고, 천하의 현원묘는 이것을 표준으로 하도록 하였다. 10월에 신풍 여산을 회창산으로 바꾸고, 진대 유생을 파묻은 곳에 사묘를 건립하였다. 새로 건립한 장생전은 집령대集靈臺로 바꾸었다.

二年正月丙辰, 加玄元皇帝尊號「大聖祖」三字, 崇玄學改爲崇玄館, 博士爲學士, 助敎爲直學士, 更置大學士員. 三月壬子, 親謁玄元宮, 聖祖母益壽氏號先天太后, 仍於譙郡置廟. 尊皐縣爲德明皇帝, 涼武昭王爲興聖皇帝. 西京玄元廟爲太淸宮, 東京爲太微宮, 天下諸州爲紫極宮. 九月, 譙郡紫極宮宜準西京爲太淸宮, 先天太皇及太后廟亦並改爲宮.

(천보) 2년 정월 병진일에 현원황제에 '대성조大聖祖'라는 존호 세 글자를 더하였다. 숭현학을 숭현관으로 고치고, 박사를 학사로 고쳤으며, 조교를 직학사로 바꾸고 태학사 정원을 다시 배치했다. 3월 임자일에 황제는 친히 현원궁에 제사하고 성조모聖祖母 익수씨益壽氏를 선천태후로 호칭을 바꾸었다. 또한 초군에 사당을 건립했다. 고요를 덕명황제德明皇帝로 높여 받들고, 양무소왕涼武昭王을 흥성황제興聖皇帝로 하였다. 서경 현원묘를 태청궁太淸宮으로 바꾸고, 동경

을 태미궁太微宮으로 하여 천하 각 주는 자극궁紫極宮으로 하였다. 9월에 초군 자극궁은 당연히 서경을 표준으로 하여 태청궁으로 하고 선천태황 및 태후묘도 이름을 바꾸어 모두 궁으로 하였다.

三載三月, 兩京及天下諸郡於開元觀·開元寺, 以金銅鑄玄元等身天尊及佛各一軀. 七載二月, 於大同殿修功德處, 玉芝兩莖生於柱礎上. 五月, 玄宗御興慶殿, 授冊尊號曰開元天寶聖文神武應道皇帝. 十二月, 以玄元皇帝見於朝元閣, 改爲降聖閣. 改會昌縣爲昭應縣, 改會昌山爲昭應山. 封昭應山神爲玄德公, 立祠宇.

3년 3월에 양경 및 천하의 각 군은 개원관, 개원사에 금동으로 주조된 현원 등신천존 및 불상 각 1좌를 두었다. 7년 2월에 대동전 공덕을 닦는 곳에 두 뿌리의 옥지玉芝가 기둥 토대 위에서 자라났다. 5월에 현종은 흥경전에 와서 개원천보성문무응도황제開元天寶聖文武應道皇帝로 존호를 책봉했다. 12월에 현원황제가 조원각에 출현함으로써 이름을 바꾸어 강성각降聖閣으로 하였다. 회창현을 바꿔 소응현昭應縣으로 하고 회창산을 바꿔 소응산으로 하였다. 소응산신을 현덕공으로 봉하고 묘우를 건립하였다.

初, 太淸宮成, 命工人於太白山採白石, 爲玄元聖容, 又採白石爲玄宗聖容, 侍立於玄元之右. 皆依王者袞冕之服, 繒綵珠玉爲之. 又於像設東刻白石爲李林甫·陳希烈之形. 及林甫犯事, 又刻石爲楊國忠之形, 而瘞林甫之石. 及希烈·國忠貶, 盡毁瘞之.

처음에 태청궁을 건립할 때 장인에게 태백산에서 백석을 채취하도록 명령하여 현원성상을 조성했다. 또 백석을 채취하여 현종의 성상을 만들어 현원의 오른쪽에 배시陪侍하여 서있도록 하였다. 모두 제왕이 입는 곤면복장에 의해서 채색된 직물을 쓰고 주옥으로 장식하여 완성하였다. 또한 초상이 있는 동쪽에 백석으로 이림보李林甫[139], 진희열陳希烈의 초상을 새겼다. 이림보 출사후 또 백석을 써서 양국충楊國忠의 초상을 새기면서 이림보 형상을 파묻었다. 후에 진희열, 양국충이 축출되면서 그 돌도 완전히 훼손되었다.

八載六月, 玉芝産於大同殿. 先是, 太白山人李渾稱於金星洞仙人見, 語老人云, 有玉版石記符「聖上長生久視」. 令御史中丞王鉄入山洞, 求而得之. 聞六月四日, 玄宗朝太清宮, 加聖祖玄元皇帝尊號曰聖祖大道玄元皇帝, 高祖・太宗・高宗・中宗・睿宗尊號並加「大聖」字, 皇后並加「順聖」字. 五日, 玄宗御含元殿, 加尊號曰開元天寶聖文神武應道皇帝. 大赦. 自今已後, 每至禘祫, 並於太清宮聖祖前設位序昭穆. 太白山封神應公, 金星洞改嘉祥洞, 所管華陽縣改爲眞符縣. 兩京及十道一大郡, 置眞符玉芝觀.

8년 6월에 옥지버섯이 대동전에서 생산되었다. 앞서 태백산인 이혼李渾이 금성동金星洞에서 선인이 출현한다고 하여 노인에게 말하기를 옥판석에 '성상장생구시 聖上長生久視'라고 기록된 문자가 있었다고 하였다. 어사중승 왕홍王鉄에게 명하여 산동굴에 가서 찾아

---

139) 이림보李林甫(683~753) : 당조 종실재상으로 어사중승, 형부시랑, 이부시랑, 황문시랑 등의 직을 역임했다. 현종대 재위기간이 가장 긴 재상이지만, 후에 권력을 농단하고 현인들을 배제하여 조정을 문란하게 하여 당왕조의 흥성을 쇠락으로 바꾼 인물 중의 하나로 평가되기도 한다.

서 얻었다. 윤유월 4일에 현종은 태청궁에서 조헌하면서 성조현원황제의 존호에 성조대도현원황제聖祖大道玄元皇帝의 존호를 더하였다. 고조 태종 고종 중종 예종의 존호 위에도 모두 '대성大聖'이라는 글자를 더한 것처럼, 황후에게도 모두 '순성順聖'이라는 글자를 더하였다. 5일에 현종은 함원전에 임하여 개원천보성문신무응도황제開元天寶聖文神武應道皇帝라는 존호를 더하였다. 대사면을 하였다. 지금 이후로부터 매번 조선祖先을 체협禘祫 합제할 때에는 모두 태청궁의 성조 앞에 위패를 소목의 순서대로 배열하도록 하였다. 태백산을 신응공神應公으로 봉하고, 금성동을 가상동嘉祥洞으로 바꾸었으며, 관할하는 화양현의 이름을 진부현眞符縣으로 바꾸었다. 양경과 십도十道 1대군大郡에 진부옥지관眞符玉芝觀을 건립하였다.

九載十月, 先是, 御史大夫王鉷奏稱太白山人王玄翼見玄元皇帝於寶山洞中. 乃遣王鉷·張均·王倕·韋濟·王翼·王嶽靈於洞中得玉石函上淸護國經·寶券·紀籙等, 獻之.

9년 10월에 앞서 어사대부 왕홍王鉷이 태백산인 왕현익王玄翼이 보산동寶山洞에서 현원황제를 만났다고 상주하였다. 이에 왕홍, 장균, 왕수, 위제, 왕익, 왕악령을 동굴 중에 보내 옥석함을 얻고, 그 안에 있던 상청호국경上淸護國經·보권寶券·기록紀籙 등을 헌상했다.

十一月, 制:「承前宗廟, 皆稱告享. 自今已後, 每親告獻太淸·太微宮, 改爲朝獻, 有司行事爲薦獻. 親告享宗廟改爲朝享, 有司行事爲薦享. 親巡陵改爲朝陵, 有司行事爲拜陵. 應諸事告宗廟

者, 並改爲表. 其郊天‧后土及享祠祝文云『敢昭告』者, 並改爲『敢
昭薦』.」

11월에 제制를 내렸다.

이전에 종묘제사는 모두 고향告享이라고 칭했다. 지금 이후
로는 매번 황제가 친히 태청궁과 태미궁에서 제사를 지낼 때는
조헌朝獻이라고 개칭한다. 유사가 행사할 때는 천헌薦獻이라고
한다. 황제가 친히 종묘에 고향할 때는 조향朝享이라고 하고,
유사가 행사할 때는 천향薦享이라고 한다. 황제가 친히 능을
순수하는 것을 조릉朝陵이라고 하고, 유사가 행사를 할 때는
배릉拜陵이라고 한다. 무릇 종묘에 제사를 고하는 문건을 고쳐
서 표表라고 칭한다. 교천郊天, 후토 제사 및 향사享祠의 축문
에서 말하는 '감소고敢昭告'라는 것은 '감소천敢昭薦'이라고 바
꾼다.

十載正月, 有事于南郊, 於壇所大赦. 制 :「自今已後, 攝祭南郊,
薦獻太清宮, 薦享太廟, 其太尉行事前一日, 於致齋所具羽儀鹵
薄, 公服引入, 親授祝版, 乃赴清齋所.」

10년 정월에 남교에서 제사지낼 때 제단이 있는 곳에서 대사면을
선포하고 제를 내려 말했다.

지금 이후 남교에서 제사를 대행할 경우, 태청궁에서 천헌薦
獻하고, 태묘에서 천향薦享하며, 태위가 하루 전에 치재하는 곳
에 이르러 우의羽儀[140] 노부鹵薄 등 의장을 준비한다. 공복을

입고 진입을 인도하면, 축판祝板을 주고 청정재계처에 나아가
도록 하라.

汾陰后土之祀, 自漢武帝後廢而不行. 玄宗開元十年, 將自東都
北巡, 幸太原, 便還京, 乃下制曰:「王者承事天地以爲主, 郊享泰
尊以通神. 蓋燔柴泰壇, 定天位也; 瘞埋泰折, 就陰位也. 將以昭
報靈祇, 克崇嚴配. 爰逮秦·漢, 稽諸祀典, 立甘泉於雍時, 定后土
於汾陰, 遺廟巋然, 靈光可燭. 朕觀風唐·晉, 望秩山川, 肅恭明神,
因致禮敬, 將欲爲人求福, 以輔昇平. 今此神符, 應於嘉德. 行幸至
汾陰, 宜以來年二月十六日祠后土, 所司準式.」

분음후토의 제사는 한무제 이후에는 폐지되어 행해지지 않았다.
현종 개원 10년(722)에 동도로부터 북으로 순수하여 태원에 이른
후, 다시 경사로 돌아왔을 때 제를 내려 말했다.

　　왕이 된 자는 천지를 받들고 이어 인주人主가 된 것인바, 태
　존泰尊에 교향郊享함으로써 신명과 통하는 것이다. 대개 태단
　에 땔나무를 태워 천의 위치를 확정하는 것이며, 태절의 제단
　에서 매몰하는 것은 음의 위치에 나아가는 것이다. 이로써 신
　령에 명백히 보고하고 엄숙히 배사配祀하는 의례를 숭상하는
　것이다. 진한대에 이르기까지 여러 제사 문헌들을 살펴보아도
　옹치雍時에 감천궁을 세우고, 분음에 후토를 정한 것은 남아있

---

140) 우의羽儀 : 새의 깃털이나 짐승의 털로 만든 깃발종류로 신분이 높음을
　　표시하는 의례용품이다.

는 제단이 의연히 존재하고 신령의 광휘를 접할 수 있기 때문이다. 짐이 당唐과 진晉의 풍속을 관찰하고 순서에 의해 산천에 망제를 지내고 엄숙히 신령에 대해 공경을 표하여 제사에 경의를 보이는 것은 민을 위해 복을 구하고자 함이고 태평을 돕기 위함이다. 지금 이 신부神符는 아름다운 덕에 효험이 있는 것이다. 분음에 행차하여 마땅히 다음 해 2월 16일 후토에 제사할 것이니 유사들은 의례의 격식에 따르도록 하라.

先是, 脽上有后土祠, 嘗爲婦人塑像, 則天時移河西梁山神塑像, 就祠中配焉. 至是, 有司送梁山神像於祠外之別室, 內出錦繡衣服, 以上后土之神, 乃更加裝飾焉. 又於祠堂院外設壇, 如皇地祇之制. 及所司起作, 獲寶鼎三枚以獻. 十一年二月, 上親祠于壇上, 亦如方丘儀. 禮畢, 詔改汾陰爲寶鼎. 亞獻邠王守禮·終獻寧王憲已下, 頒賜各有差. 二十年, 車駕又從東都幸太原, 還京. 中書令蕭嵩上言:「去十一年親祠后土, 爲祈穀, 自是神明昭格, 累年豐登. 有祈必報, 禮之大者. 且漢武親祠脽上, 前後數四, 伏請準舊祀后土, 行賽之禮.」[二八]141) 上從之. 其年十一月至寶鼎, 又親祠以申賽謝. 禮畢, 大赦. 仍令所司刊石祠所, 上自爲其文.

앞서, 수상脽上에 후토사가 있었고 일찍이 부인의 초상이 있었으나, 측천무후 때에 하서 양산梁山에 신상을 옮기고 사묘 중에서 배사配祀하였다. 이에 유사가 양산 신상을 사외의 별실로 보내고, 궁내

---

141) [교감기 28] "行賽之禮"는 『通典』 권45에는 '賽' 위에 '報'字가 있다. 『新舊唐書合鈔』 권28 「禮志」에는 '行賽謝之禮'로 되어 있다.

에서 금수의복을 내어 후토의 신에게 진상함으로써 장식이 더욱 증가하였다. 또 사당의 원외에 제단을 설치한 것은 황지기皇地祇의 제도와 같은 것이다. 유사가 건조하기 시작할 때 보정 3매를 얻어 헌상하였다. 11년 2월에 황제는 친히 제단에 올라 제사하였으니 방구제사의 의례와 같은 것이다. 예가 끝나자, 분음을 보정寶鼎으로 바꾸는 조를 내렸다. 빈왕 이수례가 아헌을 하고, 영왕 이헌이 종헌을 하였기에, 이들 및 이하의 인원들에게 상사를 내렸는데 각기 차등있게 하였다. 20년 황제는 또 동도로부터 태원에 이르렀고, 다시 경사로 돌아왔다. 중서령 소숭蕭嵩(?~749)이 상주하였다. "과거 11년 후토에 황제께서 친히 제사한 것은 풍년을 기원하기 위함입니다. 이로써 신명이 신령스러워 연이어 풍년이 들어 구하는 것에 응답이 있었습니다. 이것이 예의의 큰 공입니다. 하물며 한 무제가 수상에서 친히 제사한 것이 전후 여러 차례 있었습니다. 엎드려 청컨대 후토에 제사한 옛 사례에 의해 신에게 감사하는 예를 거행하십시오". 황제가 동의하였다. 이해 11월에 보정이 도착하여 황제는 친제親祭로서 신명에 감사드렸다. 예를 행한 후 천하에 대사면을 하였다. 유사들이 명을 받들어 사묘가 있는 곳에 각석을 세우고 황제가 친히 찬문을 썼다.

開元二十四年七月乙巳, 初置壽星壇, 祭老人星及角·亢等七宿. 天寶三年, 有術士蘇嘉慶上言:「請於京東朝日壇東, 置九宮貴神壇, 其壇三成, 成三尺, 四階. 其上依位置九壇, 壇尺五寸. 東南曰招搖, 正東曰軒轅, 東北曰太陰, 正南曰天一, 中央曰天符, 正北曰太一, 西南曰攝提, 正西曰咸池, 西北曰青龍. 五爲中, 戴

九履一, 左三右七, 二四爲上, 六八爲下, 符於遁甲. 四孟月祭, 尊
爲九宮貴神, 禮次昊天上帝, 而在太清宮太廟上. 用牲牢·璧幣,
類于天地神祇.」玄宗親祀之. 如有司行事, 卽宰相爲之. 肅宗乾元
三年正月, 又親祀之. 初, 九宮神位, 四時改位, 呼爲飛位. 乾元之
後, 不易位.

개원 24년(736) 7월 을사일에 처음으로 수성단壽星壇을 설치하고
노인성老人星[142] 및 28수 중의 각角, 항亢 등 동방 7수에 제사하였
다. 천보 3년(744)에 방술사 소가경蘇嘉慶이 상언하였다.

경성 동쪽 조일단의 동쪽에 구궁귀신단을 설치하는데, 그 단
은 3층으로 하고 매 층은 3척으로 하며, 사면에 계단을 설치합
니다. 그 위에 위치에 따라 아홉 개의 단을 설치하고 매 단은
1척 5촌으로 합니다. 동남은 초요招搖라고 명명하고 정동은 헌
원軒轅, 동북은 태음太陰, 정남은 천일天一, 중앙은 천부天符,
정북은 태일太一, 서남은 섭제攝提, 정서는 함지咸池, 서북은
청룡靑龍이라고 명명합니다. 5를 중앙으로 하고 9는 머리에 이
고 1은 발로 밟으며, 왼쪽은 3 오른쪽은 7을, 2와 4는 위에 올
리고 6과 8은 아래로 내립니다.[143] 이는 기문둔갑奇門遁甲의

---

142) 노인성老人星 : 음력 2월 저녁때 남쪽 하늘 지평선 부근에서 볼 수 있는
吉星이다. 서방에서는 Canopus 별자리로 알려져 있다. 인간의 장수를
주관하는 것으로 인식하여 壽星이라고도 부른다.

143) 明堂九宮圖를 설명하는 표현이다. 1에서 9의 숫자를 9개의 정사각형 즉
3×3 마방진에 배치하는데, 가로나 세로, 혹은 대각선으로도 숫자의 합이
15가 되도록 배열한다. 여기서 15는 구궁의 수라고 부른다. 이 배치는

원리와 부합합니다. 4계절의 첫 달에 제사하는 것은 구궁귀신
九宮貴神144)을 받드는 것이며, 예의 순서는 호천상제의 다음으
로, (제단은) 태청궁의 태묘 위에 있습니다. 희생소와 벽폐를
쓰며 천지신령과 똑같이 합니다.

　현종이 친히 제사하였다. 만약 유사들이 행사를 한다면 재상이 제
사를 주관하였다. 숙종 건원 3년 정월에 또 황제가 친히 구궁신九宮
神에게 제사하였다. 당초 구궁신의 위치가 4계절에 따라 바뀌었는
데, 이를 비위飛位라고 불렀다. 숙종 건원乾元 연간 이후에는 다시
위치를 바꾸지 않았다.

　大和二年八月, 監察御史舒元輿奏:「七月十八日, 祀九宮貴神,
臣次合監祭, 職當檢察禮物. 伏見祝版九片, 臣伏讀旣竟, 竊見陛
下親署御名及稱臣於九宮之神. 臣伏以天子之尊, 除祭天地·宗
廟之外, 無合稱臣者. 王者父天母地, 兄日姊月, 此以九宮爲目〔二
九〕145), 是宜分方而守其位. 臣又觀其名號, 乃太一·天一·招搖·

　다음 그림과 같다.(방위는 아래가 북쪽)

4	9	2
3	5	7
8	1	6

144) 구궁귀신九宮貴神 : 당 현종시기 처음으로 국가제사에 편입된 9位의 正
　　神으로 비바람, 홍수와 가뭄, 각종 질병과 재해를 관장하는 신격으로 알
　　려져 있다. 제사의 위상은 昊天上帝 다음이지만, 太淸太廟보다는 높다.
145) [교감기 29] "此以九宮爲目"에서의 '此'자는 각 판본에서는 원래 '比'자

軒轅·咸池·青龍·太陰·天符·攝提也. 此九神, 於天地猶子男也, 於日月猶侯伯也. 陛下尊爲天子, 豈可反臣於天之子男耶? 臣竊以爲過. 縱陰陽者流言其合祀, 則陛下當合稱皇帝遣某官致祭于九宮之神, 不宜稱臣與名. 臣實愚瞽, 不知其可. 伏緣行事在明日雞初鳴時, 成命已行, 臣不敢滯. 伏乞聖慈異日降明詔禮官詳議, 冀明萬乘之尊, 無所虧降, 悠久誤典, 因此可正.」詔都省議, 皆如元輿之議. 乃降爲中祠, 祝版稱皇帝, 不署.

대화 2년(828) 8월에 감찰어사 서원여舒元興(791~835)가 상주하였다.

> 7월 18일에 구궁귀신에게 제사하고, 신이 위치에 합하게 제사에 대한 감독을 행하는데 직책이 예물을 감찰하는 것입니다. 엎드려 보건대 축판 9조각은 신이 읽기를 이미 완료하고 폐하의 친필서명과 구궁의 신에게 칭신하는 것을 보았습니다. 신이 엎드려 말하기에 천자의 존엄으로서 천지와 종묘의 제사를 제외하고 칭신을 하는 것은 없었습니다. 왕이 된 자는 하늘을 아버지로 땅을 어머니로 하는 것이고 해를 형으로 달을 누이로 하는 것이니, 이렇게 구궁을 눈으로 함으로써 각기 그 방위를 지키게 하는 것입니다. 신이 또한 그 호칭을 보니 태일, 천일, 초요, 헌원, 함지, 청룡, 태음, 천부, 섭제 등입니다. 이 아홉 신들은 천지에게는 (오등작에서의) 자남子男과 같은 것입니다. 일월에게 후백侯伯이 있는 것과 같습니다. 폐하의 존엄은 천자인데 어찌 천의 자남子男들에게 오히려 신하를 칭할 수 있겠습

로 되어 있다. 여기에서는 『冊府元龜』 권591에 의해 고쳤다.

니까? 신이 생각건대 이는 과실이라고 생각합니다. 음양가들이 멋대로 맞는 제사라고 유언비어를 내지만, 폐하께서는 황제의 칭호에 합당하게 마땅히 관료를 파견하여 구궁의 신에게 제사해야 합니다. 칭신稱臣하고 서명署名하는 것은 마땅하지 않습니다. 신이 확실히 우매몽매하여 그것이 옳은 지 (그른지를) 알지 못합니다. 제사가 다음 날 닭이 처음 우는 때에 시작하므로 명을 받아 이미 행해지고 있으니 신이 감히 정지시킬 수 없습니다. 청컨대 폐하께서는 날을 바꿔 조서를 내려 예관으로 하여금 상세히 토론하도록 하십시오. 황제의 존귀함을 천명하기 바랍니다. 신분을 낮추고 부족하다고 생각함 없이 오랫동안 잘못되어 온 예의는 이로부터 바로잡아야 합니다.

조를 내려 상서의 도성(상서성)에서 토론하게 하였고, 모두 서원여의 주장에 동의하였다. 이에 제사를 중사中祀로 내리고 축판에는 황제라 칭하며 서명도 하지 않았다.

會昌元年十二月, 中書門下奏:「準天寶三載十月六日敕, 『九宮貴神, 實司水旱, 功佐上帝, 德庇下人. 冀嘉穀歲登, 災害不作. 每至四時初節, 令中書門下往攝祭』者. 準禮, 九宮次昊天上帝, 壇在太清宮·太廟上, 用牲牢·璧幣, 類於天地. 天寶三載十二月, 玄宗親祠. 乾元二年正月, 肅宗親祀. 伏自累年已來, 水旱愆候, 恐是有司禱請, 誠敬稍虧. 今屬孟春, 合修祀典, 望至明年正月祭日, 差宰臣一人禱請. 向後四時祭, 並請差僕射·少師·少保·尚書·太常卿等官, 所冀稍重其事, 以申嚴敬. 臣等十一月二十五日已於延英面奏, 伏奉聖旨令檢儀注進來者. 今欲祭時, 伏望令有司崇飾舊壇, 務於嚴潔.」敕旨依奏.

회창 원년(841) 12월에 중서문하中書門下가 상주하였다.

　　천보 3년(744) 10월 6일의 조칙에 준거하면 "구궁귀신은 실은 홍수와 가뭄을 담당하는 신이고 공功은 상제를 보좌하고 덕德은 백성을 보우한다. 아름다운 곡식이 해마다 열리기를 바라고 재해가 일어나지 않기를 바란다. 매번 사계절의 첫 절기에 이르면 중서문하에 명하노니 가서 제사를 대행하도록 하라"고 하였으니 예에 준하여 구궁은 호천상제의 다음이고 제단은 태청궁太淸宮의 태묘 위에 설치하며 제물로 희생소와 벽폐를 사용하니 천지제사의 유형에 속합니다. 천보 3년 12월에 현종황제께서 친히 제사하였고, 건원 2년 정월에는 숙종황제께서 친히 제사하셨습니다. 여러 해가 누적된 이래로 홍수와 가뭄이 재해를 만들고 기후가 착란하니 아마도 유사가 기도하고 요청하나 정성과 공경이 충분하지 않은 듯합니다. 지금 맹춘孟春에 속하니 제사의 예전에도 합치하며 다음 해 정월 제사일에 재상한 사람을 파견하여 기도하고 요청하기를 바랍니다. 향후 4계절의 제사에는 아울러 복야僕射, 소사少師, 소보少保, 상서尙書, 태상경太常卿 등의 관을 파견하여 이 일이 중요하다는 것을 보이기 바라며 엄숙히 공경을 표하기 바랍니다. 신 등이 11월 25일 이미 연영전延英殿[146]에서 대면하여 상주하였는데, 의주儀

---

146) 연영전延英殿 : 大明宮을 말한다. 唐代宗때부터 재상과 대신들이 상주할 때 황제와 대면했던 장소이다. 侍衛도 없고 의례도 간략하여 상주자

注를 검토하여 올리라는 성지를 받들었습니다. 지금 제사의 시기에 맞추려 한다면 유사에게 명하여 옛 제단을 수리하고 장식하여 엄숙과 청결함에 힘쓰십시오.

이 상주문에 따라서 조를 내렸다.

二年正月四日, 太常禮院奏:「準監察御史關牒:『今月十三日, 祀九宮貴神, 已敕宰相崔珙攝太尉行事, 合受誓誡, 及有司徒·司空否?』伏以前件祭本稱大祠, 準大和三年七月二十四日敕, 降爲中祠. 昨據敕文, 祇稱崇飾舊壇, 務於嚴潔, 不令別進儀注, 更有改移. 伏恐不合卻用大祠禮料, 伏候裁旨.」中書門下奏曰:

2년 정월 4일에 태상예원太常禮院[147])에서 상주하였다.

감찰어사 문서에서 말한 바에 의하면 "금월 13일에 구궁귀신에게 제사하는데 이미 재상 최공崔珙[148])이 섭태위로 행사를 진행하며 재계 사항을 지키며 행사하도록 조칙을 내렸습니다. 행사에 사도와 사공은 어디에 있습니까?"라고 물었습니다. 제가 사사로이 생각하건대 이전의 제사는 본래 대사로 칭하지만, 대화 3년(829) 7월 24일 조칙에 준하여 중사로 내린 것입니다.

가 진지하게 말할 수 있었던 것으로 알려진다. 후에는 정기적으로 황제를 접견하고 정치를 논하는 장소가 되었다.

147) 태상예원太常禮院 : 唐初 처음 설치된 太常寺에 속한 관청이다. 예의 교화나 禮儀故事 검토 등 예의 관련 일들을 담당한다.

148) 최공崔珙 : 생졸연대 미상이며 博陵崔氏로 알려져 있다. 唐武宗때 재상을 역임하였다.

어제 조칙에 의거하여 다만 옛 제단의 장식만 증가시키고 엄숙
함과 청결함 등에 힘쓰는 것 외에는 별도로 의주를 진상하라는
명령이 없습니다. 어떤 것을 바꾸어야 합니까? 제가 생각건대
대사에 사용하는 예물을 물리는 것이 합리적일 듯합니다. 엎드
려 황상의 조치를 기다립니다.

중서문하가 상주하여 말했다.

臣準天寶三載十月六日敕,「九宮貴神, 實司水旱」. 臣等
伏睹, 旣經兩朝親祠, 必是祈請有徵. 況自大和已來, 水旱
愆候, 陛下常憂稼穡, 每念烝黎. 臣等合副聖心, 以修墜典.
伏見大和三年禮官狀云:「縱司水旱兵荒, 品秩不過列宿. 今
者五星悉是從祀, 日月猶在中祀.」竊詳其意, 以星辰不合比
於天官. 曾不知統而言之, 則爲天地, 在於辰象, 自有尊卑.
謹按後魏王鈞志:「北辰等二星, 盛而常明者, 乃爲元星露
寢, 天帝常居, 始由道奧而爲變通之跡. 又天皇大帝, 其精
曜魄寶, 蓋萬神之秘圖, 河海之命紀皆稟焉.」據茲說卽昊天
上帝也.[三0]149) 天一掌八氣·九精之政令, 以佐天極. 徵
明而有常, 則陰陽序, 大運興. 太一掌十有六神之法度, 以
輔人極. 徵明而得中, 則神人和而王道昇平. 又北斗有權·
衡二星, 天一·太一參居其間, 所以財成天地, 輔相神道也.
若一概以列宿論之, 實爲淺近. 按漢書曰:「天神貴者太一,

---

149) [교감기 30] "據茲說卽昊天上帝也"에서 '茲'자는 각 판본에서는 원래
'玄'자로 되어 있다. 『冊府元龜』 권592에 의해 고쳤다.

佐曰五帝.」古者天子以春秋祭太一, 列於祀典, 其來久矣.
今五帝猶爲大祀, 則太一無宜降祀, 稍重其祀, 固爲得所.
劉向有言曰:「祖宗所立神祇舊典, 誠未易動.」又曰:「古今
異制, 經無明文, 至尊至重, 難以疑說正也.」其意不欲非祖
宗舊典. 以劉向之博通, 尙難於改作, 況臣等學不究於天人,
識尤懵於祀典, 欲爲參酌, 恐未得中. 伏望更令太常卿與學
官同詳定, 庶獲明據.」從之.

신이 천보 3년(744) 10월 6일의 조칙에 의거해 보니 "구궁귀
신은 실제로 홍수와 가뭄을 담당한다"라고 하였습니다. 신 등
이 생각하기에 이미 양대의 황제 친사[150]를 거쳤는데, 기도하
고 청하는 바에 반드시 효험이 있었습니다. 하물며 대화 연간
이래로 홍수와 가뭄이 재해를 이루고 기후는 착란되어 폐하께
서 항상 곡식이 익을까 걱정하고 백성을 생각하는데 신 등이
폐하의 성심에 부합하고자 궐실된 예전禮典을 수정하였습니다.
엎드려 보건대 대화 3년(829) 예관의 상주문에는 "홍수와 가
뭄, 병란의 황폐함을 담당한다고 하더라도 (그 신의) 관품 등급
은 28수의 뭇 별을 넘지 않습니다. 이제 오성이 모두 종사從祀
되고 일월도 중사中祀입니다."라고 하였습니다. 이 뜻을 자세
히 살펴보면, 성신은 천관에 비교할 바가 못 됩니다. 명백하지
않지만 통괄적으로 말한다면 모두 천지이기는 하지만, 성신의
상에 있어서는 그 안에 이미 존비의 차이가 있습니다. 삼가 후
위後魏[151]의 왕균王鈞의 「지」를 살펴보면, "북두 등 2성은 크

150) 양대의 황제 친사 : 玄宗과 肅宗을 말한다.
151) 후위後魏 : 北魏를 말한다. 때로 拓拔魏, 元魏, 胡魏라고도 부른다. 후위

고 항상 밝게 빛나는 것은 원성元星[제 1성]의 궁전으로152) 천
제가 항상 거주하는 곳입니다. 은미하고 심오한 운행의 도로부터
시작하지만, 변통을 이루는 종적이 있습니다. 또 천황대제天皇
大帝는 그 정령은 요백보曜魄寶153)이고, 만신의 비도와 하천의
명기가 이로부터 품어집니다."라고 하였습니다. 이 설에 의하
면 바로 호천상제인 것입니다. 천일天一이 8기氣와 9정精154)의
정령을 장악하고 북극성을 보좌합니다. 징험이 명백한 것은 항
상적인 법칙으로 음양에 차례가 있기 때문이며, 천운도 흥왕하
게 됩니다. 태일太一은 16신의 법칙과 표준을 장악함으로써 인
극[人極, 인군]을 보좌합니다. 징험이 분명하고 적중하는 것은
신과 인간이 조화하여 왕도가 태평에 이른 것입니다. 또한 북
두에 권權과 형衡155)의 두 별이 있어 천일과 태일이 그 가운데

라는 호칭은 삼국시기의 魏보다 늦게 등장했다는 점을 강조한 것이다.
152) 원성元星의 궁전에 : 원문은 '元星露寢'이다. 여기에서 元星은 현대 천
   문학에서는 작은 곰자리의 알파별을 말하지만, 중국에서는 樞星으로 불
   린다. 露寢은 路寢과 같은 뜻으로, 천자가 거주하는 궁전을 말한다.
153) 요백보曜魄寶 : 북극 5성 중 가장 존귀하다고 인식되는 별로 일반적으로
   天帝星을 말한다. 曜魄으로 줄여 부르기도 한다. 『구당서』「예의지」1에
   서는 원구단에서 제사 지내는 호천상제가 北辰星曜魄寶가 된다고 말하
   고 있다. 『제왕세기』에서는 '天皇大帝가 요백보가 되고, 地皇은 天一,
   人皇은 太一이 된다'라는 기록이 있다.
154) 8기氣와 9정精 : 이에 대해 구체적으로 명시는 없지만, 일반적으로는 元
   氣, 精氣의 의미로 이해된다.
155) 권형權衡: 북두칠성의 7개 별 중 네 번째 별인 국자 부분의 天權과 5번째
   별 자루 부분의 玉衡을 말한다. 고래로부터 북두성으로 방위와 계절, 시
   간, 寒暑 등을 알 수 있다고 인식했다.

뒤섞여 거주하니 이로써 천지를 만들고 신도를 보좌합니다.[156] 만약 일률적으로 별자리에 대해 논한다면 실제는 아주 얕은 소견입니다. 『한서』에 의하면, "천신 중 존귀한 자는 태일이고 오제가 보좌합니다."[157]라고 하였습니다. 옛날에 천자가 봄과 가을에 태일太一에 제사지내는 일이 제사의 예전에 들어있어 그 유래가 오래 되었습니다. 지금 오제는 오히려 대사大祀에 속하므로 태일을 등급을 내려 제사하는 일은 마땅하지 않습니다. 그 제사를 중시하는 것이 이치에 맞는 일입니다. 유향이 일찍이 다음과 같이 말하였습니다. "조종祖宗이 확립해 놓은 신들의 전장제도는 실로 쉽게 개변시키면 안된다", 또 말하기를 "고금의 제도가 다르고 경전에 명문 규정이 없어도 가장 존귀하고 가장 중요한 것을 의심스런 논설을 가지고 정설로 하기는 어렵다"[158]라고 하였습니다. 그 뜻은 조종의 옛 전장典章을 비평하려는 것이 아닙니다. 유향劉向[159]의 박통함으로도 오히려

---

156) 천지를 … 합니다 : 원문 "財成天地, 輔相神道"는 『周易』 泰卦의 象傳에 나오는 말이다. 태괘는 下乾上坤의 형상으로 곧 아래에 하늘이 위에 땅이 있는 모습인데, 천지가 서로 소통하여 조화됨을 의미하는 것으로 해석한다. 財成은 '裁成'으로 해석하여 천지를 마름질하여 만든다는 의미이다.

157) 이 구절은 『사기』 「봉선서」에 처음 출현하는 말이며, 『한서』에서는 당연히 「교사지」에 출현한다.

158) 『한서』 「교사지」에 출현하는 구절이다.

159) 유향劉向(기원전 77~기원전 6) : 漢代의 대신으로 아들 劉歆과 함께 도서를 처음으로 분류한 『別錄』을 편찬했으며, 『新序』, 『說苑』, 『列女傳』, 『戰國策』 등이 저술로 남아있다. 『한서』 「오행지」에 남아있는 『洪範五行傳論』 등이 천체의 운행과 군주의 명운, 국가의 흥망 등과의 상관관계

고치는 것이 어려웠는데, 하물며 신들의 학문이 천인天人 사이의 원리를 완전히 탐구하지 못했으니 제사 대상에 대한 지식으로는 더욱 모호하여 만약 참작하려고 해도 받아들여지기 어려울 것입니다. 엎드려 바라노니 다시 명령하여 태상경太常卿이 학관과 공동으로 토론하고 정하여 확실한 의거를 만들기를 희망합니다.

황제가 이 상주에 따랐다.

檢校左僕射太常卿王起·廣文博士盧就等獻議曰:

검교좌복야 태상경 왕기王起160), 광문박사 노취盧就 등이 의견을 올려 말했다.

伏以九宮貴神, 位列星座, 往因致福, 詔立祠壇. 降至尊以稱臣, 就東郊以親拜. 在祀典雖云過禮, 庇群生豈患無文, 思福黔黎, 特申嚴奉, 誠聖人屈己以安天下之心也. 厥後祝史不明, 精誠亦怠, 禮官建議, 降處中祠. 今聖德憂勤, 期臻壽域, 兵荒水旱, 寤寐軫懷, 爰命台臣, 緝興墜典.

삼가 아뢰니 구궁귀신九宮貴神은 위상이 성좌星座의 (등급에) 위치하고 지난 번 복이 이른 것으로 인해 조서를 내려 제단을 건립하라 하셨습니다. 황제의 지존을 내려 칭신을 하고 동교에서 친히 제사하셨습니다. 제사의 예전에서 비록 과례過禮라고 말해도 군생을 보호한다는 것인데 어찌 경전에 근거가 없음을 걱정하겠습니까? 백성들의 복을 생각하여 특별히 엄숙히 받드는 뜻을 표명하시옵소서. (이것은) 진실로 성인이 자신의 몸을 낮춰 천하의 인심을 안정시키는 일입니다. 이후 축사祝史가 잘 모르고 정성 역시 나태하여 예관이 중사中祠로 격을 낮추도록 건의하는 것이었습니다. 지금 성덕이 우려 근심하는 것은 태평성대의 도래를 희망하는데, 병란의 황폐함과 홍수와 가뭄으로 오매불망 근심하게 되니 중신들에게 명령하여 결실된 예전을 수집 찬정하게 하시옵소서.

伏惟九宮所稱之神, 卽太一·攝提·軒轅·招搖·天符·青龍·咸池·太陰·天一者也. 謹按黃帝九宮經及蕭吉五行大義:「一宮, 其神太一, 其星天蓬, 其卦坎, 其行水, 其方白. 二宮, 其神攝提, 其星天芮, 其卦坤, 其行土, 其方黑. 三宮, 其神軒轅, 其星天衝, 其卦震, 其行木, 其方碧. 四宮, 其神招搖, 其星天輔, 其卦巽, 其行木, 其方綠. 五宮, 其神天符, 其星天禽, 其卦離, 其行土, 其方黃. 六宮, 其神青龍, 其星天心, 其卦乾, 其行金, 其方白. 七宮, 其神咸池, 其星天柱, 其卦兌, 其行金, 其方赤. 八宮, 其神太陰, 其星天任, 其卦艮, 其行土, 其方白. 九宮, 其神天一, 其星天英, 其卦離, 其行火, 其方紫.」觀其統八卦, 運五行, 土飛於中, 數轉於極, 雖敬事迎釐, 不聞經見, 而範圍亭育, 有助昌時, 以此兩

朝親祀而臻百祥也. 然以萬物之精, 上爲列星, 星之運行,
必繫於物. 貴而居者, 則必統八氣, 總萬神, 幹權化於混茫,
賦品彙於陰騭, 與天地日月, 誠相參也. 豈得繫賴於敷祐,
而屈降於等夷?

　삼가 생각하건대 구궁에서 칭하는 신들은 즉 태일, 섭제, 헌
원, 초요, 천부, 청룡, 함지, 태음, 천일 등입니다. 삼가 『황제구
궁경黃帝九宮經』[161] 및 소길蕭吉의 『오행대의五行大義』[162]를
살펴보면 "1궁은 그 신이 태일太一이고, 그 별은 천봉天蓬이며,
그 괘는 감坎, 그 오행은 수水, 그 방위는 흰색[서방]입니다. 2
궁은 그 신은 섭제攝提이고, 그 별은 천예天芮이며, 그 괘는 곤
坤, 그 오행은 토, 그 방위는 흑색[북방]입니다. 3궁은 그 신은
헌원軒轅이고, 그 별은 천형天衝이며, 그 괘는 진震, 그 오행은
목, 그 방위는 푸른색[동방]입니다. 4궁은 그 신은 초요招搖이
고, 그 별은 천보天輔이며, 그 괘는 손巽, 그 오행은 목, 그 방위
는 녹색[동방]입니다. 5궁은 그 신은 천부天符이고, 그 별은 천
금天禽이며 그 괘는 리離,[163] 그 오행은 토, 그 방위는 황색[중

---

161) 황제구궁경黃帝九宮經 : 『隋書』「經籍志」에는 『황제구궁경』 1권으로 기
　　록되어 있다. 또한 『九宮經』은 후한 鄭玄이 주석하여 3권으로 되어 있다
　　고 소개한다. 오행과 점복에 관한 내용으로 추정된다.

162) 오행대의五行大義 : 隋代 소길이 지은 隋이전 五行理論에 관해 집대성
　　한 5권으로 된 책이다.

163) 그 괘는 리離 : 구궁팔괘도에 의하면 구궁과 팔괘는 수리적으로 정합되지
　　않으므로 구궁의 중앙에는 괘를 배당할 수 없게 된다. 여기에서 중앙에
　　리괘를 배당한 것은 남방의 離卦를 중복한 것이다. 팔괘와 방위의 결합
　　방식은 여러 가지 있지만, 남쪽에 건괘 북쪽에 곤괘를 배당하는 先天八

앙]입니다. 6궁은 그 신은 청룡이고, 그 별은 천심天心이며, 그 괘는 건乾, 그 오행은 금, 그 방위는 흰색[서방]입니다. 7궁은 그 신이 함지咸池이고, 그 별은 천주天柱이며, 그 괘는 태兌, 그 오행은 금, 그 방위는 붉은색[남방]입니다. 8궁은 그 신이 태음太陰이고, 그 별은 천임天任이며, 그 괘는 간艮, 그 오행은 토, 그 방위는 흰색[서방]입니다. 9궁은 그 신은 천일天一이고, 그 별은 천영天英이며, 그 괘는 리離, 그 오행은 화, 그 방위는 자색[남방]입니다."[164]라고 하였습니다. 그 구궁의 신들이 팔괘를 통어하고 오행을 운행하는 것을 보면 토는 중앙에서 날며 숫자는 극에서 전환되니 비록 공경스런 일로[165] 복을 맞이한다고 해도 (이러한 것들을) 경전에서 보았다는 말은 들어본 적이 없습니다. 다만 규범이 만들어지고 창성 시대의 도움이 있어 이 두 황제[현종과 숙종] 때의 친제親祭로 각종 상서로움이

卦圖와 중국의 현실적 지형을 고려하여 서북쪽에 건괘를 배당하는 後天八卦圖가 주로 많이 활용된다. 본문에서 설명하고 있는 것은 선천팔괘이다.

164) 삼가 『황제구궁경』 … 자색입니다. : 여기에 서술된 내용을 도표로 표시하면 다음과 같다. (방위는 아래가 북쪽)

4궁, 招搖, 천보성, 巽卦, 木, 綠色	9궁, 天一, 천영성, 離卦, 火, 紫色	2궁, 攝提, 천예성, 坤卦, 土, 黑色
3궁, 軒轅, 천형성, 震卦, 木, 碧色	5궁, 天符, 천금성, 離卦, 土, 黃色	7궁, 咸池, 천주성, 兌卦, 金, 赤色
8궁, 太陰, 천임성, 艮卦, 土, 白色	1궁, 太一, 천봉성, 坎卦, 水, 白色	6궁, 靑龍, 천심성, 乾卦, 金, 白色

165) 공경스런 일 : 원문은 '敬事'인데, 『당회요』에는 '數事'로 되어 있다. 여기에서는 원문 그대로 번역했지만, 문맥이 매끄럽지는 않다. '數事'로 고쳐 '여러 가지 일' 정도로 번역할 수도 있겠다.

도래했습니다. 그러나 (구궁의 신은) 만물의 정기로서 천상에서는 뭇별이 되고, 별의 운행은 반드시 사물과 연계됩니다. 귀한 지위에 있는 자는 반드시 8기를 통어하고, 만신들을 총괄하여 천지 중에 권변權變 화육化育하고, 음덕을 만물에 부여하여 천지 일월과 더불어 진실로 상호작용을 일으키게 됩니다. 어찌 복을 내리는데 있어서 (그들에게) 의지하며, 동등한 지위에 있는 저들에게 몸을 낮추겠습니까?

又據太尉攝祀九宮貴神舊儀：前七日，受誓誡於尙書省，散齋四日，致齋三日. 牲用犢. 祝版御署，稱嗣天子臣. 主幣樂成. 比類中祠，則無等級. 今據江都集禮及開元禮［三一］[166]：蜡祭之日，大明·夜明二座及朝日·夕月，皇帝致祝，皆率稱臣. 若以爲非泰壇配祀之時，得主日報天之義. 卑緣厭屈，尊用德伸，不以著在中祠，取類常祀. 此則中祠用大祠之義也. 又據太社·太稷，開元之制，列在中祠. 天寶三載二月十四日敕，改爲大祠，自後因循，復用前禮. 長慶三年正月，禮官獻議，始準前敕，稱爲大祠. 唯御署祝文，稱天子謹遣某官某昭告. 文義以爲殖物粒人，則宜增秩，致祝稱禱，有異方丘，不以伸爲大祠，遂屈尊稱. 此又大祠用中祠之禮也. 參之日月旣如彼，考之社稷又如此，所謂功鉅者因之以殊禮，位稱者不敢易其文，是前聖後儒陟降之明徵也.

또 태위가 구궁귀신에 대한 제사를 대행하는 옛 의례에 의거

---

166) [교감기 31] "今據江都集禮及開元禮"에서 '及'자는 각 판본에는 원래 '又'자로 되어 있다. 『冊府元龜』 권592에 의해 고쳤다.

하면 다음과 같습니다. "7일 전에 상서성에서 서계誓誡를 받고 산재散齋167) 4일, 치재致齋168) 3일을 한다. 희생소로 어린 송아지를 쓴다. 축판에 황제가 서명을 하고 '사천자신嗣天子臣'169)을 칭한다. 제물로 규폐圭幣를 쓰며, 궁현의 음악을 연주한다. 중사와 유사하지만 (제사의) 등급은 없다". 지금 『강도집례江都集禮』170) 및 『개원례開元禮』에 의거하면 다음과 같습니다. "납제일에 대명大明, 야명夜明171) 두 신의 신좌 및 조일 석월제사를 할 때에는 황제가 축문을 바치고 모두 칭신을 한다". (이는) 태단泰壇에서 배사할 때 해를 주신삼아 하늘에 보답하여 제사하는(교사하는) 의미가 아니라고 생각합니다.172) 낮은 (지위는)

---

167) 산재散齋 : 제사 전에 齋戒하는 것을 말하는데, 鄭玄이 『예기』 「祭義」에 대해 주석하면서 7일간 不御, 不樂, 不弔하지 않는 것이라고 설명했다. 周制에는 제사 전 7일이었는데, 시대와 제사의 종류에 따라 다소 달라진다. 당대 산재는 大祀의 경우 4일, 中祀는 3일, 小祀는 2일이었다.

168) 치재致齋 : 일반적으로 산재 다음에 행하는 재계로 제사 전 하루부터 제사 후 하루까지 3일간이지만, 이것 역시 제사의 종류에 따라 다소 달라진다. 당대 치재는 대사는 3일, 중사는 2일, 소사는 1일이었다.

169) 사천자신嗣天子臣 : 황제가 친히 천에 제사지낼 때 자신 스스로의 호칭으로 사용한다. 당대의 경우 '有唐嗣天子臣'이라 하고 그 뒤에 황제의 이름을 넣는다. 당 현종이나 송 진종의 玉牒文에 이러한 표현이 남아있고, 이 관행은 청대까지 지속되었다.

170) 강도집례江都集禮 : 수 양제의 명에 의해 潘徽 등이 찬수한 禮書이다. 주로 남조의 예학 논의를 수록했으며, 수 양제의 大業년간 制禮에 기초를 제공하였다. 唐의 貞觀禮制가 대업의 제도를 모방했기 때문에 『강도집례』는 남북조와 당의 예제를 잇는 역사적 의미가 있다.

171) 대명大明, 야명夜明 : 대명은 해, 야명은 달을 말한다.

복종함으로 굽어지게 되고, 높은 (지위는) 덕으로 인해 펼쳐지게 되니, 중사로 넣어 늘상적인[정식] 제사로 분류하여 취급해서는 안 된다고 봅니다. 이것이 곧 중사가 대사의 의미를 사용하는 것이 됩니다. 또 태사太社 태직太稷에 의거하여 개원開元의 제도에서는 중사로 열거하였습니다. 천보 3년(744) 2월 14일 조칙에서는 대사로 고쳤는데, 이후 구습을 버리지 못해 다시 이전의 예를 사용했습니다. 장경 3년(823) 정월에 예관의 논의를 올렸는데, 비로소 이전의 조칙을 기준으로 대사로 칭하게 되었습니다. 다만 황제가 서명한 축문에는 '천자가 삼가 모관 모를 보내 어떤 명백함을 고한다'고 하였습니다. (축문) 문장의 뜻은 (토지와 곡식의 신이) 만물을 번성케 하여 사람을 먹인다는 것이므로 제사 등급을 올리는 것이 마땅하지만, 축문을 바치면서 기원을 드리는 것은 방구方丘 제사와는 다르므로 대사로 삼아 올릴 것은 아니라고 여겨 결국은 (황제의) 존칭을 굽힌 것입니다. 이는 또한 대사가 중사의 의례로 사용된 것입니다. 일월에 대한 제사도 이미 이와 같이 되었다는 것을 참고하고, 사직제 역시 이와 같다는 점을 고려하면, 이른바 공이 거대한 자는 그로 인해 예를 달리하지만, 그 지위에 걸맞는 자[천자]는 감히 그 예의 조문을 바꾸지 않는 것이니, 이는 전대의 성인들과 후대의 유학자들이 밀고 당긴 명확한 증거인 것입니다.

---

172) 태단에서 … 생각합니다 : 『예기』 「교특생」에 교제를 설명하는 '郊之祭也, 迎長日之至也. 大報天而主日也'라는 구절에 대해 孔穎達의 疏는 '天의 여러 신 중에서 日이 가장 존귀하고, 郊祭는 日을 여러 신들의 主로 삼기 때문에 主日이라고 말한다'라고 주석하였다.

今九宮貴神, 旣司水旱, 陞福禳災, 人將賴之, 追擧舊章,
誠爲得禮. 然以立祠非古, 宅位有方, 分職旣異其司存, 致
祝必參乎等列. 求之折中, 宜有變通, 稍重之儀, 有以爲比.
伏請自今已後, 卻用大祠之禮, 誓官備物, 無有降差. 唯御
署祝文, 以社稷爲本[三二][173], 伏緣已稱臣於天帝, 無二尊
故也.

지금 구궁귀신이 이미 홍수와 가뭄을 맡아 복을 내리고 재
화를 피하게 할 수 있다고 하여 사람들이 장차 이에 의존하면
서 거듭 옛 전장을 사용하였기에 확실히 예의로 정해지게 되었
습니다. 그러나 사당을 세우는 것은 옛 제도가 아니며, 저택의
위치에도 방위가 있는 법이니, 분담하는 직책이 이미 관장하는
일과 달라진 현실에서 그 축사를 바치는 것은 반드시 등급이
같은 신들을 참고해야 할 것입니다. 중간을 찾아서 마땅히 변
통이 있어야 하고, 의례의 중요도를 비교하여야 합니다. 삼가
청하노니 지금 이후부터는 오히려 대사의 예를 사용하고 서계
를 받는 관리나 준비하는 제물 등에서 격을 내려 차등할 필요
는 없습니다. 오직 황제가 서명하는 축문은 사직을 기준으로
하십시오. 삼가 이미 천제에게 칭신하고 있으니, 지존이 둘일
수 없기 때문입니다.

敕旨依之, 付所司.

---

173) [교감기 32] "以社稷爲本"에서 '本'자는 『冊府元龜』 권592에는 '準'자
로 되어 있다. 아마 '準'자가 타당한 것 같다.

이에 따르도록 조칙을 내리고 유사에게 부쳤다.

天寶十載四月二十九日, 移黃帝壇於子城內坤地, 將親祠祭, 壇成而止.

천보 10년(751) 4월 29일에 황제단黃帝壇을 자성子城 내 곤지坤地[174]로 옮겨, 장차 친히 제사하려 했으나, 단이 완성되자 그만두었다.

玄宗先天二年, 封華嶽神爲金天王. 開元十三年, 封泰山神爲天齊王. 天寶五載, 封中嶽神爲中天王, 南嶽神爲司天王, 北嶽神爲安天王. 六載, 河瀆封靈源公, 濟瀆封淸源公, 江瀆封廣源公, 淮瀆封長源公. 十載正月, 四海並封爲王. 遣國子祭酒嗣吳王祗祭東嶽天齊王, 太子家令嗣魯王宇祭南嶽司天王, 秘書監崔秀祭中嶽中天王, 國子祭酒班景倩祭西嶽金天王, 宗正少卿李成裕祭北嶽安天王; 衛尉少卿李澣祭江瀆廣源公, 京兆少尹章恆祭河瀆靈源公, 太子左諭德柳侹祭淮瀆長源公[三三][175], 河南少尹豆盧回祭濟瀆淸源公; 太子率更令嗣道王鍊祭沂山東安公, 吳郡太守趙居貞祭會稽山永興公, 大理少卿李積祭吳嶽山成德公, 潁王府長史甘守默祭霍山應聖公, 范陽司馬畢炕祭醫無閭山廣寧公; 太子中允李隨祭東海廣德王, 義王府長史張九章祭南海廣利王, 太子中允柳

---

174) 자성子城 내 곤지坤地 : 子城은 大城에 부속된 작은 성이라는 의미이며, 坤地는 팔괘의 방위배당에 의해 坤卦가 배당된 서남쪽 지역을 의미한다.
175) [교감기 33] "太子左諭德柳侹"에서 '左'자는 각 판본에는 원래 없었다. 『冊府元龜』 권33에 의해 보충했다.

奕祭西海廣潤王, 太子洗馬李齊榮祭北海廣澤王. 取三月十七日一
時禮冊.

　현종 선천 2년(713)에 화악신華嶽神을 봉하여 금천왕金天王으로
하였다. 개원 13년(725)에 태산신을 봉하여 천제왕天齊王으로 하였
다. 천보 5년(747)에 중악신을 봉하여 중천왕中天王으로 하였다. 남
악신을 봉하여 사천왕司天王으로 하였다. 북악신을 봉하여 안천왕安
天王으로 하였다. 6년에 하독河瀆을 봉하여 영원공靈源公으로 하고
제독濟瀆을 봉하여 청원공淸源公으로 하며, 강독江瀆을 봉하여 광원
공廣源公으로 하고, 회독淮瀆을 봉하여 장원공長源公으로 하였다. 10
년 정월에 사해를 모두 봉하여 왕으로 하였다. 국자좨주 사오왕嗣吳
王 이지李祗를 파견하여 동악 천제왕에게 제사하도록 하고, 태자가
령 사노왕嗣魯王 이우李宇는 남악 사천왕에게 제사하도록 하고, 비
서감 최수崔秀는 중악 중천왕에게 제사하도록 하며, 국자좨주 반경
천班景倩은 서악 금천왕에게 제사하도록 하며, 종정소경 이성유李成
裕는 북악 안천왕에게 제사하도록 하였다. 위위소경 이한李澣을 파
견하여 강독 광원공에게 제사하도록 하고 경조소윤 장항章恆은 하
독 영원공에게 제사하도록 하며, 태자좌유덕 유담柳儋은 회독 장원
공에게 제사하도록 하고, 하남소윤 두노회豆盧回는 제독 청원공에게
제사하도록 하였다. 태자솔갱령 사도왕嗣道王 이련李鍊을 기산沂山
동안공에 제사하도록 하고, 오군태수 조거정趙居貞을 회계산 영흥공
에게 제사하도록 하며, 태리소경 이진李稹은 오악산 성덕공에게 제
사하도록 하였으며, 영왕부 장사 감수묵甘守黙은 곽산霍山 응성공에
게 제사하도록 하였고, 범양 사마 필항畢炕은 의무려산醫無閭山 광
령공에게 제사하도록 하였다. 태자중윤 이수李隨를 보내 동해 광덕

왕에게 제사하도록 하고, 의왕부 장사 장구장張九章에게 남해 광이왕에게 제사하도록 하였다. 태자중윤 유혁柳奕에게 서해 광윤왕에게 제사하도록 하였고, 태자세마 이제영李齊榮에게 북해 광택왕에게 제사하도록 하였다. 선정된 3월 17일 일시에 책봉례를 거행했다.

玄宗御極多年, 尚長生輕擧之術. 於大同殿立眞仙之象, 每中夜夙興, 焚香頂禮. 天下名山, 令道士·中官合鍊醮祭, 相繼於路. 投龍奠玉, 造精舍, 採藥餌, 眞訣仙蹤, 滋於歲月.

현종이 황제가 된 지 여러 해에 장생신선長生神仙의 술을 숭상했다. 이에 대동전大同殿에서 진선眞仙의 상을 세우고 매일 한밤중에 일찍 일어나 분향하며 예를 올렸다. 천하의 명산에 도사와 환관에 명하여 공동으로 제단을 만들고 기도를 올리게 했는데 도로에 서로 이어졌다. 용과 옥을 제사용으로 사용하고 수련의 정사精舍를 만들고 약물을 채집하며 신선의 종적을 좇아 비결을 찾아다니는 데 세월을 보냈다.

肅宗至德二載春, 在鳳翔, 改汧陽郡吳山爲西嶽,[三四]176) 增秩以祈靈助. 及上元二年,[三五]177) 聖躬不康, 術士請改吳山爲華

---

176) [교감기 34] "改汧陽郡吳山爲西嶽"은 『唐會要』 卷47에는 다음과 같이 서술하고 있다. "至德二年十二月十五日敕 : 吳山宜改爲吳嶽, 祠亨官屬, 幷準五嶽故事." 이곳의 '西嶽'은 당연히 『唐會要』를 따라서 '吳嶽'으로 고쳐야 하는 것 같다.

177) [교감기 35] "上元二年"은 聞本·殿本·懼盈齋本·廣本에서는 '上元年'

山, 華山爲泰山, 華州爲泰州, 華陽縣爲太陰縣. 寶應元年, 復舊.

숙종 지덕 2년(757) 봄에 봉상에서 견양군汧陽郡 오산吳山을 고쳐 서악[오악, 吳嶽]으로 하고 등급을 올려서 기도하여 신령의 도움을 받도록 했다. 상원 2년(761)에 이르러 황제의 몸이 건강하지 못해 방술지사가 오산吳山을 고쳐 화산華山으로 하고 화산을 태산으로 하며, 화주華州를 태주로 하고, 화양현華陽縣은 태음현으로 할 것을 청하였다. 보응 원년(762)에 다시 예전대로 복구했다.

則天長安三年, 令天下諸州宜敎人武藝, 每年準明經進士例申奏. 開元十九年, 於兩京置太公尚父廟一所, 以漢留侯張良配饗. 天寶六載, 詔諸州武擧人上省, 先謁太公廟, 拜將帥亦告太公廟. 至肅宗上元元年閏四月, 又尊爲武成王, 選歷代良將爲十哲.

측천무후 장안 3년(703)에 천하 모든 주에 영을 내려 사람들에게 무예를 가르치고 매년 명경과 및 진사과의 사례에 준하여 보고하게 하였다. 개원 19년(731)에 양경에 태공상보묘太公尚父廟 한 곳을 설치하고, 한유후漢留侯 장량張良을 배향하였다. 천보 6년(747)에 조를 내려 모든 주의 무예로 공거된 사람들이 도성에 올라오게 되면, 먼저 태공묘에 배알하고 장수에 임명된 자 역시 태공묘에 고하고 제사하도록 하였다. 숙종 상원 원년(760) 윤4월에 또 무성왕武成王이란 존호를 붙이고 역대의 훌륭한 장군을 뽑아 십철十哲로 삼았다.

으로 되어 있고, 局本에서는 '上元元年'으로 되어 있다. 여기에서는 『唐會要』 卷47에 의해 고쳤다. 『舊唐書』 卷10 「肅宗紀」에는 '帝自上元二年仲春起有疾'이라고 기록되어 있어, '二年'으로 하는 것이 옳다.

高宗顯慶元年三月辛巳, 皇后武氏有事於先蠶. 玄宗先天二年
三月辛卯, 皇后王氏祀先蠶. 肅宗乾元二年三月己巳, 皇后張氏祠
先蠶於苑內, 內外命婦同採焉.

고종 현경 원년(656) 3월 신사일에 황후 무씨가 선잠의식을 거행
했다. 현종 선천 2년(713) 3월 신묘일에 황후 왕씨가 선잠에 제사지
냈다. 숙종 건원 2년(759) 3월 기사일에 황후 장씨가 후원 내의 선잠
에서 제사 지내고 궁내외 명부命婦[178] 일동이 뽕나무잎을 채취했다.

舊儀, 大祭祀, 宮懸·軒懸奏於庭, 登歌於堂上. 自至德二載克
復兩京後, 樂工不備, 時又艱食, 諸壇廟祭享, 空有登歌, 無壇下
·庭中樂及二舞.

옛 의례에 대제사는 궁현, 헌현 악기를 궁정 내에 배치하고 당상
에서 등가하였다. 지덕 2년(757)부터 양경을 회복한 후 악공이 갖춰
져 있지 않고 당시 또한 먹거리도 결핍되어 모든 단묘壇廟의 제향에
는 다만 등가만 있었을 뿐 단 아래나 궁정 뜰 안의 현악 및 (문무)
2무는 없었다.

舊儀, 凡祭享, 有司行事, 則太尉奠瓚幣, 司徒捧俎, 司空掃除,
太尉初獻, 太常卿亞獻, 光祿卿終獻. 自上元後, 南郊·九宮神壇

---

178) 내외 명부命婦 : 唐代부터 시작된 제도로 봉호를 수여받은 부녀의 범칭
이다. 내명부와 외명부로 구분되는데, 내명부는 궁실내 황후와 비빈 등
황제의 후궁들과 미혼공주, 궁녀 등 女官이 포함되며, 외명부는 황실의
종친이나 관직을 받은 관료들의 母나 妻子 등이 해당된다.

·太廟, 備此五官, 餘卽太常卿攝司空, 光祿卿攝司徒, 貴省於事.

옛 의례에 무릇 제향에는 유사가 제사를 주관하면 태위는 찬폐贊幣를 바치고, 사도는 조俎를 받들고, 사공은 청소를 하며, 태위는 초헌을 하고, 태상경은 아헌을 하며, 광록훈은 종헌을 한다. 상원上元이후 남교, 구궁신단, 태묘 등은 이 5관을 갖췄으나 나머지는 태상경이 사공을 대신하고 광록훈은 사도를 대신하여 제사에서 생략함을 귀하게 여겼다.

舊儀, 有協律郞立於阼階上, 麾竿以節樂. 今無協律之位.

옛 의례에 협률랑協律郞[179]은 동쪽 계단에 서서 지휘봉으로 음악을 지휘하였다. 지금은 협률랑의 위치가 없다.

舊儀, 光祿欲爲祭饌, 將陽燧望日取火, 謂之明火. 太牢皆棧飼於廩犧署, 以至充腯. 臨祭視其充瘦, 謂之省牲. 肅宗上元二年九月, 改元爲元年, 詔:「圓丘方澤, 依恆存一太牢. 皇廟諸祠, 臨時獻熟.」 今昊天上帝·太廟, 一牢, 羊豕各三, 餘祭盡隨事辦供以備禮. 明火·棧飼之禮, 亦不暇矣.

옛 의례에 광록경은 제사에서 찬식할 때에 부싯돌을 써서 해를 보며 불을 얻었는데, 이를 명화明火라고 하였다. 태뢰 희생은 모두

---

179) 협률랑協律郞 : 악률을 담당하며 대제사나 향연시에 음악 연주를 지휘하는 책임을 진다. 漢代에 協律都尉로 시작했으나, 北魏이후 協律中郞, 協律郞 등으로 개칭되었다.

늠희서廩犧署에서 우리 사육하여 충둔充腯[살찌고 투박한 희생]이 되도록 한다. 제사에 임해 그 희생의 살찌고 마른 것을 살피는데, 이를 성생省牲이라고 한다. 숙종 상원上元 2년(761) 9월에 연호를 바꿔 원년으로 하고 조를 내렸다. "원구방택 제사에는 항상적인 규정에 의해 (소, 양, 돼지 각각 한 마리씩으로 이루어진) 한 태뢰太牢를 사용하라. 황묘皇廟의 각종 제사에는 제사에 임해 성숙한 것을 바쳐라." 라고 하였다. 지금 호천상제와 태묘에 제사하는 데 일뢰牢와 양, 돼지 각 3마리를 쓰고, 나머지 제사에서는 수시로 공급을 보고 예를 준비한다. 명화明火나 잔사棧飼의 예 역시 틈이 없게 하였다.

참고문헌

『周易正義』『尙書正義』『毛詩正義』『周禮注疏』『儀禮注疏』『禮記正義』『春秋左傳正義』『春秋公羊傳注疏』『春秋穀梁傳注疏』『論語注疏』『爾雅注疏』『孟子注疏』『孝經注疏』(十三經注疏整理委員會 整理, 北京大學出版社, 2000년 12月 第1版)
『史記』『漢書』『後漢書』『三國志』『晉書』『宋書』『南齊書』『梁書』『陳書』『魏書』『北齊書』『周書』『南史』『北史』『隋書』『舊唐書』『新唐書』『舊五代史』『新五代史』『宋史』(中華書局 標點本)

歐陽詢, 『藝文類聚』, 上海古籍出版社, 1999.
董誥 等 編, 『全唐文』, 中華書局, 1983.
杜佑 撰, 『通典』, 中華書局, 1996.
劉肅 著, 許德男·李鼎霞 點校, 『大唐新語』, 中華書局, 1984.
李林甫 等 撰, 陳仲夫 點校, 『唐六典』, 中華書局, 2014.
徐松 輯, 『宋會要輯稿』, 中華書局, 1957.
徐一夔, 『明集禮』, 文淵閣四庫全書本.
聶崇義 撰, 丁鼎 點校, 『新定三禮圖』, 淸華大學出版社, 2006.
宋敏求 編, 洪丕謨 等 點校, 『唐大詔令集』, 學林出版社, 1992.
王溥 著, 『唐會要』, 上海古籍出版社, 1991.
王欽若 等 撰, 『冊府元龜』, 中華書局, 1994.
李昉 等 撰, 『太平御覽』, 中華書局, 1995.
周紹良 主編, 『全唐文新編』, 吉林文史出版社, 1992.
許愼 撰, (淸) 段玉裁 注, 『說文解字』, 上海古籍出版社, 1988
黃以周, 『禮書通故』, 中華書局, 2007.
『大唐開元禮:附大唐郊祀錄』, 東京大學東洋文化硏究所所藏, 汲古書院, 1972.
『大唐開元禮』, 中華禮藏·禮制卷·總制之屬 第1冊, 浙江大學出版社, 2016.
『周官義疏』, 王皓 編, 『文津閣四庫全書圖典』, 商務印書館, 2017 所收.

『欽定禮記義疏』, 王皓 編, 『文津閣四庫全書圖典』, 商務印書館, 2017 所收.
史爲樂 主編, 『中國歷史地名大辭典』, 中國社科出版社, 2005.
錢玄, 『三禮辭典』, 江蘇古籍出版社, 1998.
許嘉璐 主編, 『二十四史全譯』(全91冊), 同心出版社, 2012.

김연수, 『왕실문화도감 : 조선왕실복식』, 국립고궁박물관, 2012.
김용천 등, 『의례역주』(1~8), 세창출판사, 2012~2015.
김택민 주역, 『역주 당육전』 상·중·하, 신서원, 2003.
동북아역사재단 편, 『중국정사외국전 역주』(후한서·구당서·신당서·송사),
          동북아역사재단, 2004.
임종욱 역, 『中國歷代人名辭典』, 이회문화사, 2010.
최연우, 『면복』, 문학동네, 2015.
하원수, 『과거제도 형성사』, 성균관대학교출판부, 2021.

姜波, 『漢唐都城禮制建築硏究』, 文物出版社, 2003.
高明士, 『中國中古禮律綜論』, 商務印書館, 2017.
劉慧, 『泰山宗敎硏究』, 文物出版社, 1994.
呂思勉, 『秦漢史』, 上海古籍出版社, 2015.
李大龍, 『漢唐蕃屬體制硏究』, 中國社會科學出版社, 2006.
李道和, 『月令 : 中国文化的时空图式』, 2011.
吳麗娛 主編, 『禮與中國古代社會(隋唐五代宋元卷)』, 中國社會科學出版
          社, 2016.
吳玉貴 撰, 『唐書輯校』, 中華書局, 2009.
張志攀 主編, 昭陵博物館編, 『昭陵唐墓壁畫』, 文物出版社, 2006.
崔圭順, 『中國歷代帝王冕服硏究』, 東華大學, 2007.
林巳奈夫, 『漢代の文物』, 京都大學人文科學硏究所, 1976.

劉凱, 「從"南耕"到"東耕" ; "宗周舊制"與"漢家故事"窺管」, 『中國史硏究』
          2014年 第3期.
李明敏, 「唐代華岳廟祭拜風俗敍事」, 『渭南師範學院學報』 第32卷 第11期,
          2017年 6月.

宋社洪,「『唐摭言, 鄉貢』所見唐代四門俊士之興衰」,『衡陽師範學院學報』
　　　36-1, 2015.

王小盾,「從"五官"看五行的起源」,『中華文史論叢』 2008年　第1期.

尤煒祥,「點校本『舊唐書禮儀志』疑義考辨舉例」,『台州學院學報』第38卷
　　　第5期, 2016年　10月.

原康,「聞本『舊唐書』初印本與後印本的差異」,『中國典籍與文化』, 2020年
　　　2期.

李龍章,「秦漢象郡辨析」,『秦俑秦文化研究』, 陝西人民出版社, 2000.

林西郎,「唐代道擧制度述略」,『宗敎學研究』, 2004年　3期.

張得水 · 黃林納,「與武則天有關的嵩山道教文物」,『文物天地』, 2017년 7期.

周善策,「封禪禮與唐代前半期吉禮的變革」,『歷史研究』2015年　第6期.

竹村則行,「唐玄宗の「紀泰山銘」について」, 九州大學學術情報リポジト
　　　リ, 2007.

彭健,「唐代明經科口試問大義考」,『寧夏師範學院學報』 40-2, 2019.

당송 예악지 역주 총서

연구책임 김현철

| 연구 책임 |

김현철

연세대학교 중국연구원 원장
중국 언어와 문화 전공자. 한국연구재단 중점사업 '중국 정사 당송 예악지 역주' 사업
연구책임자. 연세대학교 우수업적 교수상, 우수강의 교수상, 공헌교수상 및 우수업적
논문분야 최우수상을 수상
200여 편의 논문과 저역서 편찬, 『중국 언어학사』가 '1998년 제31회 문화관광부 우수학
술도서', 『중국어어법 연구방법론』이 '2008년 대한민국학술원 기초학문육성 우수 학술
도서', 『대조분석과 중국어교육』이 '2019년 학술부문 세종도서'로 선정

| 역주자 |

문정희

연세대학교 중국연구원 연구교수
연세대학교 사학과, 동대학원 석·박사 졸업
역서로 『天空의 玉座 - 중국고대제국의 조정과 의례』(공역), 『중국 고대 정사 예악지 역
주 : 사기·한서·위서·남제서·수서』(공역), 『중국 정사 외국전 역주 : 사기·한서·위서·
남제서』(공역), 『양한사상사』권1 상(공역), 논문으로 「고대 중국의 출행의식과 여행금
기」, 「일서日書를 통해 본 고대 중국의 질병관념과 제사습속」 등이 있다.

최진묵

연세대학교 중국연구원 연구교수
서울대 동양사학과를 졸업하고, 동대학원에서 '한대 수술학數術學 연구'로 박사학위를
받았다. 서울대 인문학연구원에서 HK연구교수로 문명연구를 수행하면서, 『제국, 문명
의 거울』(공저) 『동서양의 접점 : 이스탄불과 아나톨리아』(공저) 등을 출간하였다. 주요
논문으로 「오경과 육경 : 악경의 위상과 관련하여」, 「상해박물관장 초죽서 '내례'를 통
해 본 고대 인륜의 형성과정」, 「중국 고대 망기술望氣術의 논리와 그 활용」 등이 있다.

당송 예악지 역주 총서 02

구당서 예의지 *2*

초판 1쇄 인쇄 2023년 8월 1일
초판 1쇄 발행 2023년 8월 16일

연세대학교 중국연구원 당송 예악지 연구회 편
연구책임 | 김현철

역 주 자 | 문정희·최진묵
펴 낸 이 | 하운근
펴 낸 곳 | 學古房

주　　소 | 경기도 고양시 덕양구 통일로 140 삼송테크노밸리 A동 B224
전　　화 | (02)353-9908 편집부(02)356-9903
팩　　스 | (02)6959-8234
홈페이지 | http://hakgobang.co.kr
전자우편 | hakgobang@naver.com, hakgobang@chol.com
등록번호 | 제311-1994-000001호

ISBN 979-11-6586-389-0 94910
　　　979-11-6586-091-2 (세트)

값 : 24,000원

■ 파본은 교환해 드립니다.